UMA TERAPIA DO DESEJO DE ESCOLARIZAÇÃO MODERNA
VENÍ, VAMOS A HAMACAR EL MUNDO HASTA QUE TE ASUSTÉS

Editora Appris Ltda.
1.ª Edição - Copyright© 2024 da autora
Direitos de Edição Reservados à Editora Appris Ltda.

Nenhuma parte desta obra poderá ser utilizada indevidamente, sem estar de acordo com a Lei nº
9.610/98. Se incorreções forem encontradas, serão de exclusiva responsabilidade de seus organi-
zadores. Foi realizado o Depósito Legal na Fundação Biblioteca Nacional, de acordo com as Leis nos
10.994, de 14/12/2004, e 12.192, de 14/01/2010.

Catalogação na Fonte
Elaborado por: Josefina A. S. Guedes
Bibliotecária CRB 9/870

O83t
2024
	Osorio, Carolina Tamayo
	     Uma terapia do desejo de escolarização moderna : vení, vamos a hamacar el mundo hasta que te asustés / Carolina Tamayo Osorio
	     1. ed. – Curitiba: Appris, 2024.
	     324 p. 23 cm. – (Educação, tecnologias e transdisciplinaridade).
	
	     Inclui referências
	     ISBN 978-65-250-5506-0
	
	     1. Indígenas – Educação. 2. Decolonialidade. 3. Abordagem interdisciplinar do conhecimento. I. Título. II. Série.
	
	                                                                CDD – 370

Livro de acordo com a normalização técnica da ABNT

Appris
editora

Editora e Livraria Appris Ltda.
Av. Manoel Ribas, 2265 – Mercês
Curitiba/PR – CEP: 80810-002
Tel. (41) 3156 - 4731
www.editoraappris.com.br

Printed in Brazil
Impresso no Brasil

Carolina Tamayo Osorio

UMA TERAPIA DO DESEJO DE ESCOLARIZAÇÃO MODERNA
VENÍ, VAMOS A HAMACAR EL MUNDO HASTA QUE TE ASUSTÉS

FICHA TÉCNICA

EDITORIAL Augusto Coelho
Sara C. de Andrade Coelho

COMITÊ EDITORIAL Andréa Barbosa Gouveia - UFPR
Edmeire C. Pereira - UFPR
Iraneide da Silva - UFC
Jacques de Lima Ferreira - UP
Marli Caetano

SUPERVISOR DA PRODUÇÃO Renata Cristina Lopes Miccelli

REVISÃO Débora Sauaf

DIAGRAMAÇÃO Andrezza Libel

CAPA Eneo Lage

REVISÃO DE PROVA Renata Cristina Lopes Miccelli

COMITÊ CIENTÍFICO DA COLEÇÃO EDUCAÇÃO, TECNOLOGIAS E TRANSDISCIPLINARIDADE

DIREÇÃO CIENTÍFICA Dr.ª Marilda A. Behrens (PUCPR) — Dr.ª Patrícia L. Torres (PUCPR)

CONSULTORES

Dr.ª Ademilde Silveira Sartori (Udesc)

Dr. Ángel H. Facundo
(Univ. Externado de Colômbia)

Dr.ª Ariana Maria de Almeida Matos Cosme
(Universidade do Porto/Portugal)

Dr. Artieres Estevão Romeiro
(Universidade Técnica Particular de Loja-Equador)

Dr. Bento Duarte da Silva
(Universidade do Minho/Portugal)

Dr. Claudio Rama (Univ. de la Empresa-Uruguai)

Dr.ª Cristiane de Oliveira Busato Smith
(Arizona State University /EUA)

Dr.ª Dulce Márcia Cruz (Ufsc)

Dr.ª Edméa Santos (Uerj)

Dr.ª Eliane Schlemmer (Unisinos)

Dr.ª Ercilia Maria Angeli Teixeira de Paula (UEM)

Dr.ª Evelise Maria Labatut Portilho (PUCPR)

Dr.ª Evelyn de Almeida Orlando (PUCPR)

Dr. Francisco Antonio Pereira Fialho (Ufsc)

Dr.ª Fabiane Oliveira (PUCPR)

Dr.ª Iara Cordeiro de Melo Franco (PUC Minas)

Dr. João Augusto Mattar Neto (PUC-SP)

Dr. José Manuel Moran Costas
(Universidade Anhembi Morumbi)

Dr.ª Lúcia Amante (Univ. Aberta-Portugal)

Dr.ª Lucia Maria Martins Giraffa (PUCRS)

Dr. Marco Antonio da Silva (Uerj)

Dr.ª Maria Altina da Silva Ramos
(Universidade do Minho-Portugal)

Dr.ª Maria Joana Mader Joaquim (HC-UFPR)

Dr. Reginaldo Rodrigues da Costa (PUCPR)

Dr. Ricardo Antunes de Sá (UFPR)

Dr.ª Romilda Teodora Ens (PUCPR)

Dr. Rui Trindade (Univ. do Porto-Portugal)

Dr.ª Sonia Ana Charchut Leszczynski (UTFPR)

Dr.ª Vani Moreira Kenski (USP)

Ao povo Gunadule, o povo que nos ensina aprender com o coração.

Para todos os seres que habitam a Mãe Terra que me ensinam a acolher outras vidas e criar mundos outros.

AGRADECIMENTOS

Este livro é resultado de uma década de pesquisa junto ao povo Gunadule do Urabá Antioquenho da Colômbia. Resultado de estudos de pós-graduação desenvolvidos por mim e pelos Guna, resultado da coletividade. Pela sua finalidade acadêmica, muitos podem entender que esta produção foi um trabalho aparentemente individual, mas está escrita, está atravessada, por cada encontro, cada risada, cada cheiro, cada madrugada e noite sentados no fogão ou na rede conversando, desaprendendo para aprender. Querido leitor, você está diante de uma escrita ficcional resultado de um trabalho coletivo e colaborativo, uma pesquisa sentipensante em tom decolonial na qual agradecer é um ritual obrigatório.

Agradeço os irmãos e irmãs Gunadule de Alto Caimán que carinhosamente me chamam de Buna Sibu Subu, junto de vocês eu me tornei florestalmente potente no encontro com outros seres da natureza, encontrei a Carol camponesa de novo. A cada mulher, homem, jovem, criança e *sagla* Guna que conheço agradeço e dedico estas linhas cheias de emoção, desconstrução e muita admiração, porque me permitiram trilhar, ao seu lado, o caminho do reencontro com meus ancestrais. Vocês me ensinaram que se aprende com o coração, não com a cabeça. Aprendi a ouvir as batidas do meu coração e vocês me prepararam para entrar e sair de outros mundos ouvindo com a doçura da vida, ao observar, ao ficar em silêncio e ao tecer.

Todas as suas vozes espectrais estão aqui, todas elas, insubordinadas, resistentes e inSURgentes. A vocês *saglamala* Jaime e Faustino, a dona Tulia, dona Felicia, a liderança Nasario e aos meus amigos e colegas professores Olo Wintiyape e Martínez Montoya, Milton Santacruz, Abadio Green... Entre outros Gunadule, obrigada!

Ao *espectro* de silêncios e palavras apropriadas em todos os momentos, humildemente *nem* presente *nem* ausente. Este livro está cheio dos *rastros* que você deixa em mim. Esse *espectro* pode ser chamado de Antonio Miguel, você é um exemplo de pesquisador, de filosofo, de professor e, antes de mais nada, amigo, sua dedicação, colaboração e carinho não têm preço... obrigada, meu eterno professor.

Aos meus pais que me ensinaram o valor do trabalho bem-feito, que com seus esforços me mostraram que meu lugar no mundo é de luta e resistência. Não posso deixar de agradecer a Felipe que esteve ao meu lado durante o desenvolvimento do meu doutorado me permitindo chegar até o fim com suas risadas, abraços de conforto e alegria, levo comigo cada lembrança e rastro do que fomos.

Este livro também é resultado do trabalho incansável das professoras Diana Jaramillo e Yolanda Beltrán da Universidade de Antioquia (UdeA, Colômbia) que abriram para mim as portas da pesquisa e me mostraram que eu podia sim fazer um curso de pós-graduação.

Aos membros dos grupos de pesquisa Phala (UNICAMP), Matemática, Educación y Sociedad-MES (UdeA) e ao grupo inSURgir da UFMG, grupo com o qual me reinventei nos últimos anos como pesquisadora, professora e como mulher, muito obrigada.

Por fim, e não menos importante, ao Programa CAPES\PEC-PG que financiou meu doutorado para que eu pudesse construir essa jornada do voo da minha vida, na qual pude me encontrar e encontrá-los.

Espectros nem presentes *nem* ausentes a todos vocês, passageiros do meu voo que entraram e saíram deste avião cheio de turbulência... muito obrigada.

UM PREFÁCIO DESASSOMBRADO, ANTES QUE TE ASSUSTES...

[...] Hey mãe!
Nessa terra de gigantes
Que trocam vidas por diamantes
A juventude é uma banda
Numa propaganda de refrigerantes
Mas tudo isso já foi dito antes [...][1]

O título original do livro de autoria de Carolina Tamayo, em 2017, parte de uma pesqusia de doutorado desenvolvida na Faculdade de Educação da Universidade Estadual de Campinas (UNICAMP), e que ela, felizmente, decidiu manter nesta publicação, *Vení, vamos hamacar el mundo, hasta que te asustes.* Já o subtítulo – também mantido como subtítulo deste livro – *é uma terapia do desejo de escolarização moderna.*

Por um lado, o singelo título, tal como um grito de alerta em relação a um por vir ameaçador, nos convida a despertarmos de um sono ancestral profundo, apelando metaforicamente para a multiplicidade de usos e significados que o artefato cultural "rede", "hamaca" - no vai e vem ritual e rítmico de seu despreocupado e preguiçoso balanço - mobiliza entre os Gunadule, de Alto Caimán do Urabá, Antioqueho, da Colômbia. Por outro lado, o subtítulo não só revela a natureza dessa ameaça, como também nos convida a resistir ao espectro fantasmagórico desse desejo exorcizando-o, isto é, levando-o ao divã terapêutico wittgensteiniano-derridiano, a fim de se desconstruí-lo, por tratar-se ele de uma nova variante do desejo do colonizador.

Este subtítulo expressa, então, com concisão e clareza, o desejo que orientou Carolina na realização da sua empenhada pesquisa de aproximadamente 10 anos junto aos Gunadule, de se levar ao divã terapêutico wittgensteiniano-derridiano o desejo que corporificou e institucionalizou em escolarização pública, universal, compulsória, etapista, progressiva e concorrencial os propósitos e os valores liberal-meritocráticos que orien-

---

[1] Versos da canção "Terra de Gigantes" composta pelo músico e escritor brasileiro Humberto Gessinger, vocalista da banda Engenheiros do Hawaii, que a gravou no álbum "A Revolta dos Dândis", de 1987. Letra completa da canção disponível em: https://www.letras.mus.br/engenheiros-do-hawaii/12906/.

taram o vasto e devastador empreendimento mercantil-cristão europeu que instalou, na "pseudo-América" que não foi inventada por *Américo* Vespúcio, o modo econômico colonizador-escravagista de produção da vida que, gradativamente, se impôs e se instalou em todas as demais formas de vida.

Foi o desejo arcaico, bélico, conquistador, patriarcal e imperialista inerente a tal modo de produção que, ao se deparar com os estranhos-estrangeiros habitantes originários das terras de *Abya Yala*, desejou reduzi-los a corpos não-humanos comercializáveis, a meras mercadorias, semelhantes aos corpos negros trazidos da África para explorarem, como mão de obra escrava, a *América que não era de Américo*[2]. Ao conceito imperialista de racismo, inventado e promovido desde a Antiguidade greco-romana com base na suposta legitimidade de escravização de corpos estrangeiros vencidos em campos de batalha, o empreendimento colonial europeu acrescentou-lhe duas extensões metafóricas: uma, assentada no estranhamento das cores vermelha e negra das peles dos corpos-mercadorias dos estranhos escravizáveis em relação à cor "boa" e "normal" da "pele europeia", elevada à característica civilizatória padrão; e outra que estranhava a língua, os hábitos, os costumes e os rituais diferenciais daqueles selvagens vermelhos desalmados e daqueles negros não-humanos, cujas crenças e valores deveriam ser apagados e convertidos ao dogma da fé cristã e, posteriormente, ao dogma da fé liberal-meritocrática. Assim, a "América" foi, desde a sua invenção, um empreendimento comercial, como atesta a 'logomarca' que o seu próprio nome, à primeira vista, não denuncia.

Se, por um lado, a esta nova "plebe americana", as monarquias europeias impuseram por mais de 400 anos, o trabalho escravo nas plantações, na extração de minérios e nas vastas propriedades rurais das casas-grandes dos colonizadores, por outro lado, com a derrocada do poder monárquico pela Revolução Francesa e com o posterior golpe militar-napoleônico do 18 Brumário, o trabalho ideológico de educação colonial doutrinária de conversão à fé cristã, outrora realizado por diferentes ordens religiosas

---

[2] O mercador, navegador, geógrafo e cosmógrafo italiano Américo Vespúcio (1454-1512), de cujo nome cunhou-se o nome *América* foi "um explorador de Oceanos a serviço dos Reinos de Espanha e Portugal que viajou pelo então Novo Mundo escrevendo sobre estas terras a ocidente da Europa. Como representante de armadores florentinos, o mercador e navegador Vespúcio encarregou-se, em Sevilha, do aprovisionamento de navios para a segunda e a terceira viagens de Cristóvão Colombo. [...] Os Vespucci eram uma das famílias florentinas mais importantes, donas de grande extensão de terra fora da cidade, em Peretola, povoado destruído para a construção de um aeroporto internacional. Fizeram fortuna no comércio da seda. Tinham palácio em Florença, muito bem situado, a noroeste, perto da Porta del Prato então chamada Porto della Cana, distrito de Santa Lucia di Ognissanti. Diversos membros da família haviam ostentado cargos importantes, por muitas gerações, em Florença". Disponível em: https://pt.wikipedia.org/wiki/Américo_Vespúcio. Acesso em: 10 maio 2021.

católicas ou protestantes, foi substituído pela educação igualmente ideológico-doutrinária de conversão à fé liberal-meritocrática promovida pelos sistemas nacionais de educação pública das diferentes nações europeias e, posteriormente, de diferentes nações americanas que foram se consolidando e se instituindo gradativamente num clima de intensa polêmica epistemológica e ideológica, por força da nova ordem de gestão liberal-republicana dessas nações.

Essa nova "fé whig[3]-colonizadora" na doutrina liberal-meritocrárica, para ser "vendida" – afinal, como descendentes de ávidos e gananciosos comerciantes, essa própria "fé-whig" deveria também tornar-se uma mercadoria, assim como outra qualquer - como promessa de um futuro individual luminoso aos escravos, agora "libertos", e a todos os demais trabalhadores ou desempregados das ilusionistas repúblicas liberais, induzindo-lhes a venderem concorrencialmente as suas forças de trabalho ao novo mercado capitalista financeiro-industrial em expansão, precisou travestir-se como laica, irreligiosa, imparcial e apartidária, tanto na política, quanto nos tribunais e escolas.

A variante do desejo colonizador de escolarização moderna - e, talvez, a mais cinicamente mercadológico-cristã[4] - que vem sendo "rezada" pelo discurso neocolonizador das políticas educativas públicas das nações neoliberais pós-coloniais da atualidade, para tentar, supostamente, reparar a dívida com o seu passado whig-colonizador é a que tem sido mobilizada pelo discurso das políticas (sobretudo, educativas) de inclusão social dos povos outrora colonizados, explorados e discriminados no domínio da ampla e vasta cultura whig-civilizatória.

É quase sempre em nome do discurso da inclusão social que se tem proliferado, nas últimas décadas, os denominados cursos de "Licenciaturas (interculturais) indígenas" em diferentes universidades brasileiras e sul-americanas, bem como a implementação de políticas de "cotas raciais"

---

[3] A palavra inglesa "whig" está sendo aqui mobilizada com os significados que lhe foram atribuídos por historiadores contemporâneos para caracterizarem historiografias evolutivo-progressivistas teleologicamente triunfalistas e confiantes, isto é, socialmente orientadas para o bem, para o bom e sempre para o melhor. Por se orientarem por tais propósitos, tais historiografias tendem a não só racionalizar e a normatizar os acontecimentos históricos, desconsiderando os protagonismos de acasos, como também, a "limpar" as narrativas historiográficas de todos os acontecimentos que antagonizem ou contradizem o curso normal que uma história previamente normatizada deveria assumir.

[4] Falo aqui tanto em "cristãos-comerciantes" que venderam a sua fé a formas de vida comercial-financeiras, ou em "comerciantes cristianizados" que combatem politicamente para a construção de Estados republicanos filantrópicos, individual-salvacionistas, doutrinários, assistencialistas ou social-regeneradores.

para o ingresso de indivíduos que se autoidentificam - respaldados por documentos legais[5] - como "indígenas", "pretos" ou "pardos" – em outros cursos de graduação nessas universidades.

Recuso-me aqui a denominar "ocidental" esta ampla e vasta cultura whig-civilizatória, pois, ao assim proceder, como o ressaltou Said[6], estaríamos reforçando a dicotomia whig-moderna produzida pelo próprio discurso colonizador que, sempre saudoso e desejoso de novos "tratados de tordesilhas", ao ver-se fielmente representado no espelho da projeção cartográfica do primeiro mapa mundi - o chamado *Orbis Imago*, isto é, *Imagem Mundial* - proposto, em 1538, pelo cartógrafo holandês Gerardus Mercator - que havia desenhado os meridianos e paralelos tão somente com o propósito de orientar a agulha da bússola de comerciantes-navegantes europeus desejosos de transformar em mais-valias o ouro, a madeira e plantas de "terras e mares nunca dantes navegados" -, ideologizou-a, absolutizando-a como o único, verdadeiro e imutável espelho da representação geopolítica territorial global que inventou um Oriente como o seu oposto, isto é, como um não-Ocidente, e uma Europa como o centro do mundo, maior do que a África e América do Sul.

---

[5] A necessidade requerida nos editais dos vestibulares de que as autoidentificações ou autodeclarações sejam respaldadas por documentos legais, tais como Certidão do registro administrativo expedida pela Funai (Rani), no caso do postulante reivindicar-se indígena, ou então, de certidão de nascimento do postulante, de seus pais ou avós, no caso dele reivindicar ascendência negra, testemunham, a rigor, a indecidibilidade comprobatória do critério dos "traços fenotípicos". Não tanto por demonstrar ser a reivindicação por cotas raciais pouco eficaz para se reparar os problemas da violência, da discriminação social e da desigualdade econômica gerados pelas atrocidades e crimes contra a humanidade cometidos pelo "whig-colonialismo" - e, portanto, pelos racismos estruturais baseados na "cor da pele" ou em "características "étnicas", "linguísticas" ou "culturais" -, mas por tornar evidente o paradoxo de se ter que (ou de ser compelido a) apoiar tal reinvindicação na justeza, aceitação e comprobabilidade desses próprios "identificadores racistas" como elementos constitutivos das identidades de indivíduos ou de comunidades, que ela deveria ser melhor debatida no interior dos próprios movimentos sociais que a postularam, não para se buscar melhores argumentos que a sustentem, mas para se tomar ciência de que a origem do paradoxo a que ela conduz reside na aceitação da razoabilidade do próprio conceito ideológico – e, portanto, colonizador - de raça e, por extensão, de identidade originária, essencial e imutável que se deveria desconstruir derridianamente. Em outras palavras, é a ilusão de que se poderia combater eficazmente os racismos de qualquer natureza afirmando-se uma identidade originária invariável – biológica, étnica, cultural ou de outra natureza – que gera o próprio paradoxo. Pois, a resposta estratégica colonial a esta necessária luta decolonial é sempre a invenção de novas identidades a colonizar, a invenção de novas formas de colonização baseadas em novos vínculos identitários. Assim, a única arma que poderia desconstruir esta estratégia colonial de mutabilidade de identidades a colonizar seria a afirmação do caráter *transitório* das identidades ou das identificações, no duplo sentido de estarem sempre *em trânsito não-hamletiano* entre "ser essencialmente ou não ser essencialmente" e de estarem sempre *em trânsito temporal* entre "não ter sido o que se desejou ser ou não serei o que desejo ser". Não se trata de uma atitude política abstencionista, negacionista, oportunista, cínica ou cética. Mas de uma forma aberta e mutante de identidade que sempre se reinventa para combater as identidades igualmente abertas e mutantes do colonizador.

[6] SAID, Edward. W. **Orientalismo**: O Oriente como invenção do Ocidente. São Paulo: Companhia das Letras, 2007.

A rigor, o nome original de *Gerardus Mercator* era *Gerhard Cremer* (1512-1594) ou *Gerhard Kremer*. Ele próprio latinizou o seu nome para *Gerardus Mercator*, sendo o seu sobrenome latinizado "mercator" – isto é, "comerciante" - uma tradução literal para o latim da palavra holandesa "kramer"[7].

Foram, portanto, interesses ligados a formas comerciais e financeiras de vida que motivaram o comerciante Mercator a fazer-se cartógrafo e a empenhar-se na investigação e traçado, não propriamente de uma representação cartográfica global que espelhasse ideologicamente o poder geopolítico das nações europeias frente aos demais continentes até então conhecidos, mas de um tipo particular de representação global que pudesse orientar *inequivocamente* - e seguramente - o comandante de um navio a sair de um *porto-ponto* conhecido do globo terrestre e aportar em outro *porto-ponto* qualquer do globo, possibilitando-lhe corrigir a rota sempre que imprevistos ou mau acasos retirassem a sua nau do seu destino previsto[8]. Pois, a ocorrência de sinistros poderiam colocar em risco não só as vidas dos tripulantes e os custos envolvidos na construção da embarcação, mas também, e sobretudo, as mercadorias que ela traria de terras distantes ao processamento e, posteriormente, à venda no mercado consumidor europeu, bem como o financiamento da viagem por parte de um banqueiro abastado que, certamente, abocanharia a maior parte dos lucros proporcionados pelas expedições extrativistas a terras distantes que ele se propôs a financiar.

Mesmo após o esclarecimento de uma certa polêmica historiográfica em torno da atribuição do nome *América* às terras de Abya Yala aportadas, em 1498, pelas caravelas comandadas por Cristóvão Colombo, e não por viagens anteriores feitas por Américo Vespúcio, como apregoavam as "fake news" disseminadas, na época, através de cartas, por Bartolomeu

---

[7] MAOR, Eli. Trigonometric delights. UK: Princeton University Press, Chichester, West Sussex, 1998.

[8] Inicialmente ele foi guiado por dois princípios: 1. o mapa deveria ser traçado em uma grade retangular com todos os círculos de latitude representados por linhas horizontais paralelas ao Equador e iguais a ele em comprimento, e todos os meridianos representados por retas verticais perpendiculares ao Equador; 2. o mapa deveria ser *conforme*, isto é, preservar a verdadeira direção entre dois pontos quaisquer do globo. No globo, os círculos de latitude diminuem em tamanho à medida em que a latitude aumenta, até reduzirem-se a um ponto em cada polo. Mas, no mapa de Mercator, esses mesmos círculos são mostrados como retas horizontais de igual comprimento. Consequentemente, cada paralelo no mapa é alongado horizontalmente (isto é, na direção leste-oeste) por um fator que depende da latitude desse paralelo. Mas Mercator logo percebeu que ele não poderia manter simultaneamente essas duas condições, isto é, manter as direções e as distâncias reais; então, ele abandonou a manutenção das distâncias, optando por manter apenas a manutenção das direções, o que é de importância crucial para as práticas de localização, deslocamento e orientação espacial na navegação marítima (MAOR, 1998, p. 165-180).

Marchionni[9], foi a versão feminina do nome *Américo* que acabou nomeando o novo continente, como atesta um dos sábios do Ginásio Vosgiano, Martin Waldseemüller, em cujas mãos havia caído, por presente do duque de Lorena, uma das cartas de Marchionni:

> Na atualidade, as partes da Terra denominadas Europa, Ásia e África já foram completamente exploradas e outra parte foi descoberta por Amerigo Vespuccio, como se pode ver nos mapas adjuntos. E como a Europa e Ásia receberam nomes de mulher, não vejo razão pela qual não possamos chamar a esta parte Amerige, isto é, a terra de Amérigo, ou América, em honra do sábio que a descobriu[10].

E como Mercator, em seu primeiro mapa mundi de 1538, também nomeou *América* a parte da região do "novo" continente hoje conhecida como América do Norte, a fraude foi se perpetuando até ser demonstrada, em 1926, em um estudo realizado por Alberto Magnaghi, professor da Universidade de Milão. Quis, então, o "acaso" que o nome de "mulher" – *América* – analogicamente atribuído pelo colonizador às terras de Abya Yala, viesse a revelar, séculos mais tarde, uma *tripla fraude*: fraude de descobridor, fraude onomástica e fraude de gênero. Sabemos hoje o que o nome *América* significava, na realidade, para o colonizador europeu, tão somente a invenção de um empreendimento comercial: "América Cia. Ltda"[11] ou "America (i)Ltd. Inc."[12].

Na segunda metade do século XX, o historiador e cineasta alemão Arno Peters (1916-2002) retomou a representação cartográfica do mundo proposta, em 1885, pelo reverendo escocês James Gall (1808-1895), fundador da igreja ateísta denominada "Carrubbers Close Mission"[13], mas que se interessava também por astronomia e cartografia.

---

[9] Bartolomeu Marchionni foi um rico comerciante e banqueiro florentino, proprietário de grandes fazendas de cana de açúcar e financiador de várias viagens à Índia e de expedições portuguesas ao Brasil. Descendia de uma família que, mesmo antes do início das grandes navegações portuguesas para a África, traficava escravos brancos provenientes da região do Mar Negro para o Mediterrâneo. Disponível em: https://pt.wikipedia.org/wiki/Bartolomeu_Marchionni. Acesso em: 15 maio 2022.

[10] Disponível em: https://pt.wikipedia.org/wiki/Américo_Vespúcio. Acesso em: 09 maio 2021.

[11] Sociedades, corporações ou companhias, isto é, associações de pessoas que compartilham um empreendimento qualquer nas formas de vida comercial e financeira, bem como abreviações representativas dessas associações existem desde a Antiguidade. De acordo com o § 3º do Artigo 1158 da Lei nº 10.406 de 10 de janeiro de 2002, que institui o Código Civil Brasileiro, a omissão da palavra "limitada" da sigla "Cia. Ltda." determina a responsabilidade solidária e ilimitada dos administradores que assim empregarem a firma ou a denominação da sociedade.

[12] Ltd. e Inc. são, respectivamente, as abreviaturas das palavras inglesas "Limited" ("Limitada") e "Incorporated" ("Corporação"). Assim, nas formas de vida comercial e financeira, "Ltd. Inc." é a sigla representativa de uma sociedade limitada ou anônima.

[13] Disponível em: https://brasilescola.uol.com.br/geografia/projecao-peters.htm; https://en.wikipedia.org/wiki/James_Gall; https://en.wikipedia.org/wiki/Carrubbers_Christian_Centre. Acesso em: 20 maio 2022.

A projeção estereográfica de Gall[14] é uma projeção cilíndrica[15] do globo terrestre produzida com o propósito de se manter inalteradas as formas dos continentes nos mapas planos da Terra. Ela se inspirou em outra projeção cilíndrica do globo terrestre proposta, em 1772, pelo matemático suíço Johann Heinrich Lambert (1728-1777), e que havia sido produzida com o propósito de se manter equivalentes as áreas dos continentes nos mapas planos da Terra.

Sabendo que nenhuma projeção estereográfica da Terra pode preservar, simultaneamente, sem quaisquer distorções[16], todos os propósitos sociais a serem cumpridos por usos diversos de um mapa plano da Terra – o ângulo ou a direção de rotas marítimas, o ângulo ou a direção de rotas aéreas etc. - e todas as características geodésicas dos continentes em verdadeira grandeza – forma, área, distância entre dois pontos quaisquer do globo, latitudes e longitudes de um ponto qualquer do globo etc. -, Gall se propôs a elaborar uma representação cartográfica da Terra que tentasse equilibrar as distorções inerentes a todas as representações até então propostas.

Nesta busca de equilíbrio, o mapa mundi da Terra proposto por Gall nem mantinha equivalente as áreas dos continentes, como ocorria com a representação cilíndrica de Lambert, e nem mantinha as direções, como o fazia a representação conforme Mercator.

---

[14] Disponível em: https://en.wikipedia.org/wiki/Gall_stereographic_projection. Acesso em: 12 mar. 2021.

[15] Uma representação cartográfica da Terra se diz cilíndrica quando imagina o globo terrestre como uma esfera perfeita de raio R inscrita em um cilindro que a tangencia na linha do Equador. Imagine que raios de luz emanam do centro do globo esférico em todas as direções. Um ponto P da superfície do globo terrestre é projetado num ponto P' da superfície do cilindro, sendo P' a "sombra" ou a "imagem" de P no cilindro. Quando a superfície do cilindro é desenvolvida em um plano, obtemos um mapa planificado de toda a superfície da Terra – ou, de quase toda – desenvolvido em um plano: os pólos norte e sul do globo esférico, por pertencerem ao eixo do cilindro, têm suas imagens no infinito. Claramente, a projeção cilíndrica mapeia todos os círculos de longitudes (isto é, os meridianos terrestres) em retas verticais igualmente espaçadas, enquanto que os círculos de latitudes (isto é, os paralelos terrestres) são mapeados como retas horizontais cujo espaçamento aumenta com o aumento da latitude. Por essa razão, uma das características da projeção cilíndrica é a de distorcer superiormente as distâncias (em unidades de comprimento) ao meridiano de Greenwich de quase todos os pontos do globo terrestre, e tanto mais as daqueles situados em altas latitudes norte ou sul. Os únicos pontos da Terra cujas distâncias ao meridiano de Greenwich são dadas em verdadeira grandeza são aqueles situados sobre a linha do Equador. Uma outra característica da projeção cilíndrica é o aumento excessivo, no sentido norte-sul, da distância entre pontos do globo terrestre situados em regiões de grandes latitudes, fato este que produz uma drástica distorção no tamanho dos continentes (MAOR, 1998, p. 165-180).

[16] Em um trabalho intitulado *Sobre as Representações de uma Superfície Esférica no Plano*, entregue à Academia de Ciências de São Petersburgo, na Rússia, o matemático suíço Leonard Euler (1707-1783) apresentou uma prova da impossibilidade de se planificar uma esfera, preservando-se, na mesma escala, as distâncias entre dois pontos quaisquer da superfície esférica. É claro que esta prova da impossibilidade de se realizar uma construção efetiva que pudesse contemplar tal condição métrica colocou um fim às pretensões dos cartógrafos pela busca de uma representação plana da Terra que preservasse simultaneamente, em verdadeira grandeza, distâncias, áreas e direções na superfície da Terra.

Mas se a representação cilíndrica de Gall foi produzida com o propósito de se manter inalteradas as formas dos continentes, a do historiador e cineasta Arno Peters, de 1967, por sua vez, representou as relações de proporcionalidade entre as áreas dos continentes em verdadeira grandeza, dado ter sido intencionalmente produzida com o propósito político-pedagógico decolonial.

Ainda que a polêmica e muito criticada representação de Peters, por distorcer as distâncias reais entre dois pontos do globo, não se mostrasse útil para os campos da navegação marítima, aérea ou astronáutica, e nem, é claro, para o campo bélico, desejoso de localizar e atingir com seus mísseis os seus alvos com precisão, ela permitia, porém, que as relações de proporcionalidade entre os tamanhos de todos os países fossem visualizadas com fidelidade no mapa-mundi, desconstruindo visualmente – e propositalmente – usos ideológicos que haviam sido feitos, até então, do mapa-mundi de Mercator, sobretudo, no terreno da educação escolar, ainda que as intenções que motivaram Mercator na construção de seu mapa tivessem sido exclusivamente náutico-marítima, comercial e financeira.

Portanto, assim como as motivações e os saberes cartográficos produzidos por Mercator não poderiam ser vistos ou ditos "ideológicos" – pelo menos no sentido de não visarem, intencionalmente, à disseminação de "fake news", à indução a preconceitos ou à promoção da desigualdadade social e econômica entre indivíduos ou povos, ainda que, sem dúvida, elas se colossem direta e explicitamente a serviço, não propriamente de uma *classe social*, mas de determinadas *formas de vida*, no caso, das formas de vida náutico-marítima, comercial e financeira e, portanto, diretamente a serviço do empreendimento colonial europeu e da política econômica mercantilista-escravagista das monarquias europeias –, o mesmo poderia ser dito a respeito das motivações e dos saberes astronômicos, cartográficos, geográficos e historiográficos de Peters, dado terem sido eles produzidos exatamente para se contraporem e combaterem usos ideológicos que haviam absolutizado, universalizado e normalizado a representação cartográfica de Mercator como sendo a única fiel, verdadeira, generalizável e aplicável a todas as práticas de localização, deslocamento, orientação espacial e temporalização que se realizam em outras formas de vida, orientadas por outros propósitos sociais que não aqueles que, em todas as épocas e locais, orientam as práticas que se realizam na forma de vida náutico-marítima.

Assim, um saber-fazer normativo – no caso, uma prática cartográfica normativa – se mostra ideológico ou colonizador não por possibilitar contemplar inequivocamente o propósito social normativo por ele visado, mas quando é indevidamente generalizado e visto como um saber-fazer que se adequaria, se aplicaria e se transferiria para todas as ocasiões, e que, – portanto e supostamente – contemplaria outros propósitos sociais normativos semelhantes que ele, a rigor, não permite comtemplar.

Nesse sentido, foi também para se combater tais usos ideológicos do mapa de Mercator que o mapa-mundi de Peters foi adotado por certas instituições como a UNESCO[17].

Figura 1 - A representação cartográfica do mundo segundo a projeção de Gall-Peters

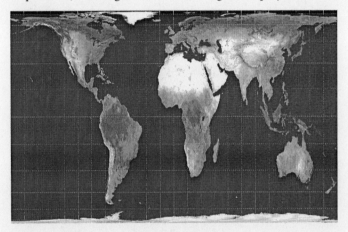

Fonte: wikimedia. 2022[18].

Figura 2 - A representação cartográfica do mundo segundo a projeção de Mercator

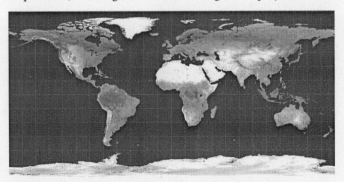

Fonte: Os retículos da malha possuem 15º de latitude e de longitude[19].

---

[17] Disponível em: https://pt.wikipedia.org/wiki/Arno_Peters. Acesso em: 10 maio 2021.
[18] Disponível em: https://commons.wikimedia.org/wiki/File:Gall-peters.jpg. Acesso em:16 jun.
[19] Disponível em: https://socientifica.com.br/enciclopedia/projecao-de-mercator/ Acesso em: 10 maio 2022.

Figura 3 - A representação cartográfica do mundo segundo o "Peters World Map"

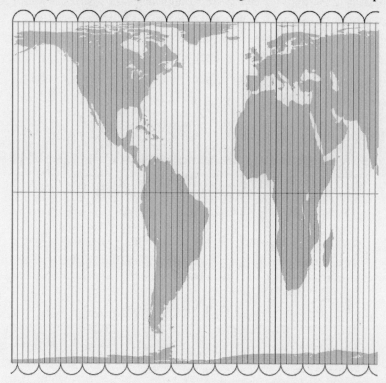

Fonte: imagem de domínio público relativa à projeção de Peters, criada pelo usuário denominado "Watchduck", e cujo arquivo "Peters projection, date line in Bering strait.svg" foi inserido na Wikipédia em 13 de março de 2009[20].

---

[20] O seguinte esclarecimento acompanha a imagem: "Projeção cartográfica proposta por Arno Peters, com o meridiano-origem da contagem do tempo por ele corrigido passando pelo estreito de Bering (168°45' a oeste de Greenwich). Em seu mapa-mundi, a parte mais oriental da Rússia não é exibida à esquerda do Alasca, como geralmente é feito. Em vez disso, está à direita com o resto da Rússia. O meridiano diametralmente oposto àquele corrigido por Peters é o meridiano de longitude 11°15' a leste de Greenwich, e que passa pelo centro da cidade de Florença, na Itália. Os alongados 96 meridianos marcam aproximadamente os quartos da hora. Em verde, se destaca o antigo meridiano-origem das longitudes, passando pela cidade de Greenwich. Em vermelho, se destaca o novo meridiano-origem das longitudes proposto por Peters, passando pela cidade de Florença". Nos campos de atividade da Astronomia e da Cartografia, um "meridiano-origem" - denominado "international date line", por ter sido estabelecido, em 1884, pela Conferência Meridiana Internacional, ocorrida em Washington, D.C., nos Estados Unidos – é o meridiano convencionalmente acordado para funcionar universalmente como origem da contagem dos dias nas práticas cronológicas de temporalização, contagem ou demarcação do tempo para fins diversos. Assim, na contagem cronológica do tempo, as regiões do globo terrestre situadas à oeste do "meridiano-origem" adiantam-se em 1 dia em relação àquelas situadas à leste desse meridiano. Assim, para fazer com a sua nova representação cartográfico-espacial das regiões do globo terrestre não ficassem em desajuste em relação às práticas convencionais de temporalização internacionalmente estabelecidas, Peters teve que deslocar de Greenwich, no Reino Unido, para Florença, na Itália – deslocar, portanto, 11°15'–, o meridiano-origem das longitudes em seu mapa-mundi. Disponível em: https://pt.wikipedia.org/wiki/Arno_Peters#/media/Ficheiro:Peters_projection,_date_line_in_Bering_strait.svg. Acesso em: 10 maio 2021.

Indiferente às polêmicas que o acusavam de "infidelidade representacionista" ou de "inutilidade pragmática", Peters estava politicamente convicto de que a proposta decolonial "desideologizante" do seu mapa era "a representação mais precisa do mundo"[21].

Entretanto, a questão aqui não deveria ser a de se reforçar a polarização binária que se estabeleceu entre povos colonizadores e povos colonizados entorno da falsa disputa e da falsa opção entre a "melhor" representação cartográfica do mundo, pois, ao assim se proceder, acaba-se promovendo o mesmo desejo ideológico colonizador de absolutização, generalização, universalização e normalização de um saber-fazer "vital" ou de uma prática "vital"[22] – porque inventados para se responder adequadamente a um problema que se manifesta para uma determinada "forma de vida" –, supondo-os "bons saberes" ou "boas práticas" para se lidar com todos os problemas semelhantes àqueles para os quais, originalmente, eles se mostraram de fato adequados e pertinentes.

O whig colonialismo foi, então, a invenção e promoção de práticas war-colonizadoras por formas de vida comerciais, financeiras e náuticas. Com ele, tudo se transforma em mercadoria e todos os territórios geopolíticos em mercados. O whig colonialismo é, assim, um whig-war-colonialismo. O comerciante, o contador, o banqueiro, o marujo e o sacerdote se transformam em soldados a serviço da dominação econômica. A moeda, o ouro, a nau e a fé são postos a serviço do expansionismo concorrencial bélico-econômico, da disputa de mercados, do imperialismo comercial, financeiro e econômico.

Com o passar do tempo, os "argonáuticos" desejos, propósitos, razões, hábitos, valores, crenças, costumes, rituais, linguagens e práticas de formas de vida comerciais & financeiras, confluindo-se e associando-se aos riscos, às esferas armilares, às bússolas, aos astrolábios, às cartas náuticas, aos mapas, às técnicas e às práticas normativas de precisão – isto é,

---

[21] Disponível em: https://pt.wikipedia.org/wiki/Arno_Peters. Acesso em: 10 maio 2021.

[22] Qualificamos aqui, intencionalmente, um saber-fazer como "vital" ou uma prática como "vital" para evitarmos o uso do adjetivo "cultural" que devido à multiplicidade de significações e usos diversos, acaba gerando polêmicas e confusões semânticas improdutivas. Além disso, ao falarmos em *saberes-fazeres vitais* ou em *práticas vitais*, estamos intencionalmente conectando os saberes-fazeres ou as práticas à noção wittgensteiniana de "formas de vida" e, portanto, a comunidades que se constituem e se instituem mediante um vínculo de identificação e pertencimento baseado em *atividades e propósitos sociais compartilhados nessa atividade*, e não, necessariamente, a comunidades cujos integrantes se identificam com base em outros tipos de vínculo, tais como: o nascimento em um território geográfico ou geopolítico comum, a posse de um título de cidadania comum, uma nacionalidade, o falar comum de uma língua nativa, características étnicas, características fisiognômicas, a cor da pele, identificações de gênero etc.

às "matemáticas náuticas" que foram se constituindo e concretizando tais desejos e propósitos –, inventaram uma nova forma de colonialismo – o "colonialismo moderno", neoescravagista e neorracista –, relativamente à mais notória forma de colonialismo bélico-imperialista inventada pelo mundo antigo, assentada na dicotomia binária de produção do "outro" – habitante de outros domínios territoriais, de outras terras – como "inferior", "inculto", "bárbaro".

A rigor, se tentássemos nos colocar derridianamente nos rastros mais remotos de práticas e discursos colonizadores, teríamos que, forçosamente, admitir que nem todas as dicotomias instauradoras e promotoras de novas formas de racismo, escravagismo e colonialismo teriam sido produzidas pelo expansionismo colonizador da modernidade e pela cultura filosófico-ideológica que lhe deu sustentação, que nem todas são, portanto, "whig-colonizadoras". Pois, toda dicotomia e, portanto, todo discurso que se assenta ou investe na produção de dicotomias constitui uma (nova) forma de colonialismo, uma (nova) forma de violência, uma (nova) forma de se produzir um "outro", não só distinto e oposto a si mesmo, mas também, inferior e transgressor da ética ideológica do discurso produtor da dicotomia.

É esta alegada transgressão imaginária aos seus próprios discursos e, por extensão, o sentimento de ameaça que ela lhes provoca, que autoriza todos os (novos) discursos colonizadores a praticarem a violência contra o "outro", a minorizá-lo, subestimá-lo, subordiná-lo, escravizá-lo, eliminá-lo fisicamente.

É esta mutabilidade e multiplicidade ilimitadas de formas binárias de constituição do outro como uma ameaça para si mesmo – fenômeno este que alguns investigadores acadêmicos da atualidade denominam *colonialidade*, ainda que a signifiquem e caracterizem de modos diversos – que permite ao discurso do colonizador atualizar-se reiteradamente, de modo que das inúmeras práticas colonizadoras já manifestas na história, não se pode inferir outras tantas por vir.

O modo como a dialética hegeliana tentou "superar" a oposição milenar estabelecida entre o senhor e o escravo, entre o eu, senhor, posto no polo superior da dicotomia, e o não-eu, escravo, posto no polo oposto, com base em um suposto consentimento do escravo à dominação exercida sobre ele pelo senhor, deveria, portanto, ter surgido antes de explicações dialéticas do comportamento interativo dos seres naturais, todos distintos entre si, antes, portanto, de se vê-los participando nomoteticamente de lutas entre contrários, e antes de se projetar sobre eles "dialéticas da natureza", quer para se produzir variedades de éticas comunitárias liberais-concorrenciais, quer para se produzir variedades de éticas comunitárias, comunais ou comunistas.

Assim, a dialética hegeliana do senhor e do escravo responsabilizou o próprio colonizado pela aceitação supostamente consentida da violência e dos desvarios do colonizador.

Tal modo whig-colonizador de explicar e justificar a dominação – e não propriamente de se opor a ela ou de se desconstrui-la no sentido derridiano –, talvez tenha apenas reconhecido a justeza do discurso e das lutas contestatórias e aberto caminho para se descriminalizá-los, dado que a história reiteradamente nos adverte que as lutas anti-coloniais de independência e libertação são tão antigas quanto as próprias práticas colonizadoras que certas formas de vida acabaram belicamente promovendo e impondo a outras, impondo-lhes também, portanto, os propósitos e valores mobilizados por tais práticas.

Práticas e guerras colonizadoras – isto é, de dominação e escravização de humanos por outros humanos – e, por oposição, práticas libertárias de resistência à colonização e de lutas por independência e autonomia têm sido uma constante ao longo da história, de modo que o discurso das dialéticas da natureza nada mais fizeram do que projetar indevidamente sobre os demais seres naturais um antagonismo e uma agonística que tem caracterizado bem mais ou tão somente o que Kant – e antes deles já os gregos antigos – denominou "natureza humana" por oposição binária a uma "natureza não humana" vista como selvagem e hostil aos humanos.

Mas, a ética "whig kantiana", detratora das éticas orientadoras de formas indígenas de vida e de outras formas de organizar a vida prevalecentes em outros continentes antes da chegada do colonizador europeu, nada mais era senão do que o resgate propriamente colonizador das práticas e da ética guerreira que as tornava permissíveis, prevalecentes entre povos sedentários desde épocas pré-históricas.

Foi esta ética guerreira arcaica que inventou a oposição binária entre povos civilizados e povos bárbaros, que inventou, portanto, a "cultura da barbaridade" para justificar as denominadas "guerras justas" que, posteriormente, viriam a justificar as "guerras santas", as "guerras mercadológicas", as "guerras frias", em suma, a cultura bélico-capitalista, imperialista, expansionista, colonialista, racista.

Por sua vez, a "ética whig kantiana", do modo como foi por ele expressa no seu *Sobre a Pedagogia*, caracteriza mais do que qualquer outra os valores subjacentes ao projeto bélico-expansionista-escravagista-racista mercantil europeu que foi se forjando desde o início da era moderna.

É a ética whig kantiana que está na base de todo tipo de colonialismo político liberal e de todo tipo de educação pública republicana que se desenvolveu a partir do século XIX.

Atenta ao apelo decolonial derridiano desconstrutor de oposições binárias, bem como ao aspecto decolonial[23] que se mostra nos modos como Wittgenstein pratica as suas terapias do discurso filosófico, a pesquisa que dá origem a este livro e conduzida por Carolina junto aos Gunadule, a rigor, não se propôs a pesquisar "o outro", vendo-o quer como seu semelhante, quer como seu diferente, mas a pesquisar e a pesquisar-se com o outro um problema que lhes aparecia comum a ambas as comunidades envolvidas com a pesquisa: por um lado, a comunidade acadêmica, por outro, a comunidade indígena dos Gunadule, comunidades estas constituídas com base em, valores, rituais, práticas e propósitos diversos.

O desejo de Carolina foi, então, o de pesquisar não propriamente as razões pelas quais os Gunadule teriam resolvido abrir espaço, no interior de sua comunidade, à educação moderna do whig-colonizador europeu – dado que, certamente, eles, sem dúvida, as teriam, do mesmo modo como os sistemas republicanos de escolarização moderna de todas as nações americanas, a partir de finais do século XIX, mesmo tendo proclamado as suas independências políticas do colonizador espanhol ou português, acabaram construindo os seus sistemas republicanos de escolarização à imagem e semelhança do espectro do whig-colonizador europeu –, mas sim, as razões pelas quais a educação moderna do whig-colonizador europeu se tornou um problema não só para os povos de Abya Yala outrora colonizados, mas também, para o próprio colonizador europeu.

Problematizar a nossa educação escolar whig à luz da educação de longa duração que já vinha sendo praticada pelos Gunadule antes da instalação, em sua comunidade, da nossa educação whig colonizadora, bem como dar-lhes a oportunidade de problematizar o modo como a educação deles foi se transfigurando à luz do desejo que a nossa lhes despertou, tal foi o desejo "terapêutico-desconstrucionista" que orientou a pesquisa de Carolina.

---

[23] Esclarecimentos a esse respeito poderão ser encontrados na referencia: MIGUEL, Antonio; TAMAYO, Carolina. Wittgenstein, terapia e educação escolar decolonial. *Educação & Realidade*, Porto Alegre, v. 45, n. 3, e107911, 2020, p. 1-40.

Achei prudente, cara leitora e caro leitor, antecipar-te este desejo dizendo-te algo dele, antes que te assustes... não propriamente com o desejo dela, mas com o teu próprio desejo que o desejo dela certamente te revelará...

Antonio Miguel

Professor livre docente da Faculdade de Educação da Universidade Estadual de Campinas (UNICAMP). Membro fundador do Círculo de Estudo, Memória e Pesquisa em Educação Matemática (CEMPEM/FE-UNICAMP), da Revista Zetetiké, do Grupo de Pesquisa HIFEM (História, Filosofia e Educação Matemática) e do Grupo Interinstitucional de Pesquisa PHALA (Educação, Linguagem e Práticas Culturais).

SUMÁRIO

VENÍ VAMOS HAMACAR EL MUNDO, HASTA QUE TE ASUSTES
UMA TERAPIA DO DESEJO DE ESCOLARIZAÇÃO MODERNA 27

POSFÁCIO
ARTE EM BASE TÊXTIL E MATEMÁTICA 249

REFERÊNCIAS 255

NOTAS DE FIM 267

Vení vamos hamacar el mundo, hasta que te asustes

Uma terapia do desejo de escolarização moderna

Em Alto Caimán, na serrania de *Abibe,* encontro-me *(CT)* em *Onmaggednega,* junto com *Ibelele* (*IB*), Martínez Montoya (*MM*), Tulia (*TU*), Olo Witinyape (*WO*), prontos para iniciarmos uma conversa com os *saglamala* (*JF* e *AF*) que se encontram deitados em duas redes. Pelas frestas das paredes de madeira da *Onmaggednega,* contemplamos o pôr do sol.

JF[1] – Sejam todos bem-vindos, nesta noite, em *Onmaggednega*[2]. Sejam bem-vindos para falarmos de outros mundos, de outras realidades para além das fronteiras geográficas. Hoje serão aqui colocadas nossas vozes. Este encontro foi marcado especificamente para debater como foi e está sendo desenvolvida a educação aqui no Alto Caimán (Antioquia, Colômbia). Debateremos nossos pontos de vista acerca da escolarização ou do *fazer escola*[1]. Por um lado, a gente vê a escola como necessária, mas, ao mesmo tempo, ela se apresenta de forma tensional com o nosso modo tradicional de pensar a educação de modo *indisciplinar*[2]. Abro, então, este nosso encontro, para focalizar este problema, que acredito ser mais amplo do que nos parece à primeira vista. E, é no balanço.... É no balanço da rede, que iremos nos lembrando sem lembrar. Aqui na reeeeeeeede, na reeeeeeeede... Lembrando sem lembrar, me balançando na reeeeeeeede... Na reeeeeede... Virão sem vir essas vozes, *nem* presentes *nem* ausentes, para nos ajudar a debater o problema da escolarização desde nossa própria forma de entendê-lo, sem excluir outras formas de vida que, penso, também enfrentam esse mesmo problema.

Figura 1 - *Arquivo* fotográfico do próprio, *sagla*³ Jaime Melendres.

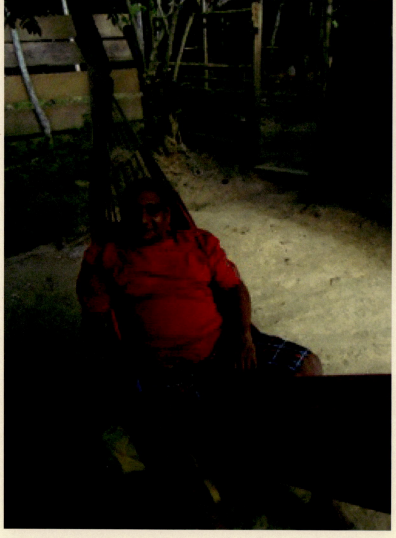

Fonte: *arquivo* fotográfico da pesquisadora.

IB²⁴ – Queria lhes agradecer pelo convite para vir à *Onmaggednega*. Em primeiro lugar, confesso que fiquei surpresa, já que este espaço é muito importante para nossa comunidade. Vir aqui para dialogar parece-me indi-

---
²⁴ *Ibelele* é uma personagem histórica da sexta geração *Guna*, a quem foi entregue a tarefa de vigiar e cuidar dos seres que foram colocados sobre a pele da Mãe Terra, incluindo os *Dule* que habitavam também essa pele. Aqui chamamos *Ibelele* como um *espectro*.

car que a conversa estará cheia de ires e vires, mobilizados, dentre outras coisas, pelas ações que aqui se realizam. Em segundo lugar, espero que este nosso encontro consiga contribuir para aproximar-nos dos diversos efeitos de sentido da imposição do *fazer escola* em Alto Caimán.

CT[4] – De minha parte, vinda de fora de Alto Caimán, agradeço o convite por ter sido considerada para participar desse encontro. Eu espero que este espaço contribua para ampliar os horizontes de significação sobre a escolarização para fora da comunidade. Isso significa ver a escola como um problema não apenas para Alto Caimán, mas para todas as *formas de vida* contemporâneas. Penso que estamos vivenciando um descompasso entre as formas de escolarização homogêneas, individualizadas, concorrenciais e meritocráticas que vêm sendo desenvolvidas pelas *políticas públicas*[5] de quase todas as nações, e o desejo de instauração de relações interculturais descolonizadas entre todas as formas de vida que se constituem com base em cosmovisões distintas daquela imposta pelos estados republicanos *modernos*[6]. Desejo que, neste encontro, ao *inverter* e *deslocar* o problema do desejo de escolarização moderna, seja possível chamar as vozes espectrais de um coletivo que há sete anos vem discutindo e pensando diversas problemáticas em Alto Caimán (Antioquia, Colômbia). Um coletivo que há tempos está se balançando na rede, indo e vindo. Encontros e desencontros foram tecidos na inter-relação entre *formas de vida* diversas, na ausência e presença do vindo de fora e de dentro. Justo ali na redeeeeee, na redeeeeee. A meu ver, nesta noite, estamos convidados não para fazer teorizações que *expliquem* os 'porquês' de todos os efeitos de sentido dessa escolarização moderna, ou conectá-los em uma rede de causas e efeitos, mas para compreendermos os modos como tais efeitos se manifestam, operam e nos afetam. O propósito principal é de descompactar e descolonizar nosso olhar, pois, por extensão, acredito que se manifestarão, neste ires e vires no balançar da rede, os efeitos de sentido gerados pela tensão entre as práticas culturais indisciplinares realizadas na comunidade e as práticas disciplinares introduzidas pela escola. Vejo além, que estamos diante da descompactação terapêutica da educação, vista como um instrumento de aculturação e subordinação.

MM[25] – Boa noite, grato de encontrá-los nesta noite. Essas falas de vocês me remeteram a este quadrinho desenhado por Francesco Tonucci:

---

[25] Aqui a sigla MM refere-se ao espectro de Martinez Montoya, professor *Gunadule* de Alto Caimán.

Figura 2 - Quadrinho *la máquina de la escuela*.

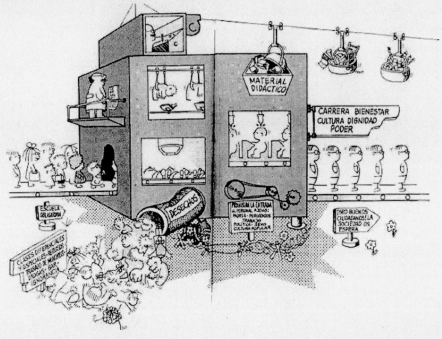

Fonte: Francesco Tonucci (1970)[26].

IB [*com espanto*] – Nossa! Esse quadrinho é bem assustador. Terá mudado alguma coisa desde 1970?

MM – Parece-me que esse quadrinho de Francesco Tonucci ainda mostra as realidades das escolas, não só daqui, de nossa comunidade em Alto Caimán, mas de outras formas de vida onde ela se faz presente. Apresenta-se uma escola como uma fábrica ou máquina de produção de um padrão de sujeitos, *como se*[7] todos ao entrarem fossem diferentes entre si, mas os que conseguem sair *é como se* fossem todos iguais. Quem não entra no padrão sai por outro portão que não é o caminho da *profissionalização universitária, do bem-estar, da cultura e do poder*. No quadrinho, aparecem desenhos de crianças sentadas que recebem com uma seringa um medicamento, *é como se* fosse uma amostra de que, educar e ensinar, respondem a um único padrão de conhecimento. Uma escola que hoje desejaria se olhar em um espelho e

---

[26] Disponível em: http://reflexionesorganizacion.blogspot.com.br/2011/05/la-maquina-de-la-escuela-francesco.html. Acesso em: 03 abr. 2014.

não se enxergar como um espaço que aniquila a criatividade e aprofunda a segregação social fazendo uso de discursos setoriais, mas ela continua espelhando, querendo ou não essa imagem[8].

Figura 3 - Martínez Montoya em foto de 17 de janeiro de 2014.

Fonte: *arquivo* fotográfico da pesquisadora.

CT – Nessa sua fala, vejo que se coloca diante de nós a necessidade de *desconstruir terapeuticamente* o desejo de escolarização *moderna*. Também acredito que é preciso uma mudança de atitude em relação às formas como nos aproximamos do problema, para abrirmos outros caminhos de transformação e de subversão diante dessas realidades que se manifestam na forma de rituais naturalizados que legitimam os dizeres/fazeres desse espaço educativo, em palavras de Christoph Wulf (WC):

WC[9] – Compreender a escola é estudar os elementos ritualísticos que a legitimam, como uma possibilidade de compreender como tais rituais se instauraram, como têm permanecido e têm produzido uma coesão social e comunitária. Para encontrar outros caminhos para pensar a educação, devemos ver o que aparece como naturalizado como janelas que, ao serem abertas, dão visibilidade às estruturas sociais e culturais. Para mim, por exemplo, a matemática disciplinarmente organizada dentro da escola faz parte de alguns desses rituais que possibilitam dar continuidade às diferenças.

WO[27] – Eu percebo que estamos aqui reunidos para conversar e *descrever* nossas próprias realidades, desde os diversos atravessamentos e formas de vida nas quais participamos. *Descrever* o problema da escola do modo em que ele se presenta para nós. Inquieta-me saber, como você [*olhando para Carolina*], como vinda de fora, procurará compreender esses encontros e desencontros que se produzirão no balançar da rede.

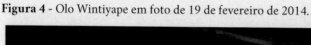

Figura 4 - Olo Wintiyape em foto de 19 de fevereiro de 2014.

Fonte: *arquivo* fotográfico da pesquisadora.

---

[27] A sigla WO faz referência ao *espectro* de Olo Wintiyape, professor Gunadule de Alto Caimán.

CT – Considero a rede como uma metáfora, devido aos aprendizados que tive aqui em Alto Caimán, uma vez que em todo lugar em que eu ia para participar de uma atividade, sempre havia uma rede, inclusive hoje, por exemplo, os *saglamala* estão deitados na rede para conversar com a gente.

IB[28] – Entender a rede assim é uma escolha muito apropriada. Na verdade, a rede usada desse modo corresponde a uma materialização simbólica da nossa cultura *Guna*. Ela tem significados diversos a partir de seus usos em diversas práticas culturais, como por exemplo, no ensino e no aprendizado da botânica, do canto, da história, entre outras, bem como nos rituais *Guna* relacionados ao nascimento e à morte.

MJ[29] – É isso mesmo! A rede, na atualidade, continua a ser usada em todas as nossas atividades. Na rede, nossos problemas são resolvidos; nela, cantamos para os criadores e recebemos as crianças no nascimento. Avós, irmãs, caciques e mães continuam a iniciar o ensino, ali sentados com as crianças, cantando cantigas de ninar. Encostados na rede, *nos balançando na rede*, continuamos cantando e participando de diferentes rituais. Para nós, o movimento da rede é uma mistura entre passado, presente e futuro.

AS[30] – Com licença! Por outro lado, a rede é fundamental, pois é usada nos rituais da *Inna Suidi*[31], *Sumba Inna*[10] e *Inna Dummadi*[32].

CT – Então, esses balanços da rede e na rede aludem às ações das pessoas que nela se balançam, tendo como campo de atividade a *forma de vida Guna*, seja para cantar, seja para narrar uma história ou conversar. Para mim, manifesta-se, nesses balanços, uma prática sociocultural, visto que, para mim, as práticas socioculturais são dizeres/fazeres que mobilizam conhecimentos e memórias e envolvem ações.

---

[28] Fragmento de fala construído a partir do diário de campo da pesquisadora.

[29] Segmento de fala extraído de entrevista a mim concedida, para esta pesquisa, pelo Sagla Jaime Melendres (MJ) em fevereiro de 2014.

[30] Segmento de fala extraído de entrevista a mim concedida, para esta pesquisa, por Abadio Green Stocel (AS), em 8 de julho de 2014. Indígena Gunadule que, atualmente, pesquisa sobre os significados de vida desde uma perspectiva Gunadule para compreender os usos das palavras em contextos de atividade humana, especialmente nas narrativas dos caciques. Ele é considerado liderança indígena Gunadule.

[31] O primeiro corte de cabelo da menina, que é o momento no qual ela recebe o nome.

[32] A festa da liberdade, depois da qual as meninas podem ser pedidas em casamento.

JM[33] – Esse modo de se entender as práticas socioculturais dá conta da prática de se balançar na rede em relação com sua produção. A prática de tecer uma "*Gassi*"[34] é conjunto de ações para atingir um propósito, mas também é a possibilidade de tecer os ossos da mãe terra, e seu movimento é uma mistura entre passado, presente e futuro. A rede Guna tem um significado muito importante para nós. Nela, realizam-se alguns dos rituais mais importantes relativos à vida. Uma *gassi* é o local de nascimento, o local onde as meninas se encostam para comemorar sua puberdade, local onde são *ence(ensi)nadas*[35] nossas práticas, local onde nos deitamos na doença e local da morte.

IB – Eu tenho dois *arquivos* fotográficos das *redes* organizadas em *Onmaggednega* para nossos caciques e nas festas de puberdade, estes são:

Figura 5 - Redes penduradas em *Onmaggednega*.

Fonte: a*rquivo* fotográfico da pesquisadora.

---

[33] Segmento de fala extraído de entrevista a mim concedida, para esta pesquisa, pelo *Sagla* Jaime Melendres (MJ) em janeiro de 2014.

[34] A palavra "*Gassi*" é usada para significar o que temos chamado de "rede" em português e "hamaca" em espanhol.

[35] Inserção nossa a partir da fala do *sagla*.

CT – Considero que ao falar da prática sociocultural de tecer uma *Gassi* você, em primeiro lugar, concebe-a como um conjunto de ações que são orientadas por propósitos, isto é, ou como dizeres e fazeres corporais[11] –, assim como nas práticas de agrícolas *Guna*, nas práticas de cozimento, práticas educativas tradicionais, práticas políticas, e organizativas indígenas, práticas de negociação, práticas de colheita de bananas da terra etc., tais como, martelar, manipular dinheiro, virar um volante de automóvel, correr etc. –, ou como ações que esses dizeres e fazeres corporais se constituem, tais como: construir uma casa, pagar por suprimentos, compor um poema etc. Tal conjunto de ações não será abordado, no percurso deste nosso encontro, como algo "puro" ou "originário", isto é, *nem* independente desses dizeres/fazeres, *nem* da linguagem. Essa proposição justifica-se na medida em que os indivíduos se apropriam de práticas de outras formas de vida, o que mina qualquer possibilidade de uma cultura originária, de uma linguagem 'original' ou de sentidos únicos. Diante disso, há o movimento constante da hibridação entre formas de vida e seus jogos de linguagem, o movimento da diferença.

IB – Pode ampliar um pouco mais essa última ideia, não ficou claro para mim.

CT – Acredito que as *formas de vida* não são mais conjuntos de pessoas que organizam a vida de forma isolada. Do meu ponto de vista, os contatos entre *formas de vida* têm minado qualquer possibilidade de uma cultura originária, de uma linguagem 'original' ou de sentidos únicos, pois na medida em que os indivíduos se apropriam de práticas de outras formas de vida, nossos dizeres/fazeres se transformam. Este nosso balançar na rede é um balançar coletivo e que já compõe *formas de vida Gunadule*[12] como efeito da hibridação cultural entre *formas de vida* indígenas e não indígenas, humanas e não humanas. Se concordarmos que não há culturas originárias, então, o que se apresenta diante de nós são *formas de vida* entrelaçadas ou hibridadas.

TU[36] – Eu estou entendo esta sua fala do seguinte modo: nós, os *Guna*, não somos mais aquele povo encontrado na época da conquista. Temos transformado nossas práticas de acordo com as necessidades que foram surgindo no nosso dia a dia, nos contatos com outros *waga*[37]. Além disso, apropriamo-nos

---

[36] Segmento de fala extraído de diário de campo da pesquisadora, produzido para esta pesquisa, por Tulia Espitia, em 16 de setembro de 2014.

[37] Palavra usada para significar todos aqueles não indígenas em língua *Guna*.

de certas práticas que são realizadas pelos *wagas*. Por exemplo, tínhamos uma prática de *extração* de sabão. É isso mesmo! Aqui havia muitas árvores das quais nós podíamos extrair sabão para lavar nossas roupas e demais objetos. Na luta pela terra, os *wagas* e nós desflorestamos muito os bosques, o que fez com que esse tipo árvore desaparecesse. Assim, essa espécie de árvore, pressentindo sua extinção, foi embora daqui para outras terras[13]. Então, os saberes ligados à prática de extração de sabão foram esquecidos, e passamos a comprar esse produto, dentre outros.

CT – Vejo que essa mudança faz parte dos movimentos e efeitos da hibridação que, em sua ambivalência e antagonismos resultantes, estão envolvidos em relações assimétricas de poder e manifestam as suas singularidades e particularidades nos usos da linguagem em diferentes *formas de vida*. Mesmo que tais usos apresentem semelhanças entre si, eles também geram um conjunto diferencial de efeitos de sentido; assim, os efeitos de sentidos sempre se manifestam em uma rede de diferenças e semelhanças. Por exemplo, o ato de uma tradução 'plena' ou 'verdadeira' é impossível. A tradução como cópia e repetição do mesmo se rompe. A *Gassi* remete-me para uma rede de diferenças e semelhanças entre *aspectos* de diferentes jogos de linguagem que se manifestam na e pela hibridação de *formas de vida*.

IB – A *Gassi* também nos remete a nossa cosmovisão, a nossa história de origem, intitulada "Os sete irmãos e a irmã *Olowagli*"[38]. Além, de *Olowagli* – a única mulher dentre eles também conhecida pelo nome de *Ologunasobe* –, os outros sete irmãos foram *Ibelele* (também *Iblel, Olowagbibbilele*), *Ollele, Iggaliler, Olosunnibelele, Uudule, Gwadgwadule, Igwaoginyabbilele* (também *Bugasui y Bugsu*). De acordo com tal história, tais irmãos foram filhos de um relacionamento incestuoso entre *Nana Gabayay* e *Olonidalibibbilele*, que eram netos de *Dada Mago* e a *Nana Ologwadule*. Esses últimos foram enviados por *BabaNana*[14] para cuidar da Mãe Terra, tendo em vista o fato de que gerações anteriores o tivessem feito de um modo desastroso.

SA[39] – Yo voy a narrarte esta historia de origen. Sólo conozco dos versiones escritas de esta historia, pero ninguna se ha detenido en el análisis de las palabras. La traducción al castellano de estos relatos narrados en lengua Dule no es tarea fácil, pues los *saglamala* utilizan un lenguaje metafórico

---

[38] Narrada(encenada) por Green (2012).

[39] Essa narrativa foi extraída de Green (2012, *negritos do autor*).

UMA TERAPIA DO DESEJO DE ESCOLARIZAÇÃO MODERNA:
VENÍ, VAMOS HAMACAR EL MUNDO, HASTA QUE TE ASUSTES

y antiguo muy especializado, en el cual confío seguiré formándome. La difícil situación que afrontaba la Madre Tierra por causa de los primeros hombres y las primeras mujeres que Nana y Baba, los creadores, habían enviado para cuidar de ella y quienes no siguieron el camino que se les había trazado. Por ello, preocupados por la suerte de la tierra y de los seres que la habitan, los creadores decidieron enviar a *Dada Mago* y a *Nana Ologwadule*, de esa unión nacieron *Nana Gabayay* y *Olonidalibibbilele*, y de ese incesto nacieron los siete hermanos: *Ibelele* (también *Iblel, Olowagbibbilele*), *Ollele, Iggaliler, Olosunnibelele, Uudule, Gwadgwadule, Igwaoginyabbilele* (también *Bugasui* y *Bugsu*) y su hermana *Olowagli* (la única mujer y a quien también se la conoce con el nombre de *Ologunasobe*). Cuando los creadores Nanadummadi y Babadummadi habían enviado a Dada Mago y Nana Ologwadule para armonizar la comunidad en el territorio de Abya Yala, aconsejaron desde las cosas sencillas y luego desde las cosas grandes, para agradar a los creadores. Ellos tuvieron un hijo y una hija, Olonidalibibbilele y Nana Gabayay, quienes desde muy temprana edad quedaron huérfanos y debieron asumir todos los trabajos necesarios para mantener la armonía entre los diversos seres de la tierra y reafirmar así su amor por los creadores, que era infinito. Ellos sabían que los primeros habitantes, Bilel[40] y sus hijos no estaban trabajando para el cuidado de la tierra, sino al contrario, estaban haciendo sufrir a la Madre Tierra al estar compitiendo entre ellos, luchando por el poder.

Los hermanos, *Olonidalibibbilele* y *Nana Gabayay*, desde que llegaron a esta tierra, comenzaron con todas sus fuerzas a dedicarse a su cuidado y a vigilar todos los contornos de la tierra joven; ellos sabían que todo lo que estaban haciendo era por la felicidad de todos los seres que la habitan. De tantos esfuerzos y preocupaciones que tuvieron, los dos hermanos se olvidaron de su propia felicidad, de sus afectos como seres vivos, que necesitan ser amados. Nos cuenta la historia que en el transcurso del primer tiempo de la humanidad sucedió entonces un incesto entre los hermanos *Olonidalibibbilele* y *Nana Gabayay*; la explicación que se nos da, es que los futuros defensores de la Madre Tierra no podían nacer del vientre de una mujer que estaba haciendo daño a la tierra; debían nacer desde el vientre de una mujer buena, valerosa, luchadora y amante de la naturaleza. Cuando Nana Gabayay y su hermano Olonidalibibbilele gobernaban a esta humanidad de una manera colectiva y los trabajos que

---

[40] É um ser da primeira geração que habitou a Terra Mãe que tenha por tarefa cuidar dela, mas ele e sua família não cumpriram essa tarefa e foram castigados, mais em frente essa narrativa será colocada em profundidade.

hacían para buscar los alimentos eran estrictamente los necesarios para la armonía con la naturaleza. En esos tiempos los animales eran humanos y en la convivencia con ellos, sus comportamientos inadecuados contagiaron al hermano *Olonidalibibbilele*[41], quien, al no encontrar pareja, terminó visitando a su propia hermana por las noches, la cual, por lo regular, cansada de sus arduas labores, se quedaba dormida profundamente. Cuando ella se despertaba por las mañanas se daba cuenta que su *gassi* (hamaca) había sido profanada por alguien y entonces comenzó a hacer averiguaciones en toda la comarca sobre ese ser que la visitaba todas las noches, sin sospechar que era su propio hermano que profanaba la tranquilidad de sus sueños. *Nana Gabayay* comenzó a llamar a distintos animales para que la despertaran. Primero llamó al *gu* (piojo[42]), pero no hizo el trabajo de despertarla, por eso lo aplastó entre sus dientes y lo escupió; luego llamó al *genu* (garrapata[43]) que tampoco la despertó y luego llamó a otro animal, en esta oportunidad al *igli* (arriera[44]), quien por lo mismo fue castigada. De tanto insistir a diferentes animales, finalmente le tocó al *wewe* (*saltamontes*[45]). *Nana Gabayay* entonces preparó en un *totumo*[15] sumo de las semillas de *sabdul* (jagua[46]) y lo depositó debajo de su hamaca.

Cuando la madre noche cuidaba el contorno de la tierra, el hermano Olonidalibibbilele se acercó a la hamaca de su hermana y entonces el saltamontes con un pequeño mordisco la despertó. Ella con mucha calma untó sus manos con la pintura de la jagua y manchó el rostro del desconocido. El hermano presuroso corrió al lecho del gran río, pero Nana Gabayay, como mujer creadora, secó todos los barriles de las aguas de los ríos, de las quebradas[47]. Por eso su hermano sólo pudo esconder su rostro en el último rincón que quedaba, al interior de su 'hamaca', utilizando las sábanas para tapar su rostro.

Tarde o temprano Nana Gabayay se daría cuenta que la persona que la visitaba todas las noches era su propio hermano porque pasados varios días él no se levantaba y al quitarle ella la sábana que lo cubría quedaron descubiertas las manchas de la pintura de la jagua en su rostro. Avergonzado el

---

[41] Essa frase quer dizer que *Olonidalibibbilele*, no contato com os animais, aprendeu comportamentos inapropriados

[42] Em português, significa piolho.

[43] Em português, significa carrapato.

[44] Em português, significa formigas cortadeiras de tipo saúva.

[45] Em português, significa gafanhoto.

[46] Em espanhol, *Jagua* é o nome dado à tinta preta da fruta do jenipapeiro, o "jenipapo".

[47] Em português, significa riachos.

UMA TERAPIA DO DESEJO DE ESCOLARIZAÇÃO MODERNA:
VENÍ, VAMOS HAMACAR EL MUNDO, HASTA QUE TE ASUSTES

hermano Olonidalibibbilele decide dejar la casa materna, pero su hermana Nana Gabayay tuvo mayor entendimiento del conflicto de su hermano, interpretó lo que estaba sucediendo como un designo de los creadores y aceptó con clara conciencia la situación. Ella comprendió que lo sucedido era para proteger la tierra, ya que ellos dos eran las únicas personas que quedaban para cuidarla. Ella había aceptado la verdad de su historia porque sabía que detrás de ellos dos vendrían los verdaderos hijos e hijas de la Madre Tierra, los verdaderos Gunadule; pero su hermano en su locura no lo veía así y decidió alejarse definitivamente de la casa.

A pesar de sus ruegos, su hermano *Olonidalibibbilele* decide alejarse de la casa materna, entonando una melodía al son del *dolo* (instrumento de viento, que desafortunadamente ya no existe). Por su parte, su hermana trata de alcanzarle y persuadirle que se quede en la casa; pero su hermano no quiere quedarse más allí y trata de alejarse cada vez más. Ella lo sigue y al poco rato se da cuenta que no lleva consigo la canastilla con hilos de algodón para tejer las hamacas. Regresa entonces a la casa, recoge las cosas y continúa el mismo camino siguiendo la melodía del *dolo*. Cuando ya está cerca de su hermano, se da cuenta nuevamente que volvió a olvidarse de algo y regresa enseguida a la casa, pero al volver donde había dejado a su hermano, ya no escucha más la melodía del instrumento y no lo encuentra. Se da cuenta entonces que ha perdido definitivamente el rastro de su hermano. Nana Gabayay redobla sus fuerzas y prosigue el camino; a su paso va encontrando diferentes pájaros y ella les va preguntando sobre el paradero de su hermano. Los hombres pájaros comienzan a pedirle pedazos de ubsan samilaedi (algodón). La madre Gabayay, como necesitaba saber del paradero de su hermano, comienza a repartirles pedazos de algodón para recibir a cambio noticias suyas. Pero los pájaros no decían nada y definitivamente no logró encontrarlo. Después de mucho andar, Nana Gabayay divisó a lo lejos un gran río donde mucha gente se bañaba; eran los seres peces. Pero ya su hermano Olonidalibibbilele había emprendido el viaje hacia la bóveda celeste, la morada de sus abuelos, para permanecer para siempre en ella. Nana Gabayay ya nunca lo podría encontrar pues él estaba fuera del espacio de la tierra; se había convertido en la luna como designio de los creadores. Nana Gabayay caminó un rato, luego divisó a lo lejos una aldea y apuró el paso. Era la aldea habitada por las abuelas ranas: Mu Gunyay, Mu Ologuglili, Mu Ologundili y Mu Igwasob. Ellas acogieron a la madre Gabayay, se alegraron y gratificaron a los creadores por esta visita pues veían en ella a un ser extraordinario; el olor y perfume del cuerpo de Nana Gabayay se esparcía a una distancia de cuatro días; esto es, escalando una montaña por cuatro días era posible percibirlo hasta en la cuarta capa de la tierra.

Un día, nos cuenta el sabio Horacio Méndez, ocurrió una epidemia de escupir de forma frecuente en la aldea de las abuelas ranas, por eso ellas comenzaron a buscar de manera afanosa distintos escondites para que sus hijos peces no descubrieran a la Nana Gabayay, porque ellas sabían que si algún día se descubría su presencia iba a ocurrir una tragedia. Y finalmente ocurre lo que se temía. Un día, cuando el sol se había asomado a la superficie de la tierra, los jóvenes peces subieron a la casa de las abuelas ranas, cansados de haber jugado con las corrientes del río. Al entrar vociferaron lo siguiente: "¡*Qué olor tan dulce huele!, ¡qué olor tan dulce huele!, ¿de* dónde viene el olor a piña[48]?" Nana Gabayay, que estaba en su escondite, en el zarzo de la casa, carraspeó[49] repentinamente. Los jóvenes peces reaccionaron y se dieron cuenta de la presencia de una mujer; enseguida subieron y se la llevaron al regazo del gran río, para allí devorarla. Las abuelas ranas, que sabían que Nana Gabayay tenía vida en su vientre, antes de que se la llevaran, alcanzaron a suplicarle a sus hijos que respetaran a *samur selegwad* (la placenta). Ellos obedecieron y de esa manera las abuelas ranas comenzaron su faena de tratar de hacer posible el nacimiento de la vida que aquella llevaba en sus entrañas. Las abuelas ranas comenzaron a trabajar para permitir el nacimiento de los hijos de la *Nana Gabayay* e comenzarón a calentar 8 tinajas[50] (*medde*) de barro.

A medida que la tinaja trabajaba, y en ella los rostros de los creadores y primeros cuidadores de la tierra aparecían, a medida que el gran padre fuego hacía posible la vida, comenzaron a ocurrir distintos nacimientos y antes de cada uno siempre se asomaba dos veces el gallo entonando el nombre de la criatura. Son ocho nacimientos; era imposible que una sola abuela rana pudiera encargarse de los cuidados de todos los hermanos, de manera que las cuatro abuelas ranas, cada una se encargó y se hizo responsable del cuidado de dos hermanos, así: Muu Ologunyay dio sus pechos a Ibelele, y a Ololele. Muu Olobuglili se encargó de Olowiggalilele y Olosunnibelele. Muu Ologundili amamantó a Buudule y a Ologwadgwaddule (Ologaglibibbilele). Finalmente, Muu Igwasob cuidó de Igwaoginyabbilele (Bugasui o Bugsu) y de Olowagli. Cada día crecían y, curiosos, querían conocer más y más los secretos y la riqueza de la selva, por lo cual se alejaban cada vez

---

[48] Em português, significa abacaxi.

[49] Emitir uma tose leve.

[50] São jarras de barro grandes.

UMA TERAPIA DO DESEJO DE ESCOLARIZAÇÃO MODERNA:
VENÍ, VAMOS HAMACAR EL MUNDO, HASTA QUE TE ASUSTES

más adentrándose en la espesura de las montañas. Un día, cuando estaban sentados a orillas del río *Oloisbegundiwala*, comenzaron a mirarse uno a uno en las aguas cristalinas, profundas y transparentes; ahí pudieron vislumbrar sus rostros y notaron que entre ellos eran iguales, sumamente parecidos, como si una misma mano prodigiosa hubiera moldeado sus rostros. Cierto día que se encontraban en medio de la espesura de la selva, escucharon el canto del *welwel* (el tucán), que estaba sentado en la rama de un árbol. El tucán con su pico largo y sus pechos de plumaje negro, amarillo y rojo, les estaba tratando de enviar un mensaje: *"Welle, Welle, dolii - Ani ibinuedi dolesmar iddoleye - Ibelele na gwenadganga sogdaggen soge"*; "parece que algo sagrado que nos pertenece, nos fue arrebatado y devorado", logró descifrar el hermano Ibelele a su hermana y hermanos, pero sin entender muy bien su significado.

Era la primera vez que escuchaban un mensaje por medio del canto de un ave. Después de conocer la historia de sus falsas madres por medio de los cantos del tucán, y de otros animales Ibelele, Olowagli y sus otros hermanos se dispusieron a profundizar en cómo vinieron a esta tierra y así llegar al origen de su verdadera madre. Con la ayuda de las plantas medicinales, el fuego, el agua y el viento, seres que se ofrecieron para ayudarles en la búsqueda del conocimiento, Olowagli y sus hermanos prepararon sus oídos, corazones y olfatos para conversar y adquirir la sabiduría que les permitiera "Nana galabulba oduloged igala", "recuperar y revivir los huesos de la madre Nana Gabayay". Luego de saber la historia de su verdadera madre, Olowagli entretejió con sus finas manos y distintos colores de algodón a Oloyaldua gassi (hamaca), donde luego serían depositados los huesos de su madre, mientras sus hermanos afanosamente buscaban distintas raíces y tallos selectos que crecen a la orilla de los ríos, quebradas, manantiales y lagunas, para revivirla. *Ibelele* se dio cuenta que los huesos de su madre estaban dispersos a lo largo del río y requerían reunirlos en un solo lugar, para luego llevarlos a la hamaca sagrada, pero los peces que la habían tragado les desviaban de su búsqueda. Después de mucho buscar, *Ibelele* y sus hermanos fueron encontrando uno a uno los huesos de su madre, que recogieron y llevaron a la *sumba*[51]. Allí los colocaron en el lecho de la gran Oloyardua gassi (la hamaca hecha por Olowagli) e invocaron a los creadores y a todos los espíritus buenos, para que les ayudasen a hacer posible que el soplo de vida regresase a su madre.

---

[51] Quarto construído em uma das casas da comunidade exclusivamente para a realização do ritual de rememoração destas tradições.

SA[52] – Quando os *saglamala* cantam essa história, muitas vezes, é para compreender a realidade política na qual vivemos com nossos governos, já que se aprecem com as mães rãs, pois o tempo todo estão mentindo ao povo, à sociedade e, sobretudo, roubando o bem da sociedade.

CT[53] – É por essa razão que penso ser a *rede* um signo chave do percurso investigativo que orienta este nosso debate[16]. É na *gassi* que ocorrem os nascimentos, as conversas, as celebrações ou, em uma palavra, é nela que ocorre o transcurso da própria vida, bem como o seu término, a morte.

IB – Como que você ficou sabendo disso?

CT – Eu venho participando de diversos projetos educacionais com a comunidade de Alto Caimán, há seis anos mais ou menos[54]. E ao considerar que todos nós estamos inclusos nesses processos contínuos de hibridação de *formas de vida*, o que me interessa, ao vir aqui, não é encontrar provas de processos de hibridação cultural, mas sim, *entender* os termos e condições nos quais ditos processos vêm se desenvolvendo como efeito, dentre outras coisas, do desejo de escolarização moderna. Pois, eu acredito que este problema não só se apresenta para os *Gunadule*, mas também para todos os Estados-nações que instalaram a escola após terem sido submetidos a processos de colonização. Não estou aqui *nem* para fornecer a vocês sugestões de como lidar com esse problema do modo como ele manifesta para vocês. *Nem* estou supondo que vocês forneceram elementos para se lidar com o problema do modo como ele manifesta na minha *forma de vida*. Na verdade, o objetivo é tentarmos juntos debater e esclarecer esse problema de modo que se manifestem outras maneiras de ser visto. Por exemplo, no contato com sua comunidade, foi possível compreender com mais clareza o que o antropólogo francês Bruno Latour diz no seu livro *jamais formos modernos*[17]. Esse entendimento é capaz de provocar uma *inversão* e um deslocamento entre *nem* moderno e *nem* pós-moderno, cria um outro lugar, o do *não moderno* e caracteriza dito lugar. Nós nos

---

[52]   Segmento de fala extraído de entrevista a mim concedida, para esta pesquisa, por Abadio Green Stocel, na Universidade de Antioquia, em 29 de janeiro de 2014, sobre a visão da cosmogonia e cosmovisão *Guna*.

[53]   Anotações do diário de campo da pesquisa produzidas em 20 de setembro de 2014.

[54]   Os projetos são referidos a pesquisa de doutorado em foco e as pesquisas de Tamayo-Osorio (2012); Cuellar-Lemos; Martínez (2013); Jaramillo; Tamayo-Osorio; Higuita (2014) e Ministerio de Educación Nacional (2012).

colocaríamos em num *não lugar nem* moderno, *nem* pós-moderno e *nem* não moderno.

IB[55] – Eu acredito que isso que você diz está ligado ao fato de que depois de quase 35 anos de ter sido construída essa *casa de cimento* em nossa comunidade – que é chamada de escola, e que nós chamamos de *"fazer escola"* – os nossos conhecimentos estão sendo esquecidos e não estão sendo mais passados de geração para geração. Hoje, poucos jovens estão interessados em se especializar como botânicos ou aprender cantos terapêuticos, e muitas mulheres não sabem os sentidos associados aos tecidos utilizados em suas roupas. Será que esse desinteresse dos jovens pelas nossas práticas estaria relacionado à importância política e econômica que atribuímos à leitura e à escrita em língua espanhola e ao fazer cálculos matemáticos no modo como o *waga* faz? Por que a escola, como espaço físico, é colocada como o único lugar para educar nossas crianças? Será que se pensássemos uma educação a partir de nossas práticas socioculturais em relação com as de outras culturas, nossas práticas voltariam a ser estudadas e respeitadas?

AF[56] – Aqui, deitado na rede, é o melhor lugar para pensarmos isso. Na rede, virão sem vir espectros e rastros. Na rede,

Vou e venho sem preocupação, só tenho tempo e emoção, e vou em uma só direção... A do vento em meu coração.

Aqui na rede, re-de, re-de...

As lembranças vêm e vão, ficam somente estas que me dão sentimentos parecidos ao movimento, que só consigo aqui na rede, re-de, re-de.

Não é como o tobogã essa vil metáfora da vida e da morte.

Nem como o sobe-e-desce, que sempre te deixa à tua sorte, e sempre desce. Não, não. Eu vou à rede [de balanço][57].

---

[55] Fragmentos dos registros do diário de campo do 14 de janeiro de 2014.

[56] Essas siglas nos remetem para o espectro do *Sagla* Faustino Vicente Arteaga (FV).

[57] Remissão a letra da música *A rede de balanço*, de Kevin Johansen. Original em espanhol, tradução feita por nós para efeitos desta pesquisa. Letra no original: *"Voy y vengo sin preocupación. Sólo tengo tiempo y emoción, y voy en una sola dirección. La del viento en mi corazón. Aquí en la hamaca, hama-ca, hama-ca. Los recuerdos vienen y se van. Sólo quedan esos que me dan sentimientos parecidos al Movimiento, que sólo consigo... Aquí en la hamaca, hama-ca, hama-ca. No es como el tobogán, esa vil metáfora de la vida y la muerte. Ni como el subibaja, que siempre te deja a tu suerte. Y siempre baja. No, no. Yo voy a la hamaca..."*. Disponível em: http://www.musica.com/letras.asp?letra=1136732. Acesso em: 15 ago. 2015.

Figura 6 - *Sagla* Faustino Vicente Arteaga. Foto de 9 de fevereiro de 2014

Fonte: *arquivo* fotográfico da pesquisadora.

CT – É isso mesmo, aqui deitados na rede, espero que no ir e vir do seu balanço entremos em todos esses embates, ao pensarmos o problema da escolarização do modo como se apresenta em diversas formas de vida. Os sistemas modernos de escolarização foram se institucionalizando entre 1880 e 1930[18], como efeito dos acontecimentos políticos e econômicos mundiais. A escola impõe-se como uma instituição social que se legitimou e ganhou influência, ela não é neutra ideologicamente ou sem partido como alguns têm tentado apresentá-la.

OW[58] – Isso é verdade, pois é na escola que se organizam o ensino e o aprendizado; ela divulga outra forma de ver o mundo, além de ter grande influência nos papéis que desempenham as culturas – algumas dominadoras e outras como dominadas – dentro do sistema global.

CT – Além disso, os processos de escolarização foram-se expandindo por todos os continentes, em temporalidades distintas como decorrência dos processos de colonização. Tais processos mostraram-se como intencionais, metodicamente organizados, sistemáticos e baseados em uma concepção de

---
[58] Segmento de fala extraído de entrevista a mim concedida para esta pesquisa, por Olo Wintiyape, na Universidade de Antioquia, em 10 de outubro de 2016.

UMA TERAPIA DO DESEJO DE ESCOLARIZAÇÃO MODERNA:
VENÍ, VAMOS HAMACAR EL MUNDO, HASTA QUE TE ASUSTES

conhecimento visto como universal e submetido à categoria dicotômica de formas *versus* conteúdo. Para Pablo Pineau (PP), os processos de colonização configuraram-se de forma hegemônica em todo o globo:

PP[59] – Durante este período (1880 e 1930), la mayoría de los países del mundo legisló su educación básica (muchas veces referida también a sus colonias) y la volvió obligatoria. Esta situación, acompañada por una explosión de la *matrícula*[60], dio lugar al fenómeno que Daniel Cano (1989) ha denominado la "Escuela Mundo". De París a Timbuctú, de Filadelfia a Buenos Aires, *la escuela se convirtió en un innegable símbolo de los tiempos, en una metáfora del progreso, en una de las mayores construcciones de la modernidad*[61]. A partir de entonces, una buena cantidad de hechos sociales fueron explicados como sus triunfos o fracasos: el desarrollo nacional, el progreso económico, las guerras, la aceptación de los sistemas o prácticas políticas se debieron fundamentalmente a lo que el sistema escolar había hecho con las poblaciones que le habían sido encomendadas. [...] A fines siglo XIX la aparición de la escuela fue apoyada, aunque por distintas causas, por todos los grupos sociales. Este apoyo se basó en el reprocesamiento del *pensamiento educativo moderno*[62] a partir del despliegue de tres "desarrollos" del siglo XIX - y la traducción en sede educativa de los dos primeros -: el liberalismo, el positivismo y la pedagogía tradicional, en una amalgama por la cual la Escuela "descabeza" a la pedagogía previa al quitarle los fines "trascendentales" o metafísicos comenianos, kantianos o herbatianos, y ubica allí al liberalismo, al nacionalismo y/o al cientificismo, constituyendo una nueva "pedagogía triunfante".

OW – Eu nunca pensei que o problema da escola era tão grande assim. Do meu lugar como professor na comunidade, acredito que é muito importante essa discussão para continuar ampliando nossos horizontes de possibilidades para construir uma outra educação apropriada para nosso povo.

CT – Espero que esta noite, ao nos colocar *nem* plenamente dentro *nem* plenamente fora do *pensamento educativo moderno,* consigamos enxergar o problema de outros modos. Esse posicionamento de Pablo Pineau impactou-me e, por isso, apresentei-o para vocês aqui. Conceber a escola como uma invenção do ocidente, que produz efeitos não só ao se instalar em for-

---

[59] PINEAU, 1996, p. 2, 11.

[60] *Matrícula* em português, pode ser entendida como a ação de se inscrever em uma escola para cursar um ano letivo.

[61] Itálicos nossos.

[62] Itálicos nossos.

mas indígenas de vida, mas também nas formas *wagas* de vida submetidas a processos de colonização, amplia a discussão aqui em foco. Assim como o ocidente nos remete para além de discursos que o legitimam, também a escola sempre está em conformidade a pressupostos ideológicos que a legitimam. *É como se* os dizeres/fazeres da escola, ancorados ao pensamento liberal--meritocrático, a justificassem como condição necessária para a formação de cidadãos 'livres' plenamente integrados ao sistema econômico vigente. *É como se* fosse uma tentativa de homogeneização de formas de vida. Do meu lugar como professora de matemáticas, gostaria de expressar a minha concordância com todas as inquietações que aqui vocês manifestaram. No entanto, considero que precisamos conversar um pouco sobre as tensões produzidas pelas inconsistências das políticas públicas que, por um lado, normatizam a educação homogeneamente e, por outro lado, defendem leis constitucionais e educativas para a diversidade. Como pode ser isso possível?

MM[63] – É isso mesmo! Como indígenas, por exemplo, dizem nos reconhecer na condição de indígenas e afirmam, mediante leis e decretos constitucionais, que temos o direito de falar nossa língua e de organizar a nossa educação segundo nossas necessidades. Por outro lado, impõem-nos uma instituição, chamada escola, que promove uma única forma de ser e de conhecer. Nós estamos cientes de que os tempos para desenvolver as atividades escolares não estão coordenados com os tempos que temos, dentro da comunidade, para desenvolver as atividades coletivas. Como isso poderia estar contribuindo para salvaguardar nossa cultura? Em poucos lugares é possível fazer este tipo de discussão, partindo de nós mesmos, sem ter como imposição os parâmetros da escola, mas organizando a nossa educação com base em nossa *racionalidade*[19]. Dentre esses elementos que vocês já colocaram, gostaria de manifestar, adicionalmente, outra preocupação. Como podemos organizar nossa forma de educação em interação com as de outras culturas, porém mantendo a nossa autonomia?

IB – Com essa pergunta, penso que você está sugerindo uma inversão no modo de organizarmos a nossa educação: a gente problematizaria nossas práticas socioculturais em função de nossos critérios cosmogônicos, isto é, de nossa *racionalidade,* e só depois poderíamos ser remetidos para as práticas dos estrangeiros, uma vez que as nossas práticas socioculturais, atualmente, estão a serviço das disciplinas da escola. Convido vocês, então, para que

---

[63] Fragmentos dos registros do diário de campo de 20 de janeiro de 2014.

UMA TERAPIA DO DESEJO DE ESCOLARIZAÇÃO MODERNA:
VENÍ, VAMOS HAMACAR EL MUNDO, HASTA QUE TE ASUSTES

coloquemos aqui nossas experiências para vermos o que está dado nelas e compreender os efeitos de sentido gerados pela tensão entre as práticas culturais indisciplinares realizadas na comunidade e as práticas disciplinares introduzidas pelo *fazer escola*. Isso significa pensar a possibilidade de promoção de uma *educação indisciplinar* referenciada em formas de vida culturalmente hibridadas.

CT – Considero que é esse o caminho! Não se trata aqui de procurar *explicações*, isto é, de estabelecer relações de causas e efeitos entre esses processos de hibridação. Minha proposta é *descrever*[20] as conexões e efeitos de sentido dados pelo desejo de escolarização moderna, percorrendo jogos de linguagem que se realizam em formas de vida diversas[21], pois como Warren Shibles (SW) esclarece:

SW[64] – [...] não há *explicação* para a *explicação*. Não podemos *explicar* os significados das palavras. Só podemos usá-las. Dito de outro modo, a "causa" se revela com o uso da palavra, mas não admite uma definição essencial.

IB[65] – Porém, como conseguir nos despojar desse desejo de *explicação* que tem atravessado os discursos de linguistas, antropólogos, filósofos, sociólogos etc., que têm sido produzidos 'sob' e para com nossa comunidade? Carolina, isso não valeria também para seu próprio discurso? Eu coloco esta questão, pois nós já nos acostumamos a responder aquilo que supomos que os pesquisadores gostariam de ouvir e, com isso, eles supõem que nós também estaríamos assumindo a *explicação* como modo legítimo de esclarecimento.

CT – Penso que esses interesses sórdidos dessa perspectiva etnologocêntrica colonizadora de pensamentos[66] estará sempre tentando nos seduzir. Ao me abrir para participar de suas práticas socioculturais e conviver com vocês em sua *forma de vida*, participando de seus jogos de linguagem, não ficando simplesmente de fora observando tais jogos, acabamos criando brechas para tornar o nosso diálogo[22] mutuamente sincero e respeitoso. Penso que esta atitude permite-nos praticar a ética e não vê-la simplesmente *como se* fosse uma doutrina. Assim, quando participo – na ação – de uma festa tradicional da comunidade, *nem* vocês *nem* eu podemos deixar de ser sinceros. Isso não exclui

---

[64] WARREN, 1974, p. 196.

[65] Fala inspirada em anotações do diário de campo da pesquisa de 12 de janeiro de 2014.

[66] Que procura refletir sempre a si mesma no encontro com outras *formas de vida*.

a possibilidade de uma conversa sincera, assim como durante este tempo tenho aprendido com o *sagla* Jaime, quem fez com que me aproximasse das *palavras maiores* no balançar na rede como possibilidade de me adentrar em diferentes *formas de vida,* de transitar pelas *dobras*[23] das significações hegemônicas que as perpassam. As *palavras maiores,* segundo Miguel Rocha Vivas (VRM):

VRM[67] – Son las palabras que encuentran su orientación en la común referencia a los sentidos de origen, sentidos que se actualizan [...] palabras que están vivas y que pueden asumir diferentes formas [...].

CT – Porém, para mim, há nos sentidos das *palavras maiores, palavras vivas*, uma ausência de um referente originário ou "primário". Há, simplesmente, palavras e ações que são repetidas e modificadas de geração para geração, *jogos de linguagem* que são reencenados em novos contextos e orientados por propósitos diversos. Como Miguel Rocha Vivas (VRM) manifesta, no caso dos *Guambianos*[68],

VRM[69] – Es necesario dar atención a las *Nu wamwam* o simplemente *nu wam*[70], que se transmite tradicionalmente en la *tulpa*[71], en los campos de cultivo, en las reuniones nocturnas, en los caminos... Pero hasta hace no mucho la *palabra mayor* tendía a ser olvidada. Aún por los años noventa, un guambiano contaba: "Los antiguos eran inventores de historias, eran como muy imaginativos, empezaban a contar y a contar cuentos para reírse y disfrutar, dicen que habían cuenteros[72] que toda la noche hacían reír a la gente, todos esos cuentos eran relacionados con la cotidianidad, con el territorio, con la naturaleza, pero ahora no se hace esto [...] en una ocasión había un señor que hablaba muchísimo y cuando empezaba a hablar, uno no sabía si amaneció[73] o no. Uno se olvidaba totalmente del tiempo. Esas

---

[67] ROCHA VIVAS, 2012, p. 68.

[68] Os Misak ou *Guambianos* são um povo ameríndio que habita o estado de Cauca, na Colômbia. Eles moram no município de Silvia e habitam também em outros locais próximos, na vertente ocidental da cordilheira central dos Andes colombianos.

[69] AGREDO; MARULANDA, 1998, p. 326 *apud* ROCHA VIVAS, 2010, p. 161. O autor mantém a fala literal do *guambiano* tal qual a fonte original.

[70] A palavra *maior* faz referência ao ensino vindo dos maiores e o valor que deve ser dado a esse ensino.

[71] *Tulpa* é um fogão doméstico de três pedras dos *Guambianos* onde as crianças e jovens se sentam no redor com os maiores para aprender sobre as experiências e memórias dos que vieram primeiro, como apresenta Rocha Vivas (2010).

[72] Contadores de histórias.

[73] Em português, corresponde a "amanheceu".

UMA TERAPIA DO DESEJO DE ESCOLARIZAÇÃO MODERNA:
VENÍ, VAMOS HAMACAR EL MUNDO, HASTA QUE TE ASUSTES

conversaciones tan largas eran relacionadas con las experiencias y luego las intercambiaban con posibles cosas que luego podría haber; en ellas también se predecía, o sea, que estas conversaciones no eran solo conversaciones, sino una forma de sentarse a pensar y proyectar, era como una época de sentarse a pensar y proyectar. Entonces, no era solamente trabajar y trabajar, sino que se sentaban a pensar y ponían a pensar a la gente mediante el relato que el señor hacía".

CT – Aprender como performance, apender fazendo/sendo/sentipensando[24] encenando com o corpo todo de forma *mimética*[25]. Me lembro de uma fala de Christoph Wulf (WC) na qual ele esclarece este meu entendimento:

WC[74] – Son procesos miméticos corporales los que producen diferentes «culturas del performativo», en referencia a las cuales es importante subrayar tres aspectos. En primer lugar, las diferentes formas de realización de lo social; el segundo aspecto se refiere al carácter performativo del lenguaje, es decir, el hecho de que una expresión sea al mismo tiempo una acción, como por ejemplo el «sí» en una boda; el tercer aspecto alude al lado estético, vinculado a la escenificación y realización corporal.

CT – O que o professor Christoph Wulf denomina *"culturas do perfomativo"* é o que temos denominado *formas de vida* constituídas pelas ações compartilhadas de sujeitos, superando a distinção entre passado, presente e futuro, uma vez que, em uma perspectiva derridiana não há *nem* presenças *nem* ausências absolutas da significação, apenas *jogos de rastros*[75]. Esses posicionamentos opõem-se à perspectiva de pensar sociedades totalitárias nas quais certas *formas vida* predominam sobre outras, adaptando uma supremacia cultural. Assim, estamos diante dos efeitos de sentidos oriundos da hibridação de *formas de vida* manifestos na linguagem, o que torna possível questionar a hegemonia cultural do ocidente que nos 'constrói' como *europeus*[26] em oposição aos outros 'construídos' como não europeus. Vamos retomar pouco a pouco, no percurso da conversa por vir, esses elementos, inserindo-os em *jogos de rastros* esses mundos sutis, acolhedores e tensionais, para além das dicotomias aprofundadas por anos de pesquisas e crenças focalizadas na busca pela universalidade do conhecimento. O *fazer escola* em Alto Caimán constitui um desses mundos sutis que reproduzem

---

[74] WULF, 2008, p. 17.

[75] HADDOCK-LOBO, 2008, p. 75-79.

um modelo moderno de educação imposto por essa hegemonia cultural do ocidente e uma escolarização sistemática que se mostra como sintoma de aculturação em maça e dominação cultural. No balançar terapêutico da rede em que nos deixamos embalar neste livro, os ventos viram para anunciar e denunciar outras possibilidades.

IB – Essa fala de Rochas Vivas parece lamentar o esquecimento de certas práticas valorizadas pelas comunidades indígenas *guambianas, como se* elas, de fato, pudessem estar sendo esquecidas. Contudo, de outro ponto de vista, menos do que esquecidas, poderiam estar sendo intencionalmente ocultadas ou silenciadas. A fala de Rocha Vivas sugere uma relação entre a oralidade da língua de uma comunidade e o território que ela habita. A oralidade da língua manifesta a memória das práticas dessa comunidade. Por outro lado, Carolina, gostaria de falar sobre o modo como você parece estar vendo seu convívio aqui entre nós. É verdade que ao participar de nossas práticas você amplia seu horizonte de compreensão e novos ventos vão corroendo as muralhas aparentemente 'sólidas' de identidades de *formas de vida* diversas.

CT – Quando você fala de oralidade, parece-me que você dá uma primazia apenas ao aspecto fônico da significação de uma prática. Derrida aponta que essa atitude está condenando a escrita[27] a ser um suplemento da fala. Tenho percebido que a questão da *oralidade* vem sendo retomada e revalorizada nas reivindicações indígenas. Sob esse ponto de vista, a poesia parece dar conta desse processo, tanto quanto outros tipos de produções indígenas[76]. A tradição oral, a meu ver, tem sido muito mais valorizada do que a escrita, entendida tradicionalmente como algo que materializa a fala e que parece restringir a oralidade a algo meramente fonológico[28]. Será que não poderíamos ver a relação entre a prática da língua falada e a prática da *escritura* de outros modos?

IB – Quero escutar mesmo. Nunca ouvi falar assim. Sua fala remeteu-me à poesia do indígena Jorge Miguel Cocom Pech[77] (PCMJ) na qual ele se refere à prática da língua e à importância que temos lhe dado dentro do panorama

---

[76] Por exemplo, Green (2012); Jamioy (2010); Rocha Vivas (2012); Santacruz e Castaño (2012), dentre outros.

[77] O indígena Jorge Miguel Cocom Pech, nascido em Calkini, Campeche, no México, em 1952. Poeta, narrador, ensaísta e professor da língua maia e espanhol. Estudou Ciências da Comunicação, Educação, Agricultura e Sociologia indígena. Tive contato com suas obras poéticas a partir da publicação *online* das memórias do Festival Internacional de Poesia na cidade de Medellín (Colômbia).

das reivindicações indígenas, especialmente as que se relacionam com a recuperação de nossos territórios e com a legitimação de nossos saberes por outras comunidades *wagas*:

PCMJ[78] –
Tu idioma

> es la casa de tu alma.
> **Ahí viven tus padres y tus abuelos.**
> En esa casa milenaria,
> hogar de tus recuerdos, **permanece tu palabra.**

Por eso, no llores la muerte de tu cuerpo,

> *ni llores la muerte de tu alma;*
> tu cuerpo, permanece en el rostro de tus hijos.
> Tu alma, eternece en el fulgor de las estrellas.

CT – Essa poesia é muito pertinente para ampliar nossa concepção fonologocêntrica dessa relação entre a prática da língua e a prática da *escritura*. Jacques Derrida (DJ) auxilia-nos para inverter essa relação e para questionar a distinção entre a oralidade como algo meramente fonológico, bem como para superar a concepção da escritura como imagem da língua:

JD[79] – É preciso pensar a *escritura* como ao mesmo tempo mais exterior à fala, *não sendo sua "imagem" ou seu "símbolo"* e, mais interior *à fala que já é, em si mesma, uma escritura*. Antes mesmo de ser ligado à inscrição, à gravura, ao desenho ou à letra, a um significante remetendo, em geral, a um significante por ele significado, o conceito da grafia implica, como possibilidade comum a todos os sistemas de significação, a instância do rastro instituído.

IB – Deixa ver se eu entendi. A oralidade, o falar uma língua, já é em si mesmo, uma escritura, ou seja, uma prática sociocultural? É isso, mesmo?

---

[78] Poesia intitulada *El lenguaje es la casa de tu alma*, do indígena Jorge Miguel Cocom Pech. Esta poesia é originalmente escrita em língua maia e foi traduzida para o espanhol. Disponível em: http://www.festivaldepoesiademedellin.org/es/Multimedia/cocom.htm. Acesso em: 20 jun. 2009. Segue uma tradução feita para português para os leitores: *"Tua língua é a casa de tua alma, ali moram teus pais e teus avós. Nessa casa milenar, o lar de tuas lembranças permanece tua palavra. Por isso, não chores a morte de teu corpo, Nem a morte da tua alma, Teu corpo permanece no rosto de teus filhos, Tua alma permanece no brilho das estrelas".*

[79] DERRIDA, 2004b, p. 56; DERRIDA, 2004a.

CT – Falar uma língua e escrever em uma língua podem ser vistos sob uma perspectiva wittgensteiniana como jogos idiossincráticos de linguagem[80]. Além disso, há outros ilimitados jogos de linguagem sem palavras, ágrafos ou afônicos, para além de jogos propriamente linguísticos ou verbais de linguagem. As práticas da *escritura*, mesmo quando restritamente vista como *inscrição*, são muito mais amplas do que as práticas da escrita alfabética disciplinarmente configuradas na escola, uma vez que elas compreendem quaisquer conjuntos de sinais gráficos associados ou não a conjuntos de sinais fônicos ou acústicos[29].

IB – Parece-me então que você está nos levando a pensar o falar uma língua como um jogo de linguagem dentre muitos outros. Então, não só nossa língua, mas também os nossos cestos, bolsas tecidas com *molas* e as próprias *molas* poderiam ser vistos como *escrituras,* não devido à presença fônica do significado e *nem* à presença gráfica associada a uma imagem acústica, mas sim devido ao fato desses artefatos poderem ser vistos como significantes que remetem a significantes por eles significados.

WH[81] – É que "a ciência, isto é, os saberes e a sabedoria não podem ser separados da linguagem; as línguas não são apenas fenômenos 'culturais' em que as pessoas encontram a sua 'identidade'; elas também são o lugar onde se inscreve o conhecimento. As línguas não são algo que os seres humanos têm, mas *algo que os seres humanos são*. É por isso que a colonialidade do poder e a colonialidade do conhecimento engendraram a colonialidade do ser". Porém, se digo *linguageiros*, é simplesmente para distinguir os *jogos de linguagem* de *imagens estritamente linguístico-verbalistas da linguagem,* para se evidenciar a *imagem decolonizadora de linguagem* inventada por LW, que nem a reduz a um conjunto de línguas nacionais e nem a vê de um modo unificado como *a* linguagem, mas como um conjunto ilimitado de *jogos cênico-corporais de linguagem,* de modo a tornar indistinta a fronteira que se costuma, ainda hoje, traçar entre *práxis* e *linguagem* e, por extensão, entre *práticas culturais* e *jogos de linguagem* entretecidos numa forma de vida. Vejo tal imagem wittgensteiniana de linguagem como *decolonialmente revolucionária,* pois ela deslegitima ou desautoriza a possibilidade de se falar em saberes ou conhecimentos independentemente dos *jogos de linguagem* que os produzem e mobilizam e, por extensão, desautoriza também a possibilidade de

---

[80] FABRÍCIO, 2006, p. 57, itálicos da autora.

[81] MIGUEL, TAMAYO, 2020, p. 15.

se falar em autonomia ou independência das epistemologias ou epistemes em relação aos jogos de linguagem, como ainda falam muitos pensadores filiados ao paradigma decolonial e, surpreendentemente, muitos pensadores ditos wittgensteinianos. Mas essa imagem da linguagem é *decolonialmente revolucionária* por uma razão ainda mais radical que foge da zona de visibilidade de um *olhar colonialista demasiado humanista* – mesmo quando *se vê* 'wittgensteiniano' – que acredita que nós, humanos, teríamos produzido autonomamente os nossos jogos de linguagem, sem precisarmos, para isso, recorrer aos demais seres naturais. São as leituras ditas *sociais, culturais* e até mesmo *antropológicas* da obra de LW, mas que reduzem '*o social*' a formas *exclusivamente humanas* de vida, isto é, a uma *imagem ideal – porque falsa –* de uma *forma de vida*, coisa que jamais existiu ou possa existir.

CT – É isso mesmo! É por isso que a linguagem e o complexo processo de significação, podem ser encarados de outros modos[30]. Entenda a rede como uma metáfora que nos permite entender esses movimentos iterativos e descontínuos, a *rede* nos possibilita entender a produção da significação da palavra dita e feita ação a partir de *rastros* do passado e do presente na *forma Gunadule de vida*.

AM[82] - [...] A linguagem, ao mesmo tempo, é iterativa e performativa. Iterativa ou repetitiva porque cada encenação da linguagem mobiliza ou reencena rastros de significados das próprias encenações precedentes da cidade, preservando-lhe, em grande medida, a memória. Mas, as reencenações da linguagem podem também se mostrar performáticas sempre que, ao mobilizarem imprevisíveis rastros de significados de outras encenações, inventam inéditas e surpreendentes composições cênicas da memória da cidade da linguagem. Assim, a velha cidade que é a nossa linguagem, ela própria, no conjunto de sua materialidade arquitetônica, está sempre sendo reencenada, e o conjunto dessas reencenações simultâneas e heterogêneas itera conservando e performa transformando a paisagem e a memória de toda a cidade.

CT – Miguel então estamos diante *rastros* de espectros *nem* presentes *nem* ausentes do pulsar de corações *Gunadulemala*. Mas, o iterativo, seria um sinônimo para sequencial? A *iterabilidade* diz para mim da possibilidade de atos de linguagem serem repetidos ao longo do tempo e da possi-

---

[82] MIGUEL, 2016, p. 377.

bilidade da sua reinvenção, uma iteração carrega rastros de rastros de rastros e cria ao mesmo tempo novos rastros. " [...] *iter*, de novo, viria de *itara*, outro em sânscrito, e tudo o que se segue pode ser lido como exploração desta lógica que liga a repetição à alteridade [...]"[83]. Iterar diz do movimento da rede que nos permite o trânsito entre presente, passado e futuro como tempos concomitantemente acontecendo em que o significar e as linguagens são movimentos localizados em formas de vida como os pulsares Gunadule que me reportam a esta pintura do artista indígena Carlos Jacanamijoy[31]:

Figura 7 - *Al ritmo del corazón*. Pintura do artista Carlos Jacanamijoy (2016).

Fonte: rede social do artista Carlos Jacanamijoy [84]

---
[83] DERRIDA, 1991, p.410-411.
[84] Disponível em: https://d.facebook.com/carlosjacanamijoyoficial/photos/a.10152890017436171.10737418 28.101340746170/10154574956316171/?type=3&__tn__=EH-R Acesso em: 10 dez. 2016.

CT – Esta pintura me remete ao *ritmo do coração* nos seus traços vermelhos que se mostram como a vida. Como vocês podem perceber, nesta pintura, há um *banco*:

Figura 8 - *Banco* da pintura de Carlos Jacanamijoy (2016)

Fonte: recorte da pintura do artista Carlos Jacanamijoy. Elaboração própria

CT (*pegando o seu tablet e mostrando uma imagem para os participantes*) – Esse banco é semelhante a este aqui que meu pai e minha mãe gentilmente doaram-me para o desenvolvimento desta pesquisa, falei tanto do banco que eles o acharam e me deram para que eu pudesse sentipensar com ele. Eu fui remitida por médio da pintura de Carlos Jacanamijoy a seguir *rastros* e *rastros* sobre este instrumento que aparecia na pintura, não para dar a pintura um significado em se, o revelar o que Jacanamijoy quis com ela transmitir, mas me permitindo ser afetada pela sua composição como quem busca água num poço e vai se permitindo saciar a sede, mas busca mais e mais. Aprendi que este banco é um banco Camentzá e é conhecido como "Banquito Sibundoy". Olha o banco aqui:

Figura 9 - *Banco* Camentzá *"Banquito Sibundoy"*.

Fonte: fotografia do Banquito Sibundoy doado a mim pelo meu pai Dario Tamayo Palacio e minha mãe Aura Argelis Osorio, em 20/12/2016

IB – O que poderia significar um homem sentado em um *banco* como este em uma pintura que o autor denomina *'al ritmo del corazón'*? Esse *banco* sugere um convite para se sentar.

CT – Sua pergunta me leva a pensar sobre o homem deitado na rede, o *movimento* dela. O *banco* presente nesta pintura denominada *'al ritmo del corazón'*, remeteu-me a *rastros* memorialistas de significação possivelmente *ence(ensi)nados*, ao *ritmo de corações nem* presentes *nem* ausentes deitaram-se na *gassi* ou sentaram-se no banco Camentza. Manifestam-se, por outro lado, um valor e uma significação atribuídos tanto à *gassi* quanto ao *banco* como *artefatos* de *formas de vida*, mas que adquirem um valor ao serem usados de modos diversos.

IB – Você me fez lembrar de uma leitura que fiz do artigo de Fernando Urbina (2015), que aborda o *banco* no seu artigo *El hombre sentado: mitos, ritos y petroglifos en el río Caquetá*. Você conhece esse artigo?

CT – Conheço, sim. Podemos ver semelhanças entre aquilo que Urbina nos diz no seu artigo sobre os *bancos* e os *rastros* de significação, os quais me remeteram o *banco* da pintura. Na *forma de vida* Camentza, o uso dado para o *banco* presente na pintura é bem específico, assim como também para as formas de vida estudadas por Urbina. São bancos produzidos para atingir propósitos específicos em certas atividades, *feitos para sabedoras, sabedores e avós*. Nesse sentido, concordo com ele que os *bancos* são símbolo de sabedoria e autoridade. São a personificação do amadurecimento do pensador. Isso porque quando alguém está pronto para se sentar no *banco* e criar um universo por meio da remissão à história que lhe foi contada por um sábio que a aprendeu de outros sábios, surgem *espectros* de corações pulsando. Por sua vez, o *banco* da pintura de Jacanamiojoy é conhecido como *Banquito Sibundoy: Inga e Kamentzá*, do vale dos habitantes de Sibundoy. É importante esclarecer, entretanto, que são *bancos* esculpidos de uma única árvore e são tradicionalmente usados pelos sábios, do modo como Urbina, em seu artigo, descreve essa produção. Fernando Urbina (UF) esclarece um pouco mais a respeito da expressão '*homem sentado*', homens sentados conhecendo e dando a conhecer o conhecimento ancestral:

UF[85] – En culturas *abyayalenses*[32] la expresión *hombre sentado* designa al Sabedor, personaje que adopta esa postura para meditar, o bien para "transmitir" la milenaria tradición oral, consteladora verbal de su cultura. Enraizado, pronuncia entre su gente las *Palabras-de-antigua,* las que permiten humanizarse integrando un mundo, palabras para conmemorar y exaltar, palabras que orientan el trabajo, palabras que enderezan rumbos, palabras curadoras, palabras para invitar a hacer la paz, las que dan paz, palabras para hablar con las otras fuerzas que conforman el prodigioso cosmos.

CT – Os *bancos,* então, se valorizam nas práticas socioculturais em que são usados[86], do mesmo modo que a *rede* dentro dos *Gunadule.* Uma valorização dada pelos rituais e as crenças que são mobilizados nas ações das pessoas que neles se sentam e se sentaram. Espectros que parecem estar ali, ainda que na ausência das palavras já cantadas ou narradas a partir desse lugar, mas herdadas por outros que agora se sentam no banco ou se deitam na rede. Jogos de linguagem atravessados pelos *rastros espectrais* das memórias e tradições coletivas que vão sendo compartilhadas *ensi(ence)nadas* pelos velhos e sábios para as novas gerações. Ações marcadas pelos *rastros* dessas pessoas na ausência delas, em que o presente não é completamente presente.

---

[85] URBINA, 2015, p. 68.

[86] Não tem um valor por serem eles mesmos uma *representação* de X.

IB – É isso mesmo! Assim, como os indígenas Uitotos, Muinanes, Arauacos, Okainas, nós, os Dule da Colômbia, temos presente uma relação entre os *bancos* e a ação de sentar-se para saber, ensinar e orientar, em que não há uma presença originária dos eventos e das significações em jogo, significações produzidas por efeitos de sentido e produtoras de outros em uso, no dizer/fazer.

CT – Manifesta-se uma presença que não reside no sujeito que canta ou narra, no sujeito sentado ou se balançando, pois é nos *rastros* que se significa e significamos, é com *efeitos de sentido* que constituímos o dizer e o agir. Os *bancos* carregam pulsões de corações em que o presente se reconstitui a partir da ausência da origem do significado, diversificando os efeitos de sentido produzidos nos sujeitos no dizer/fazer. Não se trata de uma ausência em oposição à presença plena do sujeito sentado; trata-se, em vez disso, de lidar com *rastros* de significação em que *nem* presença *nem* ausência são pensadas enquanto tais. Trata-se de pensar em um sentar-se no *banco,* em que a linguagem não se limita ao uso da língua e não convoca *nem* a plenitude da presença e *nem* de ausência à solidão de ausências de significações. Isso porque qualquer experiência é estruturada como uma rede de *rastros* que sempre retornam para algo diferente deles próprios. Ritmos de corações que metaforicamente nos remetem aos *rastros* da ação de se sentar nos *bancos* e de se balançar na rede vistas *"como el asiento de la tradición ancestral"*[87]: corações que não param de pulsar. *É como se* o presente estivesse marcado pelos dizeres/fazeres já expressos em outros momentos. Esse aparecimento é a possibilidade de escrevermos e reescrevermos nosso ser-no-mundo, o movimento dos *rastros* que reside na linguagem, que nos desloca por caminhos diversos, em que a linguagem se torna o agir com o corpo todo a partir de efeitos de sentido produzidos pelos dizeres/fazeres. Trata-se de corpos atravessados pelas ***múltiplas manifestações*** da **linguagem.** Uma **linguagem** delatora de *rastros* de vida que nos orienta de maneira vigilante para interrogar a presença no fechamento do saber, mas que abre um novo espaço onde nos situamos para além do "saber absoluto", onde as perguntas *o que é* e *onde se localiza* o pensamento não nos fornecem esclarecimentos sobre a ação de pensar. É de nosso interesse escutar mais de perto essas pulsações de corações silenciados, insatisfeitos e insubordinados; fazem aparecer outras vozes na sua ausência/presença como aquele coração delator do conto de Edgar Alan Poe, que mesmo preso sob o assoalho, bate sempre com mais força esperando ser ouvido para o desespero do seu assassino:

---

[87] URBINA, 2015, p. 101.

ASSASSINO[88] – [...] los oficiales seguían hablando, bromeaban y sonreían. ¿Sería posible que no oyesen? ¡Dios todo poderoso! ¡No, no! ¡Oían! ¡Sospechaban; lo «sabían» todo; se divertían con mi espanto! Lo creí y lo creo aún. Cualquier cosa era preferible a semejante burla; no podía soportar más tiempo aquellas hipócritas sonrisas. ¡Comprendí que era preciso gritar o morir! Y cada vez más alto, ¿lo oís? ¡Cada vez más alto, «siempre más alto»!... ¡Basta ya de fingir, malvados! -aullé-. ¡Confieso que lo maté! ¡Levanten esos tablones! ¡Ahí... ahí! ¡Está latiendo su horrible corazón!

CT – Refiro-me a tais corações delatores de outras histórias mobilizadoras de outras significações, entendendo-os *nem* como ausentes *nem* como presentes plenamente, mas como *espectros* delatores que nos deixam afetar pelo dito e pelos silêncios de outros dizeres/fazeres, tal como nos aponta Jacques Derrida (DJ):

DJ[89] – O movimento da significação não é possível a não ser que cada elemento dito 'presente', que aparece sobre a cena da presença, *se relacione com outra coisa que não ele mesmo*[90]. Com isso, é capaz de guardar em si a marca do elemento passado e deixar-se já moldar pela marca da sua relação com o elemento futuro, relacionando-se o *rastro* menos com aquilo a que se chama presente do que aquilo a que se chama passado, e constituindo aquilo a que chamamos presente por intermédio dessa relação mesma com o que não é ele próprio.

IB – Essa relação com o que não é ele próprio, parece-me que está nos remetendo a pensarmos a significação não como algo prescritivo ou com uma essência própria. *É como se* o uso das palavras estivesse relacionado aos *rastros* produzidos em formas de vida diversas[33]. É nessa direção que você está tentando deslocar o nosso olhar? Toda significação estaria ancorada na *espectralidade de rastros*? Além disso, você está se referindo a qual *linguagem*? O *que é* para você a *linguagem*? Você está, por acaso, se referindo à concepção da linguagem em que a palavra *rede* representa um objeto a que chamamos de *rede* na ausência dele?

CT – O que poderia lhe dizer sobre isso é que estou convidando vocês para *inverter* e *deslocar* o nosso olhar a respeito de dicotomias naturalizadas, fixas, tais como: representante/representado, significante/significado, dentre outras.

---

[88] POE, 1843, p. 4.

[89] DERRIDA, 1971, p. 34.

[90] Itálico nosso.

Isso significa que estou lhe convidando a nos deixar atravessar pelas *dobras* dos significados das palavras no seu uso[34]. Assim, em uma perspectiva derridiana, *é como se* o movimento da rede fosse o movimento de uma dobradiça, em que não há *nem* presenças absolutas *nem* ausências de significado. Pelo contrário, é o aparecimento de *jogos de rastros* que fazem com que a palavra rede não admita um significado fixo[91]. Esse movimento entre *rastros* produzidos em formas de vida diversas tensionaria a narrativa universal e universalizante instituída nos currículos escolares, é um campo fértil para as resistências e as inSURgencias pois *"nosso tempo é especialista em criar ausências: do sentido de viver em sociedade, do próprio sentido da experiência da vida. [...] Então, pregam o fim do mundo como uma possibilidade de fazer a gente desistir dos nossos próprios sonhos". Um antídoto contra esse tempo, que busca neutralizar toda força que o distende e, assim, caminhar para o imobilismo, poderia ser contar mais uma história e seguir promovendo um tipo de abertura e tensão indesejadas: "e a minha provocação sobre adiar o fim do mundo é exatamente sempre poder contar mais uma história. Se pudermos fazer isso, estaremos adiando o fim do mundo"*[92]. E aqui não se trata de *"acenar com uma utopia de mundo recomposto"*[93] mas de reafirmar a diferença como ato revolucionário, pois ao se contar nas escolas, por exemplo as histórias e conhecimentos do povo Gunadule conta-se de histórias "que vão sendo esquecidas e apagadas em favor de uma narrativa globalizante, superficial"[94], a narrativa da modernidade/colonialidade.

JM – Como sua fala é importante, é por isto que nós reivindicamos o tempo todo uma escola intercultural, mas isso não deveria ser só para os povos originários não, deveria ser em todas as escolas, todas deveriam ser interculturais e especificas. Então, deixa eu contar para você algumas coisas importantes que não tocamos até agora falando sobre os significados da rede para nós Gunadule, pode ser que para outro povo seja diferente, aí retorno ao uso das palavras e os rastros de sentidos que elas mobilizam e vão nos indicando nosso fazer/ser. A palavra *"Gwensag"* não designa nada: *nem* uma experiência privada *nem* algo público. Isso não significa que a palavra *"Gwensag"* careça de significados. Tais significados, entretanto, só podem manifestar-se em práticas sociais que orientam os usos dessa palavra em diferentes *formas de vida*. Essas práticas permitem que alguém reconheça e identifique determinados

---

[91] DERRIDA, 2004, p. 75.

[92] KRENAK, 2019, p. 26

[93] KRENAK, 2015, p. 28

[94] KRENAK, 2019, p. 19

modos de agir aos quais se poderia associar à palavra "*Gwensag*". No caso dos *Gunadule*, essa palavra é usada em contextos de controle de quantidades de objetos, isto é, nas práticas da contagem[35]. Contudo, por extensão analógica, esta palavra é usada para nomear "mãe ser único".

AS[95] – El número "uno" viene de las palabras *gwe* "ser" y *n(ana)* "madre", que, al juntarlas, *gwenna*, significan "la única madre". *Sa(e)* es adverbio del tiempo pasado, "ayer" y *g(ala)* "hueso", al unirlas, *saegala*, obtenemos dos significados, "el hueso de ayer", pero también "hacer las cosas bien". El número uno, *gwensag*, nos indica entonces lo que significa ser madre, el único ser que tenemos, ya que fuimos cobijados en su vientre y allí tuvimos la oportunidad de vivir la seguridad del amor de ella cuando fuimos engendrados por nuestros padres. El significado del número *gwensag* nos denota que la madre es irrepetible, irreemplazable, venimos de los huesos de ella, pertenecemos a ella, somos hueso de ella.

IB – É isso mesmo! *Guensag* não designa nada quando está fora das práticas socioculturais Guna, ou seja, em contextos específicos de nossa comunidade. Porém, mudando de assunto, Carolina, gostaria que você me explicasse melhor o uso que está fazendo da palavra hibridação.

CT – Venho usando a palavra *hibridação* com a finalidade de questionar as dicotomias binárias, tais como: ocidente *ou* oriente, centro *ou* periferia, branco *ou* negro, indígena *ou* não indígena, homossexual *ou* heterossexual, dentre outras. Isso é um grande desafio, uma vez que *descrever* experiências compartilhadas em movimento, partindo da crença de que todas as *formas de vida* são já hibridadas, nos afasta do modelo linear que vê o ocidente como padrão de referência, como padrão de *forma de vida*. Edward Wadie Said (SWE) convida-nos a realizarmos esse movimento de *inversão* e *deslocamento* desse modelo linear, tomando como exemplo a desconstrução da dicotomia orientalismo ou ocidentalismo:

SWE[36] – O Oriente não é um fato inerte da natureza. Ele não está *ali*, assim como o próprio Ocidente tampouco está apenas *ali*. Devemos levar a sério a grande observação de Vico de que os homens fazem a sua história, de que só podem conhecer o que eles mesmos fizeram, e estendê-la à geografia: como entidades geográficas e culturais – para não falar de entidades históricas –,

---

[95] GREEN, 2012, p. 168.

tais lugares, regiões, setores geográficos, como o "Oriente" e o "Ocidente", são criados pelo homem. Assim, tanto quanto o próprio Ocidente, o Oriente é uma ideia que tem uma história e uma tradição de pensamento, um imaginário e um vocabulário que lhe deram realidade e presença no e para o Ocidente. As duas entidades geográficas, portanto, sustentam e, em certa medida, refletem uma a outra. [...]. As ideias, as culturas e as histórias não podem ser seriamente compreendidas ou estudadas sem que sua força ou, mais precisamente, suas configurações de poder também sejam estudadas. Seria incorreto acreditar que o Oriente foi criado – ou, como digo, "orientalizado" – e acreditar que tais coisas acontecem simplesmente como uma necessidade da imaginação. A relação entre Ocidente e o Oriente é uma relação de poder, de dominação, de graus variáveis de uma hegemonia complexa, o que está indicado com muita acuidade no título do clássico de K. M. Panikkar, *A dominação ocidental na Ásia*. O Oriente não foi orientalizado só porque se descobriu que era "oriental" em todos aqueles aspectos considerados lugares-comuns por um europeu comum do século XIX, mas porque *poderia* ser – isto é, submeteu-se a ser – *transformado em* oriental.

CT – Desse modo, entender as *formas de vida* como produto de *formas de vida* já híbridas e em hibridação constante caracteriza um questionamento do estilo ocidental de pretender dominar, reestruturar e ter autoridade sobre outras *formas de vida* baseado em uma distinção ontológica e epistemológica feita entre o ocidente e os outros. Vale a pena notar que o modo como estou usando, aqui, a expressão *formas de vida* não as vê como um modo de organizar a vida com base nas noções de raça, gênero ou etnia que se constituem em usos ideológicos da linguagem para instituir relações assimétricas de poder, de exploração/dominação em todas as *formas de vida*. Por outro lado, também não estou usando a expressão *formas de vida* para afirmar a distinção de humanos e não humanos ou entre natureza e cultura. Ao contrário, entendo as *formas de vida* como modos comunitariamente diversos de humanos e não humanos, que interagem entre si e organizam suas vidas. Nessas organizações, estabelecem-se condições com base nas quais são instituídos regras e juízos de valor que dão significações compartilhadas as práticas que são realizadas com base nessas instituições. *É como se* fossem *ecossistemas,* nas palavras do filósofo e político inglês Rupert Read (RR):

RR[37] – [...] não podemos nos pensar fora da natureza, pois nós somos natureza e vice-versa.

OW[96] – É isso mesmo! Para nós, os *Gunadule,* há cinco saberes básicos de nossa cosmogonia que configuram todo nosso pensamento. Vou retomar três desses saberes que se inter-*relacionam,* sobretudo, o último com esta sua última remissão. Um deles é que *todos os seres que habitam a pele da Mãe Terra são seres vivos.* Um outro saber é que, enquanto *seres vivos, somos todos irmãos.* E um terceiro saber diz que *todos os povos são irmãos.* Com base nesses princípios, nós pensamos que aqui na pele da Mãe Terra habitam seres de diferentes naturezas e com corpos diferentes, cada um dos quais sobrevive, aqui, com um corpo. Todos somos seres vivos. Por exemplo, uma pedra, na nossa visão, não é considerada inanimada, um não humano ou um ser inerte.

CT – Como assim? Isso me surpreende, já que, na *forma de vida ocidental,* ela seria, sim, um ser inerte ou abiótico, inanimado ou sem vida, tendo em vista que não cumpre nenhuma das funções vitais dos seres vivos, como por exemplo, nutrir-se, reproduzir-se ou morrer.

OW[97] *(dando risada continua)* – Pois é! A pedra é um ser, ela tem espírito, morre e desaparece.

CT – Como assim, "desaparece"?

OW[98] – Quando falo que desaparece, significa que o espírito da pedra passa a morar em outra das onze capas que compõem a Mãe Terra. Assim como nós, Dule, também os *wagas,* ao morrerem passam a morar em outras capas. O vivo é tudo o que tem um espírito, e esses espíritos moram em diversas capas. É por isso que não é de nosso interesse estudar a diferença entre humanos e não humanos, isso não cabe na nossa racionalidade. Então, morrer é só a mudança de moradia espiritual, desta pele da Mãe Terra para outra capa com outros espíritos.

CT – Esses seus esclarecimentos são muito importantes, visto que mostram uma outra concepção da vida e da morte que se diferencia bastante da concepção de algumas *formas de vida* nas que participo. Além disso, observo, na sua *descrição,* uma atitude muito diferente daquela que procura uma unificação

---

[96] Segmento de fala extraído e performado para esta encenação da entrevista a mim concedida para esta pesquisa por Olo Wintiyape (OW), em 3 de abril de 2017.

[97] *Ibid.*

[98] *Ibid.*

das crenças *Guna* para obter uma generalização desse olhar em outros povos. É interessante ver como você recorre à *descrição* para nos apresentar essas ideias. Penso que esta atitude não pode ser vista como um tipo particular de explicação. De certa forma é, antes, o seu oposto. Não há uma tal coisa como *explicar pela descrição*[38] e nem tudo o que causa compreensão é uma explicação.

IB – Eu enxergo a fala de Olo Wintiyape como uma atitude que permite esclarecer os modos como as pessoas agem; uma atitude que não procura um 'algo' que fundamente esses modos de ação. Ao contrário, é a atitude que procura compreender como tais crenças atravessam as formas de pensar ou o ser-estar-no-mundo em diferentes *formas de vida*, isto é, que procura entender os diferentes modos de organizar a vida.

CT – Vale adicionar a essa sua fala que *descrever* não constitui uma atitude idealista. É uma atitude que não se volta para subjetivismos, uma vez que o que se descreve são os modos como as coisas se manifestam de maneiras diferentes em situações diversas. No entanto, precisamos ser cuidadosos em nossas descrições, como nos diz Wittgenstein (WL):

LW[99] – "O que torna difícil seguir esta linha de investigação é o nosso desejo de generalidade. Esse desejo de generalidade é resultante de um certo número de tendências relacionadas com confusões filosóficas particulares. Por exemplo: a) A tendência para procurar algo em comum a todas as entidades que geralmente subsumimos em um termo geral. Sentimo-nos, por exemplo, inclinados a pensar que deve existir algo em comum a todos os jogos, e que esta propriedade comum é a justificação para a aplicação do termo geral «jogo» aos diversos jogos; ao passo que os jogos formam uma família cujos membros têm parecenças. Alguns têm o mesmo nariz, outros as mesmas sobrancelhas e outros ainda a mesma maneira de andar; e estas parecenças sobrepõem-se [...] b) Existe uma tendência enraizada nas nossas formas de expressão habituais para pensar que a pessoa que aprendeu a compreender um termo geral, por exemplo, o termo «folha», está, desse modo, na posse de uma espécie de imagem geral de uma folha, em contraste com imagens de folhas particulares [...]. Isso está relacionado com a ideia de que o sentido de uma palavra é uma imagem ou um objeto correlacionado com a palavra. (Isso significa, grosseiramente, que consideramos as palavras como se todas elas fossem nomes próprios e que

---

[99] WITTGENSTEIN, 2008, p. 45-47.

confundimos, por isso, o objeto nomeado com o sentido do nome) [...] c) A ideia que temos do que acontece quando obtemos a ideia geral «folha», «planta» etc. etc., está de novo relacionada com a confusão entre um estado mental, na acepção de um estado de um hipotético mecanismo mental, e um estado mental na acepção de um estado de consciência (dor de dentes etc.) [...] (d) O nosso desejo de generalidade tem uma outra fonte importante: a nossa preocupação com o método da ciência. Refiro-me ao método de reduzir a explicação dos fenômenos naturais ao menor número possível de leis naturais primitivas e, na matemática, de unificação dos diferentes tópicos por recurso a uma generalização".

CT – Como vocês podem perceber por essa citação, o problema que estamos aqui debatendo requer que a gente lance mão de outros recursos, pondo de lado os métodos causais-explicativos aos quais estamos costumados no mundo acadêmico[39]. Parece-me que estamos tentando quebrar com o usual olhar das práticas culturais a partir de uma perspectiva 'lógica' ou 'conceitual', ou então, a partir da perspectiva de *uma* episteme ou da percepção do sujeito por meio das lentes da homogeneização. Essa atitude usualmente assumida dentro do campo acadêmico-cientificista, uma perspectiva homogeneizadora que tem se imposto desde as pesquisas, tanto no campo da filosofia quanto no da educação (matemática), porque os aspectos corporais das práticas culturais foram apagados. As pesquisas acadêmicas têm sido produzidas, orientadas pelo propósito de busca de uma *explicação* dos 'outros' a partir de nós mesmos, com o propósito de (re)inscrição, na *forma de vida acadêmica*, de sujeitos inscritos em *outras formas de vida*. As formas de vida acadêmicas, apegadas a seus expedientes cientificistas de (auto)legitimação de seus próprios discursos, inscrevem o pensamento do outro dentro de uma categoria denominada 'senso comum' que, para mim, nada tem de *comum*. Os discursos acadêmicos são, no final das contas, teorizações, isto é, explicações autodenominadas científicas, que partem da 'invenção' de um 'outro' que, nas palavras de Viveiros de Castro (VC), nada mais são senão nós mesmos olhando para nós próprios:

CV[100] – A força de ver sempre o Mesmo no Outro, no fim e no fundo, é ver-nos a nós mesmos no outro.

CT – É o espelhamento de nós no outro.

---

[100] VIVEIROS DE CASTRO, 2015, p. 15.

MF[101] – Permitam-me uma observação que cai um pouco fora dessas suas falas. É que me inquietou o fato de duas mulheres terem sido convidadas para participar desta discussão, uma vez que aqui, em Alto Caimán, as mulheres são ainda silenciadas, especialmente quando se trata de discutir problemas relativos ao destino da comunidade. O que é pior, em muitos momentos, não temos direito de falar e nos colocar a respeito de temáticas políticas e de convivência territorial. Os questionamentos sobre o lugar e o papel da mulher em Alto Caimán são algo relativamente novo. Há 10 anos, nós mulheres, não questionávamos sobre o porquê não tínhamos o poder de falar, mas a partir de um certo momento passamos a sentir a necessidade de reivindicar essa participação. Penso que essa reivindicação, de algum modo, vem mudando as formas de ser mulher e homem em nosso território. Então, ser convidada junto com uma *waga* (se referindo a Carolina) para conversar foi muito estranho.

Figura 10 - Felícia Martínez Lemos

Fonte: *arquivo* fotográfico da pesquisadora.

---

[101] Segmento de fala extraído de entrevista a mim concedida para esta pesquisa por Felicia Martínez Lemos, em 26 de julho de 2011.

JF[102] – Na verdade, a mulher, na perspectiva do indígena, sempre tem sido muito importante para o desenvolvimento da educação das crianças, que se dá desde o ventre materno com cânticos de ninar. Seu lugar sempre foi definido para realizar certas tarefas, mas é verdade que, desde que as mulheres começaram se questionar e a nos questionar, esse seu lugar vem mudando. A gente tem que diferenciar entre o lugar que as mulheres ocupam na vida quotidiana da comunidade e aqueles que as nossas histórias tradicionais a elas reservaram. A tradição diz que, desde o 'início', não existia uma diferença entre o feminino e o masculino, porque noss@ criador@ era homem e mulher ao mesmo tempo, ou seja, *Baba-Nana*. A Mãe Terra é criadora e criador. Não tivemos um criador-homem como diz por exemplo, a bíblia. Porém, agora, nós somos a sexta geração Guna e temos passado por um período de colonização em todos os sentidos, e as nossas realidades são outras. Acredito que, por causa disso, há um desequilíbrio nas atuações de homens e mulheres fundamentalmente diferenciadas pela condição sexual.

CT – Por outro lado, a discriminação de gêneros, ou dos lugares do feminino e do masculino, só é vista como discriminação e/ou, mais ainda, como discriminação violenta, a partir do momento em que a parte discriminada – neste caso as mulheres *Gunadulemala* – começa a se ver como (violentamente) discriminada e passa a questionar essa discriminação, vendo-a como violenta.

AL[103] – "As mulheres muçulmanas precisam de salvação?". "A discussão da cultura, do uso do véu e de como se pode navegar pelo terreno incerto da diferença cultural deveriam lançar uma luz distinta sobre a autocongratulação de Laura Bush acerca do regozijo das mulheres afegãs liberadas pelas tropas americanas. É profundamente problemático construir a mulher afegã como alguém que precisa de salvação. Quando se salva alguém, assume-se que a pessoa está sendo salva de alguma coisa. Você também a está salvando *para* alguma coisa. Que violências estão associadas a essa transformação e quais presunções estão sendo feitas sobre a superioridade daquilo para o qual você a está salvando? Projetos de salvar outras mulheres dependem de, e reforçam, um senso de superioridade por parte dos ocidentais, uma forma de arrogância que merece ser desafiada. Tudo o que se precisa fazer para vislumbrar a qualidade condescendente da

---

[102] Segmento de fala extraído de entrevista a mim concedida para esta pesquisa pelo *sagla* Jaime Melendres, em 26 de julho de 2011.

[103] ABU-LUGHOD, 2012b, p. 265.

retórica de salvar mulheres é imaginar utilizá-la hoje nos Estados Unidos em relação a grupos em desvantagem, como mulheres afro-americanas ou mulheres proletárias. Nós agora entendemos que elas sofrem uma violência estrutural. Tornamo-nos politizados acerca de raça e de classe social, mas não em relação à cultura".

CT – Parece-me que *é como se* existisse um ideal feminista ou humanista que garantisse a mudança de lugar dessas mulheres dentro de suas formas de vida, as quais são, muitas vezes, traduzidas e simplificadas. Por exemplo, a liberdade de não usar a burca como acontece na Arábia Saudita e o *hijab*, no Irã. Manifesta-se, para mim, a dicotomia *submissão/subversão* com um olhar ocidental. Eu vejo que essas variações da vestimenta possuem significados múltiplos e flexíveis, capazes de variação, mesmo dentro de um mesmo país ou tempo histórico. Os problemas do feminino variam de *forma de vida* para outra e o risco também está em procurar uma generalização, como já nos fez notar Wittgenstein.

IB – Além disso, é importante entender que cada *forma de vida* tem suas crenças e sua cosmogonia, que, no nosso caso, está ligada ao *território*[40], que é de ordem binacional, pois tem uma parte situada no Panamá e outra na Colômbia[41]. Todos esses fatores influenciam na forma como usamos nossas roupas.

MM – Outro fator que incide na forma como enxergamos o mundo é que a região do golfo de Urabá, na Colômbia, é uma zona muito afetada pelo conflito armado e pelo narcotráfico[42].

SA[104] – Além do mais, o território *Guna* foi um dos primeiros lugares invadidos pelos espanhóis que se depararam com uma população muito organizada, a que chamaram de *"cueva"*[105], e se assombraram com o grau de organização social e cultural dos *Guna*, mas esse encontro com o outro estrangeiro foi desastroso.

CT – Para esse e outros povos originários que tiveram que enfrentar a chegada dos *europeus*, a terra que os europeus denominaram *"América"* ou *"novo mundo"*, no século XVI, foi inventada por meio de um dos maiores

---

[104] Segmento de fala extraído de entrevista a mim concedida para esta pesquisa por Abadio Green Stocel, na Universidade de Antioquia, em 8 de julho de 2015.

[105] Caverna em português.

genocídios[43] registrados na história da humanidade. Que tipo de efeitos esses eventos têm hoje? E qual humanidade[44]? Para ser um pouco mais clara, a partir dos *rastros* memorialistas do *arquivo* deste genocídio, que chegaram até nós, seria possível dizer que estaríamos ainda sob os efeitos das práticas colonizadoras do continente *abyayalense?* Essa minha questão tem a ver com o fato de acreditar que estudar formas de vida hibridadas é compreender como têm se dado essas relações de hibridação e, para mim, isto faz parte desse movimento de compreender nosso desejo de escolarização moderna.

OW – É isso mesmo! Para compreender esses efeitos, que não só se manifestam nas relações de dominação a que foram submetidos os Gunadule, mas também todos os povos latino-americanos, é preciso percorrer *rastros* de *rastros* memorialistas desses eventos.

CT – Partindo de uma análise da conjuntura latino-americana na atualidade, Aníbal Quijano[106] desenvolve o conceito de *colonialidade*[45] *do poder* para explorar e questionar não apenas as experiências, identidades e relações históricas que se sustentam na imposição de uma classificação étnico-racial da população mundial colonizada, mas também os efeitos da dominação *capitalista*[46] presentes na América do Sul.

TU[107] – Vocês numeram alguns fatores pelos quais o lugar da mulher não poderia ser generalizado a todas as formas de vida, desde a vestimenta, as crises políticas e econômicas particulares de cada espaço territorial. No caso das mulheres Guna, acredito que a gente naturalizou essa discriminação e, por causa disso, agora, os que têm a palavra, na sua maioria, são homens. As histórias de origem devem ajudar para refletir sobre a forma como vivemos hoje. Temos que retomar nossa tradição para discutir e problematizar, não para aceitar, por exemplo, a exclusão, a discriminação e a violência contra a mulher. No Panamá, há mulheres *sagla, argal* ou *soalibe*[47]. Lá, já houve todo um movimento para *inverter e deslocar* os lugares tradicionalmente conservados. Os Dule podem percorrer diversos lugares sem importar sua condição sexual. Todos esses lugares são de posicionamento político. Então, questiono por que razão aqui, em Alto Caimán, também não poderia ser assim. Sinto-me preparada para ser

---

[106] QUIJANO, 2005.

[107] Segmento de fala extraído de entrevista a mim concedida para esta pesquisa por Tulia Espitia, em 26 de julho de 2011.

soalibe, mas você acredita que vão permitir? Não, eles ainda estão tentando se colocar como figuras principais da comunidade. Entretanto, isso vai mudar! Já tem muita coisa mudando por aqui. Há outros grupos culturais nos quais as mulheres também questionam a discriminação, a violência e 'os lugares' da sua atuação social, tal como o fazem os *waga*; seguindo, porém, as suas próprias regras e crenças. Observo que também estamos fazendo isso. Estamos questionando, e faz diferença que não são os de fora questionando, nos comparando com eles e seus entendimentos. Somos nós mesmas nos posicionando na espera de efeitos que mudem nossas práticas discriminatórias na comunidade.

CT – Nossa! É interessante isso, pois se trata de uma reivindicação que parte das 'mulheres', aqui em Alto Caimán, não de pessoas externas. Então, a gente poderia falar que começa a manifestar-se uma problematização relativa ao gênero, que supera a separação dos corpos dada pela ordenação sexual[48] e pela reformulação da complementariedade entre homem e mulher. O que considero de mais interessante é que se trata de um questionamento à organização social imposta aos corpos; questionamento colocado sobre necessidade de *inversão*[108] e *deslocamento* a respeito dos dualismos, o que significa desconstruir uma oposição criada pelos discursos normalizadores ocidentais que não foram apenas uma irrupção destrutiva, mas também um empreendimento normalizador relativo à criação de formas de expressão. Permiso, me gustaría tomar la palabra en este punto...

AL[49] – [...] la antropología continúa practicándose como el estudio por un yo occidental no problemático y anónimo de "otros" encontrados allá afuera, la teoría feminista — práctica académica que tambíen maneja los yos y los otros como dados en su relativamente corta historia — ha llegado a darse cuenta del peligro de tratar a los yos y a los otros como dados. Es útil e informativo, para el desarrollo de una crítica de la antropología, considerar la trayectoria que ha llevado en dos décadas a lo que algunos llamarían crisis de la teoría feminista, de los otros, y del desarrollo del pos-feminismo. [...] El trabajo intercultural sobre mujeres también dejó claro que lo masculino y lo femenino no tienen, como solemos decir, el mismo significado en otras culturas, tampoco las vidas de las mujeres del tercer mundo se parecen a las de las mujeres occidentales.

---

[108] Como esclarece Duque-Estrada (2002, p. 12), inverter significa *"renversement"*, que reúne os sentidos de subversão, perturbação, derrubamento.

CT – Nesse sentido, manifesta-se diante de nós um projeto que emprega discursos salvacionistas, para os quais, salvar as mulheres muçulmanas, indígenas, africanas... *implica salvá-las de alguma coisa,* ou seja, de suas próprias formas de vida, assim como *implica salvá-las para alguma coisa*[109]. *É como se* estivesse se manifestando um único padrão para problematizar o gênero, sob a promessa de *liberdade*. Por outro lado, seria possível falar em *liberdade* fora das dinâmicas compartilhadas dos modos de agir nessas outras *formas de vida*?

MF[110] – Devemos começar a entender que as mulheres muçulmanas, indígenas, africanas, islâmicas, orientais... não são homogêneas, como também não o é a categoria 'mulher'. Nada disso está dado de antemão, e nenhuma dessas 'categorias' funciona isoladamente sem levar em consideração aspectos do *sistema cultural de referência* da *forma de vida*. Isso significa que é imprescindível não aceitar os discursos de salvação, sem considerar suas posições e seus interesses. Além disso, é preciso também problematizar a relação tensional entre o feminismo e as tradições religiosas quando se trata de outras formas de vida.

CT – É isso mesmo! Sempre estamos diante da possibilidade de cair na tentação de generalizar. O não lugar do feminino e o *empoderamento* das mulheres se manifesta de modos diferentes nas formas de vida, determinado pelos contextos histórico-políticos, as crenças, rituais e pelos jogos de linguagem compartilhados. Por exemplo, Abu-Lughod (AL) afirma que:

AL[111] – "[...] é sabedoria popular comum que o sinal mais significativo da opressão das mulheres afegãs, sob o regime do Talibã e dos terroristas, é que, elas são forçadas a vestir a burca. Os liberais, às vezes, confessam sua surpresa em relação ao fato de que, apesar de o Afeganistão ter sido liberado do regime Talibã, as mulheres parecem não estar jogando fora as suas burcas. Alguém que trabalhou em regiões muçulmanas deve perguntar por que isso é tão surpreendente. Esperávamos que, uma vez "livres" do Talibã, elas iriam "retornar" a camisetas curtas e jeans ou tirar a poeira de seus trajes Chanel? Precisamos ser mais sensíveis sobre a vestimenta das mulheres cobertas, e, portanto, talvez haja necessidade de apresentar alguns pontos básicos sobre o uso do véu. Em primeiro lugar, é preciso lembrar que o Talibã não inventou a burca. É a forma de cobertura que as mulheres *pashtun* em deter-

---

[109] Nas palavras da pesquisadora Abu-Lughod (2012b, p. 465).

[110] Essas siglas me remetem de maneira espectral a Felicia Martinez.

[111] ABU-LUGHOD, 2012b, p. 456-457.

minada região usavam quando saíam. Os *pashtun* são um dos diversos grupos étnicos no Afeganistão, e a burca era uma das muitas formas de vestimenta no subcontinente e no Sudoeste da Ásia que se desenvolveram como uma convenção para simbolizar a modéstia ou respeitabilidade da mulher. Em segundo lugar, a burca, como algumas outras formas de "cobertura", marcou, em muitos pontos, a separação simbólica entre as esferas masculina e feminina, como uma parte da associação geral de mulheres com família e casa, não com o espaço público onde os estranhos se misturam [...]. Como sabem perfeitamente bem os antropólogos, as pessoas vestem a forma de roupa apropriada para suas comunidades sociais e são guiadas por padrões sociais compartilhados, crenças religiosas e ideias morais, a menos que transgridam deliberadamente para defender uma opinião ou sejam incapazes de pagar por cobertura apropriada. Meu ponto é lembrar-nos de estar atentos às diferenças, de ser respeitosos em relação a outros caminhos que levem à mudança social e que possam trazer às mulheres vidas melhores".

IB – Mesmo que sua fala não seja o eixo foco desse nosso debate, nela, se manifesta uma questão central para todas as formas de vida. Tal questão diz respeito aos estereótipos criados pelos discursos ocidentais que, historicamente, têm marginalizado outras *formas de vida*. Por outro lado, manifesta-se a necessidade de se compreender e entender que o movimento da diferença e das mudanças sociais varia de uma *forma de vida* para outra.

CT – É isso mesmo! Não se pode pensar que os lugares do feminino e do masculino se constituem com base em um único padrão, uma vez que, de uma *forma de vida* para outra, tais lugares variam em função de diferentes propósitos e crenças que os constituem. Isso mina qualquer possibilidade de se transpor os propósitos dos movimentos feministas ocidentais para outras *formas de vida* que possuem seus próprios movimentos internos, isto é, os seus modos singulares de *inversões e deslocamentos*[50] da dicotomia masculino *versus* feminino.

TU[112] – As diversas realidades de nossa comunidade estão relacionadas com a educação, e quando questiono os lugares preestabelecidos da mulher em nossa comunidade, é para chamar a nossa atenção para a relação entre os efeitos dos processos de escolarização e os novos lugares que as mulheres passaram a ocupar entre nós.

---

[112] Segmento de fala extraído das anotações no diário de campo da pesquisadora em 26 de janeiro de 2014.

CT – Como assim?

TU[113] – O nosso lugar dentro da comunidade tem mudado desde o momento em que a escola chegou aqui, desde quando começamos a aprender espanhol e matemáticas dos *wagas*.

JF – Essa questão é muito importante de ser tratada, pois um dos efeitos de termos aceitado o *fazer escola* na nossa comunidade foi o de que as próprias mulheres acabaram conseguindo ocupar outros lugares. Penso que tratar aqui essa questão amplia nosso horizonte e nos leva a compreender o problema da escola sob diferentes perspectivas, libertando nossa visão ali onde ela parece estar aprisionada.

MM – Concordo, sem dúvida, com vocês.

OW – Nossa! Gente, que loucura! É estranho entrarmos nesse tema, pois o que estão chamando de um não lugar do feminino e do masculino pode nos levar por trilhas de contradições, mas vamos lá.

CT – Então vamos lá! A meu ver, falar de uma identidade feminina ou masculina, da mulher ou do homem, está usualmente associado ao corpo. Sobre a perspectiva de *inverter e deslocar*, Derrida provoca-nos a significar o feminino para além da mulher, para *além* da oposição sexual que classifica homem/mulher, mulher/homem, pensá-la em cada *forma de vida*, sem seguir um padrão único ou invariante. É um movimento cuja envergadura nos lança ao desconhecido, ao impossível. Ir *além*, por um lado, quer dizer descompactar as dicotomias sobre o gênero e lidar com os efeitos de sentidos dessa descompactação. Por outro lado, não se trata de pensar ditas relações sobre a complementariedade, uma vez que essa palavra ainda dualiza.

TU[114] – Em Alto Caimán, esse processo tem sido de resistência e seguindo nosso próprio ritmo, não necessariamente as lutas da mulher *waga*. Trata-se de questionar o lugar de nós mulheres, com base em nossa cultura, para que não sejamos relegadas a desenvolver algumas funções sociais e não outras, *como se* não tivéssemos capacidades de realizá-las. Muitas mulheres ainda

---

[113] Segmento de fala extraído das anotações no diário de campo da pesquisadora em 12 de janeiro de 2014.

[114] Segmento de fala extraído de entrevista a mim concedida para esta pesquisa por Tulia Espitia, em 26 de julho de 2011.

têm medo. Na verdade, o que está acontecendo é uma redefinição dos lugares que ocupamos, *justamente devido a nossa atitude de questionar*. Algumas mulheres, dentre elas eu, não têm medo. É possível ocupar outros lugares e, a partir esses outros lugares, nossos conhecimentos passarão a ser mais valorizados. Nós temos nos 'apoderado' da palavra e começamos a participar das decisões políticas da comunidade emitindo as nossas próprias opiniões.

Figura 11 - Tulia Espitia em foto de 26 de julho 2011

Fonte: *arquivo* fotográfico da pesquisadora.

CT – Tulia, quando você usou as palavras "lugar da mulher", isso me remeteu à resposta dada por Derrida em uma entrevista na qual o entrevistador lhe perguntou sobre o lugar da mulher:

DJ[115] – Francamente, eu não sei. Eu acho que eu não descreveria esse lugar, exatamente, vou evitar fazê-lo. Você não tem medo de que, enquanto empreendamos o caminho dessa topografia, nos encontremos forçosamente no retorno *"at home or in the kitchen"*? Por que teria que haver um lugar para as mulheres? Por que 'um', apenas 'um', um que fosse essencial?

---

[115] Jacques Derrida (DJ) em entrevista desenvolvida por Christie V. McDonald (1982, p. 68, itálicos do autor, tradução nossa).

UMA TERAPIA DO DESEJO DE ESCOLARIZAÇÃO MODERNA:
VENÍ, VAMOS HAMACAR EL MUNDO, HASTA QUE TE ASUSTES

CT – Nesse questionamento feito por Derrida, há a possibilidade do "não lugar", tanto do feminino quanto do masculino, ao trazermos tudo aquilo que foi reprimido e marginalizado acerca do estar no mundo[51].

MM – A respeito da marginalização da mulher, tenho percebido que quase sempre nas pesquisas são ouvidas as vozes masculinas. Então, quando pensamos no mundo indígena e nas pesquisas que são desenvolvidas, especialmente aquelas que têm como propósito ver o Mesmo no outro, as vozes femininas nem aparecem. Ter convidado vocês aqui, quebra as dinâmicas e lança-nos ao desconhecido, ao impossível, ao *surgimento do novo*[52].

CT – É na possibilidade do desconhecido e do novo que podemos encontrar a chance de pensarmos *para-além* de qualquer classificação sexual, seja ela hetero, homo, trans, metro ou mesmo pansexual. Entrar no desconhecido coloca-nos diante da perturbação das lógicas binárias associadas ao gênero. Será que dita perturbação é 'nova' aqui em Alto Caimán?

TU[116] – Há muito tempo que questões das mulheres indígenas estão sendo colocadas aqui em Alto Caimán, mas acontece que é um processo lento, pois muitas mulheres ainda são vítimas do machismo e os seus esposos as reprimem. Por um lado, temos sido quase invisíveis – e continuaremos sendo – enquanto nós mesmas continuarmos ignorando as nossas condições; por outro lado, essa invisibilidade continuará enquanto o próprio mundo acadêmico e as próprias histórias das comunidades e povos não nos levarem em conta. Poucas organizações indígenas valorizam nossas vozes e, o que é pior, o próprio Estado ignora a gente. Enquanto nossa situação continuar sendo pouco conhecida, e nós mesmas não repensarmos as nossas práticas, nada vai mudar a nossa condição. Devemos pesquisar mais a respeito. Na verdade, é a primeira vez que eu estou refletindo sobre esta realidade com alguém que vem de fora, especificamente com alguém da universidade, como você [*se referindo a* Carolina]. Nunca alguém se aproximou para conversar sobre isso conosco.

OW[117] – Carolina, espero que com essa fala você compreenda a nossa[118] insistência em se fazer todos os trabalhos de pesquisa levando em consideração as vozes femininas. Essa insistência reflete-se no futuro de nossas filhas

---

[116] Segmento de fala extraído de entrevista a mim concedida para esta pesquisa por Felicia Martínez Lemos, em 26 de julho de 2011.

[117] Segmento de fala extraído de entrevista a mim concedida para esta pesquisa por Olo Wintiyape, em 26 de julho de 2011.

[118] Referindo-se ao seu outro colega Martinez Montoya também.

e filhos, uma vez que as mulheres indígenas, em geral, pelo que conheço, pouco são escutadas pelos pesquisadores e, ao meu ver, temos que começar a romper com o 'lugar' de silêncio em que elas são colocadas.

CT – Agora ficou mais clara para mim a sua intenção de ouvir, neste nosso debate, outras vozes que já foram e são silenciadas. O que vocês pensam desse posicionamento de Tulia?

MM[119] – Considero que essa temática está sendo muito problematizada em outros contextos. A gente espera que futuramente consigamos fazer um estudo acerca dos lugares de homens e mulheres na nossa cultura, em diálogo com os estudos feitos em outras culturas. Acredito que poderíamos reivindicar novos lugares, confrontar o problema e transformar realidades em novos acontecimentos inesperados.

CT – Essa sua fala vai ao encontro de Jacques Derrida (DJ). Ele coloca os usos do feminino e do masculino no terreno movediço do *"entre"*, abrindo a possibilidade do acontecimento:

DJ[120] – "A relação entre o feminino e o masculino não seria assexual, longe disto. Por outro lado, poderia ser sexual, isto é, está além da diferença binária que governa o decoro de todos os códigos, além do feminino/masculino, além da bissexualidade, bem como além da homossexualidade e heteros-sexualidade, o que vêm a ser a mesma coisa. Tal como sonho em salvar a possibilidade que essa questão oferece, gostaria de acreditar na multipli-cidade das vozes marcadas sexualmente. Gostaria de acreditar nas massas, nesse indeterminável número de vozes misturadas, nesse movimento de marcas sexuais não-identificadas cuja coreografia pode transportar, dividir, multiplicar o corpo de cada "indivíduo", quer ele seja classificado como "homem" ou como "mulher", de acordo com o critério e uso. Claro, não

---

[119] Segmento de fala extraído de entrevista a mim concedida para esta pesquisa por Martínez Montoya, em 26 de julho de 2011.

[120] Texto Original: *The relationship would not be a-sexual, far from it, but would be sexual otherwise:* beyond the binary difference that governs the decorum of all codes, beyond the opposition feminine/masculine, beyond bisexuality as well, beyond homosexuality and heterosexuality which come to the same thing. As I dream of saving the chance that this question offers I would like to believe in the multiplicity of sexually marked voices. I would like to believe in the masses, this indeterminable number of blended voices, this mobile of non-identified sexual marks whose choreography can carry divide, multiply the body of each "individual", whether he be classified as "man" or as "woman" according to the criteria of usage. Of course, it is not impossible that desire for a sexuality without number can still protect us, like a dream, from an implacable destiny which immures everything for life in the 2 (DERRIDA; MCDONALD, 1982, p. 76).

é impossível que tal desejo de uma sexualidade sem número possa ainda, como um sonho, nos proteger de um destino implacável que enclausura tudo no regime da dualidade".

CT – A questão que colocaria neste ponto é: como transformar os usos do feminino e do masculino para entendê-los no regime do *"entre"*? Essa questão me remete à prática da ablação do clitóris que é praticada pelos indígenas Embera da região de *Risaralda* situada no estado *Norte del Valle*, na Colômbia. Dita prática está sendo discutida desde 2007, após a publicação de uma nota no jornal *"Diario el tempo".* Vocês sabem do que estou falando?

TE[121] – Eu sei sim. Uma mulher Embera de *'Pueblo Rico',* do estado de Risaralda denunciou diante de autoridades governamentais que três recém-nascidas chegaram mortas ao hospital da região por causa de ter-lhes praticado a ablação. Dita mulher junto com outras mulheres, que também haviam passado por esse procedimento, se organizaram para questionar esse tipo de prática, tendo em vista a qualidade da vida sexual feminina e todos os efeitos de uma ação como essa sobre o corpo da mulher. A causa da morte das recém-nascidas está relacionada ao fato de que os medicamentos indígenas não foram suficientes para frear as infeções provocadas pela ablação do clitóris em condições insalubres.

CT – Esse caso é de grande complexidade, especialmente porque, para muitos de nós, é inaceitável. Antes das mulheres dessa comunidade exteriorizarem seus sentimentos e questionarem a ablação, que era mantida em segredo pelas comunidades, os efeitos de sentido associados a dita prática estavam em acordo com os rituais e crenças das próprias *formas de vida Embera.* Porém, quando as mulheres passam a problematizar essa prática, ela passa a se tornar polêmica, e é a partir desse acontecimento inesperado, da surpresa que tal questionamento instaura, que as *inversões* e *deslocamentos* aparecem e a insubordinação toma seu rumo com destino ao desconhecido. O que parece 'natural' passa a não mais ser 'natural'. Ao se confrontar tal prática, manifestam-se outros usos imprevistos do feminino. Com a descompacta-ção do corpo, do sagrado e do ritual, aquilo que vinha sendo desenvolvido durante décadas deixa de ser 'natural'. Colocam-se em disputa os efeitos

---

[121] Fala encenada a partir da notícia publicada no jornal "Diario EL TIEMPO", intitulada: *A unas 8.000 indígenas embera chami les han cortado el Clítoris.* Data da publicação 22 de março de 2007, [Recurso Electrónico]. Disponível em: http://www.eltiempo.com/archivo/documento-2013/CMS-3488858. Acesso em: 05 abr. 2007.

de sentidos dos usos do feminino; acionam-se outros jogos de linguagem para se lidar com as contendas por virem acerca da reivindicação dos usos do feminino e do masculino nessas comunidades.

TU – Alguns desses discursos são aqueles praticados por pesquisadores, ativistas sociais, feministas, dentre outros. Tais discursos não são suficientes sem que venham acompanhados pelas reivindicações das mulheres das comunidades Embera. A aproximação com tais discursos acerca dos usos do feminino e do masculino ampliou os horizontes de significação das mulheres Embera, mas não pode ser vista como o fato determinante para a conquista de tais reivindicações.

CT – Percebo, nessa sua fala, um ímpeto de luta. *Inverter* e *deslocar* não são movimentos pacíficos, não estão fora dos problemas da ética e das relações de poder, como esclarece Null Value (NV),

NV[122] – "Não tem sido fácil abordar essa temática, uma vez que se trata de uma prática sociocultural da cultura Embera. Um ritual sagrado que tem como objetivo, em primeiro lugar, contribuir para que o mundo não seja destruído, já que caso a mulher se movimente no ato sexual, isso aconteceria. Em segundo lugar, o propósito de tal prática, da ablação, é também garantir a fidelidade da mulher para com seu esposo".

CT – A jornalista Alba Tobella Mayans (MTA), na sua reportagem, coloca a visão de uma mulher Embera a respeito desta prática:

MTA[123] – "Norfilia Caizales no supo que le faltaba una parte de su cuerpo hasta hace unos años. Fue una buena mujer desde niña. Su madre le enseñó a moler maíz, a amasar arepas[124] y a cargar con la casa, pero no a tener hijos. Con eso se encontró después. Su aparato reproductivo fue siempre un misterio, no sabía qué era *la regla*[125] ni dejó que su esposo la tocara hasta

---

[122] Null Value (2007). Nota do jornal *Diraio EL TIEMPO*, recuperada de http://www.eltiempo.com/archivo/documento/MAM-2425377. Acesso em: 06 dez. 2013.

[123] Alba Tobella Mayans (2015). Nota do jornal *Diario EL TIEMPO*, intitulada "Las mujeres que aprendieron a defender su clitóris". Disponível em: http://elpais.com/elpais/2015/05/13/planeta_futuro/1431519344_024402.html. Acesso em: 06 dez. 2013.

[124] A *arepa* é feita de massa de milho moído ou com farinha de milho pré-cozido. Alimento muito popular nas culinárias da Colômbia, da Venezuela e do Panamá.

[125] Ciclo menstrual.

UMA TERAPIA DO DESEJO DE ESCOLARIZAÇÃO MODERNA:
VENÍ, VAMOS HAMACAR EL MUNDO, HASTA QUE TE ASUSTES

que, confusa, un mes después de casarse, fue a ver a un cura que la consoló cuando le dijo que el contacto dentro del matrimonio no es pecado [...]. Norfilia Caizales no sabía tampoco que la parte que faltaba en su cuerpo era el clítoris. No sabía para qué sirve ni para qué se lo quitaron. Ahora, con una lucidez deslumbrante, casi revolucionaria, quiere ser partera para que ninguna otra niña vuelva a pasar por esto en Colombia".

CT – Em relação ao modo como as mulheres começaram a se organizar, Alberto Wazorna (WA), na condição de liderança Embera, descreve alguns dos efeitos de sentido provocados pela *inversão* e *deslocamento* dos usos do feminino na prática da ablação:

WA[126] – Me siento un privilegiado por haber podido presenciar el desvelo de toda esta problemática. Fue precioso ese proceso en el cual la mujer se daba cuenta que una práctica que ella consideraba cultural estaba haciendo daño a las niñas de la comunidad. Aprendimos que la tradición debe generar vida y no dolor y muerte. En términos de comunidad, nos trajo un conflicto muy complicado. Nos tocó afrontarlo. El trabajo, que busca concienciar más que punir, pasa porque las mujeres tengan un papel más importante en sus comunidades. Que formen parte de los entes de gobierno. Que den su palabra.

CT – A problematização da prática da ablação e os efeitos de sentido a ela associados manifestaram-se dentro das comunidades, não como imposição de fora, o que tornou possível que, dentro dessa *forma de vida,* emergissem outros usos do feminino, por e para os praticantes desses jogos de linguagem.

AF – Esse exemplo mostra que os efeitos de sentido que uma prática cultural gera quando é questionada por seus próprios praticantes é diferente daqueles que se manifestam para os *waga*, os estrangeiros, quando a questionam a partir de suas perspectivas construídas em outras formas de vida.

MM[127] – Mas é claro que este tipo de temática tem sido pouco estudado aqui em Alto Caimán. Devemos tomar cuidado a respeito, uma vez que o que está em jogo são identidades que se (re)inventam.

---

[126] Recuperado de Alba Tobella Mayans (2015).

[127] Segmento de fala extraído de entrevista a mim concedida para esta pesquisa por Martínez Montoya, em 26 de julho de 2011.

CT – Contrariamente a esse seu ponto de vista, considero que não se trata de pensar *nem* em "identidades que se (re)inventam" ou, até mesmo, *nem* em falar em identidades. Isso porque falar em identidades significa definir um lugar, e o *não lugar* derridiano é a tentativa de não fixar nosso ser-estar-no mundo, pois toda tipificação é uma forma de violência, então, nem homo nem hetereo e nem trans, nem negro nem branco, nem indígena e nem não indígena. O não lugar é a possibilidade do *acontecimento*. Por outro lado, mesmo que "as etnografias sobre as relações de gênero em contextos ameríndios na América do Sul tenham assinalado a relativa 'igualdade' entre os gêneros"[128], é fundamental ouvir os praticantes dessas formas de vida, dado que, a partir deles, será possível compreender e descrever *como se* constituem e se modificam as significações em uso do feminino e do masculino, que não necessariamente estão dadas na base de uma *complementaridade*.

OW[129] – As descompactações de que estamos falando são perpassadas por relações assimétricas de poder. Vemos uma assimetria do homem em relação à mulher que se materializa nas vozes que representam nossa comunidade.

TU[130] – É importante estar aqui participando desta conversa e fazer com que 'minha' voz seja ouvida, uma vez que a 'minha' voz é também a voz de um coletivo de mulheres de Alto Caimán. O fato de que você, Carolina, que é de fora, que faz pesquisa junto com a gente, estar me ouvindo, vai contribuir para que todas estas idas e vindas das lutas e resistências das mulheres fiquem documentadas. Isso poderá contribuir para a nossa luta para ocuparmos outros lugares.

CT (*pegando o seu tablet e mostrando uma imagem para os participantes*) – As palavras "outros lugares" remeteram-me para o seguinte quadrinho de Mafalda:

---

[128] Matos Viegas (2014, p. 63) em Celigueta, Orobitg, & Pitarch (2014).

[129] Segmento de fala extraído de entrevista a mim concedida para esta pesquisa por Olo Wintiyape, em 16 de setembro de 2014.

[130] Segmento de fala extraído de entrevista a mim concedida para esta pesquisa por Tulia Espitia, em 26 de julho de 2011.

Figura 12 - Quadrinho de Mafalda

Fonte: revista mundo diners[131].

MM – Esse *jogo de linguagem* remete a gente, a diversas manifestações das reivindicações das mulheres no mundo atual. Nele, Mafalda sugere à sua mãe que há outros lugares a serem ocupados pela mulher. Aqui, então, *inverter* as ordens não significa impor o feminino sobre o masculino. Por outro lado, a ausência de estudos a respeito dos usos do feminino e do masculino em populações indígenas impede problematizar essa temática mais amplamente.

CT – Eu queria abrir um parêntese com base nesta sua fala. Para mim o que manifesta claramente é o fato da colonialidade não estar limitada a uma relação formal de poder entre povos ou nações, mas se refere a um padrão de poder que também se manifesta nesta dualidade masculino/feminino, e que inclusive cria práticas e táticas para as histórias das mulheres indígenas não sejam compartilhadas. Esse silenciamento tem possibilitado um questionamento aos feminismos eurocêntricos com base nas epistemologias indígenas e de outros povos a partir do sul. E novos questionamentos tem emergido: *"Como construir um feminismo sem levar em conta as perspectivas originárias? Sem absorver as gramáticas das lutas e dos levantes emancipatórios que acompanham nossas histórias? Como podemos reconsiderar as fontes e conceitos do feminismo ocidental?"*[132]. Além do mais, vale a pena notar que, a questão do racismo é central no eixo da opressão patriarcal-capitalista como já tem sido exposto pelos feminismos decoloniais latinoamericanos junto aos movimentos das mulheres negras e indígenas. Não podemos pensar em feminismo em nossos territórios e países latinoamericanos sem considerar a herança colonial escravista.

---

[131] Disponível em: https://revistamundodiners.com/mama-que-te-gustaria-ser-si-vivieras/ Acesso em: 22 mar. 2020.
[132] HOLLANDA, 2020, p. 12

MPRJ[133] – "As universidades, longe de idealizarem as relações de gênero em contextos indígenas e/ou interpretar a violência masculina só como uma herança da imposição colonial, deveriam intervir nas condições atuais mediante programas e pesquisas que revertam as condições materiais das mulheres".

CT – Contrariamente a esses pesquisadores, acredito que as comunidades estão revertendo esses lugares nos seus tempos, que não são necessariamente nossos tempos. É preciso que nós não indígenas tomemos cuidado com este tipo de afirmações que não são mais do que a afirmação do colonialismo. A universidade, como eu já disse em diversos momentos hoje, não tem como resolver os conflitos e problemáticas indígenas, pois tal atitude pode ser vista como salvacionista e a *universidade, como um local sem condição*[53], deve, antes de mais nada, se libertar do desejo dogmático, narcisista e salvacionista que tem 'vendido' aos povos originários, mas não só a eles. Mas, como um local sem condição deve estar disposta a se descontruir e com isto a se articular a decolonização do gênero, do saber, do ser, da natureza, do poder.... e da raça, deve estar articulada as práticas decolonizadoras dos povos originários e de outros povos e comunidades. Para Derrida (DJ),

DJ[134] – "Numa universidade clássica, segundo a sua definição corrente, pratica--se o estudo, o *saber* das possibilidades normativas, prescritivas, performativas e ficcionais [...] que constituem preferencialmente o objeto das Humanidades. Porém, esse estudo, esse saber, esse ensino, essa doutrina deveria pertencer à ordem teórica e constatativa. O ato de *professar* uma doutrina pode ser um ato performativo, mas a *doutrina* não o é. Eis aí uma limitação a respeito da qual eu diria que é preciso realmente, ao mesmo tempo, conservar e mudar, de um modo não-dialético. [...] É *preciso* mudar a universidade, reafirmando-a, é preciso fazer com que se admita, e professar, que esse próprio teoretismo incondicional suporá sempre uma profissão de fé performativa, uma crença, uma decisão, um compromisso público, uma responsabilidade ético-política etc. Nisso, reside o princípio de resistência incondicional da universidade".

AF[135] – Há um elemento que aqui ainda não foi colocado e que, a meu ver, influencia o papel que nós, homens e mulheres, desempenhamos aqui na comunidade. Esse elemento diz respeito ao fato dos homens terem apren-

---

[133] TORRA; EXPÓSIT, 2014, p. 148.

[134] DERRIDA,2003, p. 46-47.

[135] Segmento de fala extraído de entrevista a mim concedida para esta pesquisa pelo *sagla* Jaime Melendres, em 26 de julho de 2011.

dido, na 'escola', o espanhol e a 'matemática'. Isso afetou e afeta na 'atribuição de lugares' que as mulheres ou os homens 'devem' ocupar. A educação proporcionada pela 'escola' e o formato desta educação que passamos a ter, desde então beneficiaram mais os homens do que as mulheres.

CT – Como assim? Interessa-me muito discutir este ponto, especialmente pelo fato de você ter usado as palavras 'escola', 'espanhol' e 'matemática'. Será que essa sua fala teria alguma relação com a assimetria de poder a que Olo Wintiyape se referiu?

TU[136] – Entremos nesse tema, que, de fato, tem aprofundado muitas das nossas problemáticas internas. Nos anos 70´s foi construída, perto da minha casa, a primeira 'escola' de Alto Caimán. Essa escola era coordenada por uma professora *waga*. Antes disso, só tinha 'escola' em Bajo Caimán que funcionava desde os anos 60´s, sob a coordenação das freiras "Lauras".

OCG[137] – "Elas conseguiram se estabelecer na comunidade controlando a educação até 1988. Elas conseguiram entrar na comunidade depois de terem sido rejeitadas pelo cacique Inayoka, aproximadamente em 1920, quando a freira Madre Laura Montoya solicitou para ele a permissão com a finalidade de estabelecer uma casa missão. Essas freiras implantaram o programa oficial de educação do governo nacional".

TU[138] – As freiras finalmente conseguiram entrar na comunidade com o argumento de que nós não perderíamos mais terras e de que não seríamos enganados. Assim, elas nos ensinaram o espanhol e a fazer contas, o que se diz que é a matemática. Ah! Contudo, ensinaram também religião católica, tinham que evangelizar. Caminharam por todo o nosso território 'recrutando' crianças. Muitas foram obrigadas, mas outras foram escondidas pelas mães, porque tanto mães quanto crianças tinham muito medo. Essa escola das freiras Lauras ficava a três horas de caminhada desde Alto Caimán, as meninas daqui não podiam ser enviadas para fazer escola. Alguns meninos foram enviados para morar com familiares lá e fazer 'escola', enquanto outros caminhavam. Eles se tornaram pessoas que nos representavam politicamente, junto com

---

[136] Segmento de fala extraído de entrevista a mim concedida para esta pesquisa por Tulia Espitia, em 16 de janeiro de 2014.

[137] GREEN; CARDOZO; OCHOA, 1995, p. 13.

[138] Segmento de fala extraído de entrevista a mim concedida para esta pesquisa por Tulia Espitia, em 16 de janeiro de 2014.

alguns outros homens que tinham aprendido o espanhol no contato com camponeses, já que, nesse tempo, morávamos todos misturados – os camponeses e os indígenas. Assim, ao 'fazer escola', os homens que aprenderam espanhol e matemática foram empoderados pelo domínio da palavra, da língua do estrangeiro. Esse fato produziu efeitos sobre nós, mulheres, pois não tínhamos aprendido a falar o espanhol e nem a 'matemática' da 'escola'.

Desse modo, não podíamos vender nada fora da comunidade, porque sempre éramos roubadas. Além disso, não podíamos falar para tomar decisões políticas na presença de *waga*, e nem mesmo conseguíamos registrar os nossos filhos no cartório. Esse fato gerou uma dominação masculina sobre as mulheres da comunidade e reafirmou uma oposição entre mulheres e homens. Entretanto, isso tinha que mudar um dia. Esse dia começou quando aqui em Alto Caimán abrimos a 'escola'. Algumas meninas foram inscritas. Eu enviei minhas filhas, por exemplo, e fui muito criticada, mas não queria que elas passassem as mesmas coisas que eu passei, e olha só que meu esposo e eu temos uma relação de casamento bem diferente do que acontece aqui. As mães queriam que as meninas aprendessem as mesmas coisas que os homens, para que elas conseguissem fazer tudo por elas mesmas, porque vimos que falar espanhol e compreender os números iria nos dar poder para falar. Os efeitos dessa nossa escolha manifestam-se hoje, não foram vistos no momento em que ela ocorreu. Essas meninas hoje representam nossas vozes em todo lugar. Os homens já não podem falar que nós não entendemos. Começamos nossos próprios projetos, não justamente na cozinha, mas em outros espaços. As meninas que, naquele momento, não haviam sido enviadas para 'fazer escola', e que atualmente são mulheres adultas enviam suas filhas para 'fazer escola', uma vez que elas haviam vivenciado a discriminação e não mais querem que isso ocorra com suas filhas. Fazer 'escola', aprender disciplinas de espanhol e de operações da 'matemática' é algo que passou a ser visto como empoderamento e que acrescentou mais uma reivindicação na luta das mulheres: participação das mulheres na 'escola'.

CT – A gente poderia dizer que há uma necessidade de se estudar essas formas de escolarização, bem como os seus efeitos sobre outras práticas socioculturais de Alto Caimán e vice-versa. Acerca da chegada das freiras e da instauração da escola, gostaria de esclarecer que o Estado colombiano entregou a educação dos povos originarios para a Igreja Católica por meio de uma Concordata, legitimando as diretrizes para a reorganização social e a propagação da "civilização" e da "nacionalidade" para os que, naquele momento, eram considerados

UMA TERAPIA DO DESEJO DE ESCOLARIZAÇÃO MODERNA:
VENÍ, VAMOS HAMACAR EL MUNDO, HASTA QUE TE ASUSTES

de forma desrespeitosa como "selvagens ou *índios*"[54]. Outra referência para que freiras e padres interferissem na vida dos povos indígenas foi a Lei 89 de 1890 "que determina as maneiras que deveriam ser governados os selvagens que fossem rendidos à vida civilizada". Desde então, foram sendo produzidos leis e decretos que davam o privilégio da educação aos religiosos e aos não indígenas e silenciando os povos originários. Assim, a 'escola' se impôs sobre um 'tal princípio de educação civilizatória'. O que é estranho é que, nos anos de 1960, essa proposta ainda estivesse em andamento no Bajo Caimán, uma vez que, em 1870, havia sido autorizada a 'liberdade de instrução'.

OCG – Opa Carolina! Isso não é assim tão simples. Em nosso caso, "os Dule sempre mostraram resistência frente a cultura ocidental, influenciada em maior ou menor grau pelas relações estabelecidas com pessoas de outros países europeus, pela colonização[139].

CT – Não sabia disso, não! Além disso, mesmo que em 1870 tivesse sido autorizada a liberdade de instrução, só a partir de 1821 é que as *Escolas Normais*[140] começaram a funcionar. E a partir de então, professores homens passaram a ensinar nas escolas os princípios republicanos, mediante o ensino da leitura, da escritura e da aritmética. Até hoje muitas congregações religiosas continuam prestando os serviços ao nível educativo, pois não há uma lei que impeça.

MM[141] – Eu, por exemplo, sou contratado pela arquidiocese de Turbo[142], já que o governo não abre uma vaga para mim.

MEN[143] – Além disso, o governo central só até 1960 assumiu inteiramente os gastos com educação inicial, média e fundamental[144]. Apesar de todos os esforços feitos durante o governo Santander e, posteriormente, com os feitos pelas diversas reformas de 1843, 1851, 1880, 1903 e 1927, a educação não era de caráter obrigatório e nem totalmente financiada pelo estado. Só em 1936, a lei ordena pela primeira vez de forma oficial educação gratuita e obrigatória para todos. Mesmo assim, o grave problema do acesso à escola não foi solucionado.

---

[139] GREEN; CARDOZO; OCHOA, 1995, p. 13.

[140] Ver Zuluaga (2010).

[141] Segmento de fala extraído de entrevista a mim concedida para esta pesquisa por Martínez Montoya, em 26 de julho de 2011.

[142] Cidade do Urabá Antoiquenho (Colômbia).

[143] Ministerio de Educación Nacional (2010, p. 2).

[144] MERCEDES, 2010, p. 158.

OW – Adicionalmente, havia também o problema da formação de professores indígenas, e aqui na nossa comunidade ninguém tinha formação suficiente, na década de 1960, para assumir essa função.

CT – Outro fato que teve efeitos foi que, no início do século XX na Colômbia, tanto a infraestrutura dos meios de transporte quanto a da agricultura haviam sido devastadas pela guerra civil dos *Mil Dias* (1899-1902). O país ficou em uma grave crise econômica. E as 'escolas', como instituições, não estiveram fora desse conflito, os livros e as infraestruturas foram destruídos e uma grande quantidade de alunos que frequentava a escola desistiu.

MEIP[145] – Com essas condições, foram emitidas uma série de normativas e leis, com o objetivo de regular e organizar a administração pública do país. Dentro dessas leis, está a de número 39 de 1903, regulamentada pelo decreto 491 de 1904, que se refere à educação. Tal lei estipulou que a educação pública no país seria regida pelos cânones da religião católica e que a educação primária deveria ser gratuita, mas não obrigatória. Carolina você está calada demais, que acontece?

CT – Gente, quanta coisa! Neste nosso percurso, estou tentando entrar e sair em e a partir das suas *descrições*, sem entrar nos lugares em que não seja convidada. É essa a causa de meu silêncio, pois sempre devemos, como nos indica o avô de Jamioy, tomar cuidado para não entrar nos lugares que não conhecemos:

JJ[146] – **Nÿe chë luaroy cochtsay**

> Bien cochjouena ca atsbe taitá echanjayán:
>
> Chë fshantsoy cochanjashjang
>
> Chents cmontsobatmán.
>
> Er nÿe chents, che luarents
>
> otjaná cactsemn;
>
> nderado canÿe soy chë luarëng tcojoyená
>
> ndocná tëcmonjofjcá
>
> bacna soyec chë fshantsiñ fjenobuiycá

---

[145] Para detalhes da Lei, ver *Memorias del Ministro de Instrucción Pública al Congreso*, de MEN (1904).

[146] Nesta encenação, este poema foi originalmente declamado por Jamioy (2010, p. 76-77) na língua *camentza*. O mesmo autor na referência o traduz para o espanhol e, a partir dessa última tradução, o traduzi para o português da seguinte maneira:

er corent uámaná
y cochanjameng
chë buiÿesh jtsendbemam.
Nÿe ena chents
a oyenëng, jtsababiayan;
cochanjoyentsjué
ndoñ tëcmonjachembuents.

MM – Fique à vontade para nos perguntar quando quiser. Quando houver algum lugar em que você ainda não esteja preparada para entrar, nós lhe avisaremos. Entrar nas diversas moradas das *palavras vivas* não é nada fácil. Porém, esse seu desejo de nos acompanhar neste movimento da rede, como vinda de fora permite que seu corpo participe de diferentes práticas que se realizam ao ritmo desse balançar. Em outras palavras, juntos estamos sendo levados ao estudo da casa milenar onde moram os avós *Gunadule,* por trilhas diferentes, percorrendo os efeitos desse desejo de escolarização moderna, vindo dos pulsares de corações delatores *nem* presentes *nem* ausentes na linguagem, n*a palavra, no corpo.*

CT – Quando você falou sobre o corpo e a participação dele em práticas, fui remetida para a mostra de arte *"Gonçalo Ivo*[55]*: a Pele da Pintura"*, exibida entre 27 de outubro de 2016 e 26 de fevereiro de 2017, na sala quatro do *Museu Oscar Niemeyer*, na Cidade de Curitiba. Visitei dita exposição em novembro de 2016. O artista usou a metáfora da pele da pintura, fazendo brotar nas suas obras aparições volumétricas, espessuras e densidade, procurando manifestar em cada obra a sua experiência corporal com as cores.

IB – Nossa! Eu nunca pensei nas cores como algo corporal. Usualmente, as cores são vistas como algo exterior a nosso corpo, meramente organizadas com base em modelos cromáticos.

CT – Para mim, o nome dado para essas obras de Gonçalo Ivo amplia a nossa concepção das cores como algo meramente exterior a nosso corpo[147], visto que, ao falar em cores, somos quase sempre introduzidos em um campo de

---

[147] Esta remição foi inspirada pelo meu contato com o livro de Wittgenstein (2009b) intitulado: *Remarques sur les couleurs - Anotacoes* Sobre as Cores – escrito entre 1950-51, a partir de diversos manuscritos compilados, no qual Wittgenstein questiona a Doutrina das Cores de Goethe desenvolvendo interessantes jogos de linguagem, do mesmo que em outros textos como o *Tractatus logico-philosophicus* (Wittgenstein, 2008b) e nas *Observações filosóficas* (Wittgenstein, 2005).

distinções tradicionais, como aquela que usualmente os filósofos e psicólogos costumam fazer entre percepção e experiência. Contrariamente a isso, o curador da amostra, Felipe Scovino (SF), nos diz que

SF[148] – [...] o que se torna visível e evidente na obra é uma cor que atravessa o corpo todo.

CT – A meu ver, o que se manifesta é uma experiência com as cores como algo corporal, em que a ação de pintar se torna uma linguagem completa, carregada de significações manifestas na obra de arte. Todas essas pinturas podem ser vistas de diferentes modos, dependendo daquele que olha para elas, uma vez que acredito que, nelas, não há algo comum que as perpasse, de modo que toda tentativa de *interpretação*[56] se frustra. Práticas em que usamos as cores estão relacionadas a jogos de linguagem que nos permitem distingui-las, nomeá-las e significá-las. Assim, a experiência do pintar enquanto uma atividade artística pode ser caracterizada como uma linguagem completa. Dessa forma, aquele que observa pinturas artísticas *vê aspectos* – *vê como se* – ligados a um conjunto de comportamentos característicos do sistema estético-cultural de referência da *forma de vida* da qual participa.

IB – Isso significa que aquele que observa uma obra de arte se coloca numa posição de *descrever* como é por ela afetado?

CT – É isso mesmo! Ser pessoalmente afetado pela obra artística. Nesse sentido, há dois pontos distintos, um é o corpo do pintor ser afetado pelos efeitos das cores ao agir com o seu corpo todo no ato de pintar, outro é uma pessoa ser afetada pela observação da obra do pintor, sem ter participado efetivamente do ato de pintar. Logo, manifestam-se duas afetações diferentes com as cores. O observador não está diante *nem* diante da presença *nem* diante da ausência do pintor, ele é remetido a outras experiências por aquilo que a obra realiza e mostra. Em ambos os casos, o observador e o pintor agem com o corpo todo e são remetidos a formas de vida e jogos de linguagem diferentes, quais sejam, aqueles que lhes são familiares. Nessa exposição de Gonçalo Ivo, chamou-me atenção a pintura que vocês estão vendo no meu *tablet*:

---

[148] Segmento de fala disponível em: http://dasartes.com.br/agenda/goncalo-ivo-museu-oscar-niemeyer/. Acesso em: 10 nov. 2016.

Figura 13 - *A Cidade e a Noite.*

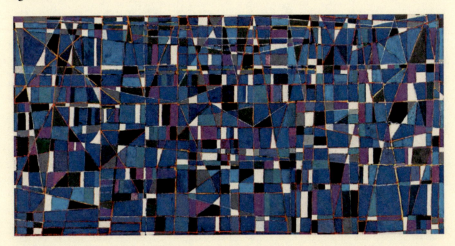

Fonte: Gonçalo Ivo (2011)

IB – Como você descreveria esse seu contato com esta obra de arte? E por que está nos remetendo a ela?

CT – É muito interessante essa sua questão, porque ao observar a pintura *A cidade e a Noite*, ela me remeteu para uma analogia que Wittgenstein[57] estabelece entre a linguagem e uma cidade antiga. Uma memória da cidade que possibilita ampliar nosso olhar para além de supor que nossas palavras remetem às coisas que, à primeira vista, elas parecem significar. De modo contrário, eu acredito que as significações poderiam mais fielmente manifestar-se no uso que fazemos dessas palavras. Assim, na minha posição de estrangeira, de recém-chegada na comunidade indígena *Guna* de Alto Caimán, uma das principais tarefas sempre tem sido *compreender* as regularidades dos modos de agir compartilhados dos Gunadule, ou seja, compreender as regras e os efeitos delas nas formas de vocês agirem de um modo ou de outro em determinadas práticas. A esse respeito, Wittgenstein se pergunta:

LW[149] – "«Es posible la regularidad *sin* repetición?» Puedo establecer hoy, ciertamente, una nueva regla, que nunca ha sido aplicada y, sin embargo, se entiende. Pero ¿resultaría esto posible si *nunca* se hubiera aplicado de hecho una regla? Y si alguien dice ahora «¿No basta una aplicación imaginaria?» la

---
[149] WITTGENSTEIN, 1987, O.F.M p. 281-282.

respuesta es no. Un juego, un lenguaje, una regla, es una institución. «¿Con qué frecuencia, sin embargo, ha de haber sido aplicada realmente una regla para que se tenga derecho a hablar de una regla? — ¿Con qué frecuencia tiene que haber sumado, multiplicado, dividido alguien, para que se pueda decir que domina la técnica de esas modalidades de cálculo? Y con ello no quiero decir: con qué frecuencia ha tenido que calcular correctamente para demostrar a *otros* que sabe calcular, sino para demostrárselo a sí mismo".

CT – *É como se* Wittgenstein estivesse nos dizendo que uma regra é seguir uma prática comunitariamente instituída, e nela se manifestam as instabilidades de uma significação originária. Wittgenstein nos faz refletir a respeito das características das regras que orientam nossos *jogos de linguagem*.

AJJ[150] – Com licença. Antes de você continuar a sua fala, por gentileza, eu gostaria que retomasse, que nos ajudasse a esclarecer o uso que você está fazendo com base em Wittgenstein da expressão "sistema de referência".

CT – Interessante essa sua cutucada! Para fazer esse esclarecimento, colocarei em foco aqui dois aforismos de Wittgenstein:

LW[151] – "Seguir uma regra é análogo a cumprir uma ordem. Treina-se para isto e reage-se à ordem de uma maneira determinada. Mas como entender isso se a reação das pessoas tanto diante da ordem como diante do treinamento é diferente: um reage assim e o outro de modo diferente? Quem está então com a razão? Imagine que você fosse como pesquisador a um país desconhecido cuja língua você desconhece completamente. Em que circunstâncias você diria que as pessoas de lá dão ordens, entendem as ordens, cumprem ordens ou se insurgem contra elas etc.? O modo de agir comum dos homens é o sistema de referência por meio do qual interpretamos uma língua estrangeira. Imaginemos que as pessoas naquele país executassem atividades humanas habituais, e, ao fazê-lo, se utilizassem, ao que tudo indica, de uma linguagem articulada. Se observarmos suas atividades, será compreensível que nos pareçam 'lógicas'. Se tentarmos, porém, aprender sua língua, perceberemos que é impossível. Pois entre elas não existe nenhuma conexão regular do que é falado, dos sons, com as ações; contudo, esses

---

[150] Instigação elaborada no exame de qualificação de 13 de abril de 2016 pelo Prof. Dr. João José R. L. de Almeida (AJJ).

[151] WITTGENSTEIN, 2005, I.F § 206 - §207.

UMA TERAPIA DO DESEJO DE ESCOLARIZAÇÃO MODERNA:
VENÍ, VAMOS HAMACAR EL MUNDO, HASTA QUE TE ASUSTES

sons não são supérfluos, tendo em vista que se amordaçarmos, por exemplo, uma dessas pessoas, este fato terá as mesmas consequências que tem para nós: sem aqueles sons, suas ações se tornariam confusas – se podemos dizer assim. Devemos dizer que essas pessoas possuem uma língua; ordens, comunicações etc.? Falta aquilo que chamamos "língua", a regularidade".

CT – Vou me remeter aos aforismos falando com a voz da estrangeira, sempre recém-chegada na comunidade indígena *Guna* em Alto Caimán e convidada para participar de certas atividades, mesmo sem compartilhar a língua falada por vocês. Entendo a fala de Wittgenstein *como se* tivesse me fazendo um convite para inserir-me nos modos de agir compartilhados por vocês. Ao me inserir nas atividades como uma pessoa vinda de fora, estou tentando compreender as semelhanças entre as práticas que vocês realizam em diferentes campos de atividade e aquelas que são familiares para mim. Estou tentando ser capaz de *seguir regras*, ser capaz de agir orientada pelas ações de vocês. *É como se* o último aforismo de Wittgenstein, ao qual eu aqui me referi, me dissesse que para compreender, como estrangeira, uma *forma de vida* é preciso identificar as características semelhantes e diferentes entre os modos como funcionam as *instituições* de vocês e os modos como funcionam instituições semelhantes em outras formas de vida das quais participo. Percebe que essas caraterísticas de *semelhança de família* nos modos de agir possibilitam, em cada *forma de vida,* desdobramentos diferentes. Logo, não há um invariante que perpasse todas as formas de vida, assim como não há um invariante que perpasse todos os jogos de linguagem.

OW[152] – Deixe-me ver se eu estou compreendendo. Vou retomar uma prática de nossa comunidade para tentar esclarecer, para todo mundo aqui, essa sua fala tão complexa baseada em diversas remições da obra de arte de Gonçalo Ivo. Vocês contam, nós contamos. Então, as nossas formas de vida assemelham-se nesse aspecto, mas, para nós, não existe um único modo de contar. Por exemplo, *Wala* significa "alargado"; funciona como um classificador qualitativo de formas para se contar objetos alongados. Ao contar, por exemplo, uma banana - *mass* -, a palavra *Gwensag* - número un (1), mãe, ser único - ou *Bogwa* - número dois (2), paz no coração - por si só não significam nada, elas devem estar acompanhadas do classificador qualitativo assim: *Mas walgwuen* [*Mas wal(a)gwen(sag)*], quer dizer estou contando uma banana e *Mas walbo* [*Mas wal(a)bo(gwa)*], duas bananas. Outro exemplo,

---

[152] Segmentos de fala da entrevista a mim concedida para esta pesquisa por Olo Wintiyape, em 10 de abril de 2017.

para contar animais com escamas, como os peixes, que em Guna – *Ua* -, usamos o qualificador *Ugga*. Então, quando estamos pescando, dizemos: Ua uggaguen [*Ua uggagwen(sag)*], *Ua uggabo*. Você pode observar que aparece uma elisão entre o qualificador e o quantificador. É assim que funciona sempre que agimos para controlar quantidades, isto é, para realizar uma de nossas práticas socioculturais. Você pode identificar duas formas de contar quantidades iguais, mesmo usando as palavras *Gwensag* e *Bogwa* como quantificadores. Essas palavras sozinhas não nos dizem nada, elas significam porque as estamos usando junto com os classificadores qualitativos. Deixa te mostrar com uma imagem para que você compreenda melhor o que eu estou falando, você vai encontrar uma representação semelhante em alguns livros[58] que foram elaborados no Panamá que nós temos usado na escola:

Figura 14 – Exemplo de uso da linguagem na prática da contagem do povo Guna referente aos peixes.

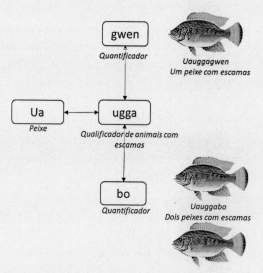

Fonte: *arquivo* elaborado pela pesquisadora.

CT – Este seu esclarecimento nos mostra uma prática de contagem na qual a quantificação é dependente da qualificação dos objetos ou seres animais a serem contados. Então, embora vocês contem e nós também contemos, contamos, de fato, de maneiras diferentes. Considerando os desdobramentos diferenciados, vemos que os critérios públicos variam em cada *forma de vida*, os quais nos indicam quando é seguida ou transgredida uma regra.

UMA TERAPIA DO DESEJO DE ESCOLARIZAÇÃO MODERNA:
VENÍ, VAMOS HAMACAR EL MUNDO, HASTA QUE TE ASUSTES

É como se esses critérios atuassem como um *sistema de referência*, toda vez que cada prática sociocultural em uma *forma de vida*, mesmo apresentando familiaridade com as de outras, exige dos sujeitos um agir diferente, na medida em que cada *forma de vida* possui suas singularidades nos modos de agir compartilhados. No seu exemplo, vejo que, embora vocês não tenham uma prática de registro das quantidades, pelo que pude notar, as práticas de contagem da *forma de vida Gunadule* estão orientadas pelas correspondências entre a qualidade e a quantidade. É isso mesmo?

OW[153] – É isso mesmo! Nós não temos um padrão genérico para estabelecer as relações de correspondência, tal como acontece com a matemática ocidental, mas estabelecemos relações de correspondência assim como vocês. Entretanto, não pode ser independente da qualidade do objeto, pois, na cosmovisão *guna*, a classificação é muito importante para conhecer o mundo. Isso significa que, mesmo com essa semelhança, há, antes de mais nada, diferenças que impedem de se falar que as nossas práticas de contagem podem ser vistas como sistemas numéricos, tal como o ocidente compreende esse conceito que nem eu saberia explicar o que ele significa.

CT – Nessa sua fala, considero que essa caraterística do qualificador/classificador funciona *como se* fosse um sistema de referência na sua *forma de vida Gunadule* para realizar práticas de contagem. Lembro-me aqui de uma fala de Wittgenstein que diz que se quisermos chamar algum comportamento de *linguagem*, precisamos encontrar *semelhanças* e *diferenças* em aspectos *compartilhados* nas formas de agir. Isso significa que não há uma *constância* nos modos de organizar a vida, bem como nas regras que orientam a realização de práticas de contagem em diferentes formas de vida. A regularidade nas formas de agir, ou seja, as *semelhanças* e *diferenças* entre as regras que orientam as práticas não são algo a *priori*, mas sim, caraterísticas que se constituem nas formas compartilhadas de vida. Para Wittgenstein:

LW[154] – "[...] a regra enquanto regra está desligada de tudo, ela está aí, por assim dizer, soberanamente, apesar de que o lhe dá a sua importância são os fatos da experiência cotidiana. [...]. Até a que ponto podemos descrever a função da regra? A quem não tem domínio de nenhuma, eu posso *adestrá-lo*. No entanto, como posso explicar a mim mesmo a essência da regra? O difícil, aqui, não é mergu-

---

[153] Segmentos de fala da entrevista, a mim concedida, para esta pesquisa por Olo Wintiyape em 10 de abril de 2017.
[154] WITTGENSTEIN, 1987, O.F.M-3. p. 301; O.F.M- 31, p. 280-281

lhar até o fundamento, mas reconhecer como fundamento o fundamento que temos aí, diante de nós, visto que o fundamento nos leva sempre a criar sempre a imagem ilusória de uma grande profundidade, e quando tentamos alcançá-lo, sempre retornamos ao nível anterior. Nossa doença é a de querer explicar".

CT[155] – Essa observação de Wittgenstein me diz que o importante da *regra* não é procurar um fundamento que a explique, mas sim, compreender como ela opera e orienta ações em uma *forma de vida*. As regras estão ali, a gente aprende a agir orientado por elas, porém explicá-las ou pretender fundamentá-las não nos leva a nenhum lugar. Ou seja, a importância da regra está no que ela nos permite fazer.

IB – Entendo o que você diz do seguinte modo: nós, os Gunadule, para contar, usamos *classificadores de qualidades* antes dos classificadores de quantidades. Eles funcionam como um sistema que nos orienta. Usamos qualificadores de medida, forma, tempo, agrupamento, superfície, volume, dentre outros, e são eles que nos permitem agir de um modo ou de outro em determinada situação[59]. Vou dar um exemplo:

Figura 15 - Exemplo de uso dos classificadores de qualidades Gunadule.

Fonte: *arquivo* fotográfico do livro de Ayarza (2010a)

---
[155] Segmentos de anotação dos diários de campo da pesquisa.

CT – É isso mesmo! Esses qualificadores funcionam *como se* fossem um *sistema cultural de regularidade*. Quando uso a palavra *regularidade,* isso não quer dizer que exista algo essencial que estruture as práticas de contagem em todas as formas de vida, pois as *regras*[60] da linguagem, tais como as de um jogo de xadrez, não levam em conta uma pretensa essência exterior, única e fundamental à linguagem. Além disso, você já me mostrou os modos como as regras compõem um conjunto organizado de maneiras de agir, bem como os modos como elas funcionam sem a necessidade de serem fundamentar. Em contrapartida, as formas de vida nas quais eu participo, contamos de maneira genérica.

IB[156] – Penso que como estrangeira, para nós, você deve, sim, participar das atividades de nossa comunidade para poder entendê-las e significá-las. Entretanto, não é em todo lugar que você pode ser convidada e, para aqueles que você pode, sempre se requer uma preparação. Só com sua participação efetiva, você poderá conseguir perceber essas semelhanças em nossos comportamentos e ações.

CT – Essa sua observação é muito importante. As *maneiras de agir comum* dos homens se tornam o *sistema cultural de referência*[61] por meio do qual interpretamos, por exemplo, uma língua estrangeira. Assim, esse sistema permite orientar nossas ações em uma atividade e saber o que fazer em cada momento. Para tanto, é necessário compreender o valor atribuído às ações quando participamos de um jogo de linguagem[62].

IB – Nessa perspectiva, inquieta-me saber, então, como foi a sua aproximação com os diversos *sistemas culturais Guna de referência*.

CT – Como mencionei, para me deixar embalar na rede dos *Gunadule,* isto é, para tentar *compreender* as suas práticas e me aproximar dos diversos *sistemas culturais Guna de referência,* foi necessário participar diretamente das atividades da comunidade, isto é, envolver-me com as ações e as *regras* que as orientam. Assim, para *compreender* as *palavras maiores, as palavras vivas,* foi preciso inserir-me nos diversos modos compartilhados de agir dos *Gunadule,* seguir e transgredir as suas ações, as suas práticas. Foi necessário deixar-me embalar na rede desta comunidade, uma vez que, como dizem Gunter Gebauer y Christoph Wulf (GGWC),

---

[156] Segmento de fala inspirado em anotações do diário de campo da pesquisadora.

GGWC[157] – [...] é no encontro do meu olhar com o do outro que está situada a experiência fundamental da reciprocidade entre mim e o outro.

CT – Os encontros na comunidade ocorreram com minha participação em diversas atividades cotidianas, como caçar, pescar, participar das festas de comemoração da puberdade das meninas, participar do *fazer escola*. O propósito era *aprender mimeticamente*[63] jogando os jogos de linguagem Guna, seguindo as ações da comunidade nas práticas para as quais fui convidada. Participei dos rituais da comunidade e percebi seu caráter mimético-performativo[158]. Percebe que rituais produzem diferentes *culturas do performativo* que dão validade, legitimidade e memória às práticas culturais atuando como *patrimônios culturais intangíveis*[159] de diferentes *formas de vida*. Sobre estas *'culturas do performativo'* é importante ressaltar três aspectos, como coloca Christoph Wulf (WC):

WC[160] – "En primer lugar, las diferentes formas de realización de lo social; el segundo aspecto se refiere al carácter performativo del lenguaje, es decir, el hecho de que una expresión sea al mismo tiempo una acción, como por ejemplo el «sí» en una boda; el tercer aspecto alude al lado estético, vinculado a la escenificación y realización corporales. A diferencia de una concepción de la cultura como texto, la comprensión performativa de la cultura remite a su carácter realizativo. El saber práctico requerido para la performatividad de las acciones se obtiene en los procesos miméticos; los actos rituales son ahí una clave importante. Estas reflexiones se concretan en el carácter performativo de la percepción y los medios".

IB – Fica mais clara a importância de você participar de nossas práticas. Essa sua abertura no encontro de nossas tradições vem permitindo a desfixação de seu olhar.

CT – Quando você diz 'desfixação do olhar', isto me leva a pensar na importância de que esse olhar consiga afastar-se dos padrões universalistas encaixados na lógica conteúdo/forma da tradição cientificista[64].

---

[157] GUNTER; WULF, 2004, p. 47.

[158] No percurso desta pesquisa, o *performático* é compreendido, como Miguel (2016, p. 231) esclarece, "no sentido de ação cênico-discursiva idiossincrática".

[159] WULF, 2013, p. 153-172.

[160] WULF, 2008, p. 17.

IB – Vou colocar um exemplo para ver se ficou claro para mim. Quando a senhora Ângela[65] ensinou a você, na cozinha da casa dela, junto com as suas filhas, como preparar um pato para jantar, ela, que pouco fala o espanhol, deu a você a possibilidade de se adentrar na nossa prática de preparação de alimentos, uma prática orientada por *regras* e por significações compartilhadas entre nós. Ao receber o convite, permitiu que você participasse da encenação da prática *Gunadule* de se cozinhar um pato para comermos naquela noite. Nesse momento, quando você correu o risco de errar ou acertar as ações inequívocas que deveriam ser realizadas para que o prato fosse preparado 'corretamente', isto é, em conformidade com o costume, o hábito e o gosto de nossa comunidade, você se tornou partícipe do modo de agir de Ângela, isto é, de seu modo de realização daquela prática cultural específica, qual seja, a de se preparar um pato para o jantar. É isso mesmo?

CT – Essa sua fala, permite entender de maneira mais específica o que estou falando. É muito apropriado esse seu esclarecimento. Naquele dia, na fala da senhora Ângela, eu percebi a importância do princípio *Guna* de que '*todos os seres que habitam a Mãe Terra são seres vivos e irmãos*' e como isso, como tal princípio se reflete em diversas atividades.

IB – Por gentileza, você pode esclarecer essa sua fala?

CT – Posso sim! Ângela (A) descreveu passo a passo o que deveria ser feito; assim, fui fazendo o que ela foi me indicando:

A[161] – Primeiro, deve-se falar com o pato, falar o porquê ele está morrendo... Falar assim: *"Pato, hoje você vai ser morto porque temos uma visita em casa e queremos comemorar com quem veio nos visitar"*. Ele é nosso irmão e merece respeito. Se não falarmos com ele, a carne vai ficar ruim. Sempre deve ser feito isso com todos os animais que vamos preparar para alguma comida, é como uma regra para a carne ficar gostosa. Isso é respeito pelos seres que habitam a terra- mãe, eles e elas são nossos irmãos.

---

[161] Cozinhando com Ângela (A) e suas filhas, 20 de janeiro de 2014, diário da pesquisadora.

Figura 16 - Relativo à prática de cozinhar um pato.

Fonte: *arquivo* fotográfico da pesquisadora.

CT – Quando ela me disse que eu devo respeitar o pato e conversar com ele, ela me fez pensar acerca da legitimidade da distinção que costumamos estabelecer entre humanos e não humanos. Isso porque quando ela matou o pato conversou com ele e lhe avisou que seu espírito moraria em outra capa da Mãe Terra. Então, penso que, na forma Gunadule de vida, os animais, as plantas, os bichos menores, enfim, todos nós que constituímos este ecossistema somos seres vivos e merecemos respeito.

UMA TERAPIA DO DESEJO DE ESCOLARIZAÇÃO MODERNA:
VENÍ, VAMOS HAMACAR EL MUNDO, HASTA QUE TE ASUSTES

WO[162] – É isso mesmo! Porém, falta um elemento fundamental. Nesta camada da pele da Mãe Terra, nossos espíritos habitam corpos diferentes. Ao morrermos, cada ser passa a morar em outra camada, o espírito prevalece, mudamos desta pele para outros estados; então, o pato, na verdade, passa a morar em outra capa.

IB – Como você entendeu a explicação oral que acompanhou as ações de Ângela?

CT – Eu a entendi como cumprindo a função de orientar quem estava ouvindo sobre a preparação do pato que comeríamos no jantar. Assim, parece-me legítimo atribuir às suas palavras uma *função descritiva* das ações que o corpo de Ângela realizava para que os propósitos visados pela prática de preparar a carne de pato para o jantar fossem atingidos de maneira inequívoca. Entretanto, não se trata só disso. Penso que tais palavras possuem também uma *função normativa*, uma vez que elas se mostram constitutivas dos significados que, naquela forma cultural de vida, deveríamos atribuir à prática de cozinhar um pato para o jantar seguindo regras que orientam as ações. Esta função normativa – *devemos* falar com o animal – não descreve nada transcendente, apenas define *o que deve ser feito*, naquela *forma de vida*, na preparação de alimentos animais e caracteriza um elemento fundamental na prática de cozinhar dentro do *sistema cultural de referência* naquele contexto específico[66]. Essa vivência mostrou-me que as práticas socioculturais podem ser vistas como ações mimético-corporais que são orientadas por regras que permitem compreender por que se age de um modo ou de outro. Nas palavras de Gunter Gebauer y Christoph Wulf (GGWC),

GGWC[163] – "[...] são ações mimético-corporais, pois expressam os *modos como os homens se comportam diante do mundo no qual eles vivem*".

IB – Com os ventos por virem e com os que já vieram, vejo que o desejo de escolarização moderna, foco de nosso debate, é um problema muito mais amplo do que parece ser à primeira vista. Problematizar esse desejo está nos abrindo muitas trilhas. As falas de cada um de nós produzem diferentes efeitos de sentido acerca desse desejo de escolarização. Percorrer as trevas desses labirintos, ao nos balançar na rede, parece-me estar ampliando demais o nosso horizonte.

---

[162] Segmento de fala a mim concedida para esta pesquisa por Olo Wintiyape, em setembro de 2014.

[163] GUNTER; WULF, 2004, p. 13.

MM – Vejo que esses diferentes efeitos de sentido nos têm obrigado a realizar percursos 'INdisciplinares'[67] para o esclarecimento do problema da escolarização.

CT – Até este ponto de nosso debate, vejo que, ao assumirmos uma tal INdisciplina, temos nos afastado de perguntas tais como: "enfim, o que *é* conhecimento matemático?"; ou da explicação do *que as coisas são*. Estamos no terreno do *como se*, descrevemos aspectos sem pretender concluir ou encontrar uma solução. Isso tem nos permitido atravessar as trevas do labirinto seguindo a pergunta do como funcionam e operam tais efeitos do desejo de escolarização moderna aqui em Alto Caimán e em outras formas de vida.

IB (*dando risadas*) – Carolina, suponho que, então, na comunidade acadêmica da qual você participa, ouvirá outras vozes falando que "você faz uma outra matemática" e por extensão "uma outra Educação Matemática"[68].

CT (*um pouco angustiada*) – Penso que você tem razão. Apesar disso, reitero que a minha intenção de vir aqui hoje não está em determinar *nem* o *'que é'* nem o *'que não é'* matemática, é por extensão Educação Matemática. O meu propósito é esse que Jaime assinalou na abertura deste debate, qual seja, o de descrever a vida como ela se apresenta. Descrever os diferentes modos como o desejo de escolarização moderna se apresenta – para vocês e para outras formas de vida –, tentando me afastar de uma visão essencialista do conhecimento, mas remetendo-me a nossas falas como atos narrativos, em que o narrado não pode dissociar-se do ato que o narra[69]. Desse modo, partimos dos efeitos de significação que não remetem mais a um centro. Tais efeitos de significação são aqui vistos como efeitos herdados que vão passando de geração para geração, de forma não linear, manifestando-se sem serem esperados[70]. Todas as remissões que estamos fazendo partem de um percurso pessoal e coletivo desenvolvido. Tais atravessamentos de pensamentos sem passaportes estão levando nosso debate a correr riscos autorreflexivos, causando desconfortos dentro dos limites disciplinares[71]. Uma problematização indisciplinar de jogos de linguagem no sentido de se reconhecer a necessidade de não se constituir disciplinas, mas sim, campos de pesquisa mestiços e nômades, o que nos leva a pensar de forma diferente para além de paradigmas consagrados que se mostram inúteis e que precisam ser desaprendidos para compreender o mundo atual[72]. Nesse sentido, Greenblantt e Gunn (GUGR) dizem que:

GUGR[164] – "[...] o que está para além da fronteira existente é um inimigo cujas forças são temidas, cujo território é considerado com um olhar hostil. Tal olhar pode ser dentro de si mesmo desejo, inveja, a vontade de se apropriar, ou, alternativamente, a vontade de erradicar, destruir, invejar, reconstruir em um padrão melhor. [...] A fronteira é o ponto para além do qual eles falam línguas, comem alimentos e adoram deuses que simplesmente não são os nossos".

UN[165] – Penso que, atualmente, os povos indígenas estão tendo mais voz pública, o que tem a ver com os movimentos políticos, mais ativos a partir dos anos 70´s na Colômbia. Esses movimentos de resistência têm permitido a reivindicação de nossos conhecimentos e de nossos lugares sociais, o que tem mudado bastante esse olhar temido pelo colonizador ocidental. Contudo, ainda há muitas pesquisas que estudam, por exemplo, a nossa botânica e medicina como se fossem *xamanismo*[166].

Figura 17 - Nasario Uribe em foto de 20 de janeiro de 2014.

Fonte: *arquivo* fotográfico da pesquisadora.

---

[164] GREENBLANTT; GUNN, 1992, p. 6 *apud* MOITA LOPES, 2006b, p. 26.
[165] Segmento de fala da entrevista a mim concedida por Nasario Uribe, em 14 de setembro de 2014.
[166] Nesta fala, Nasario Uribe censura o uso pejorativo da palavra 'xamanismo' feito por pesquisadores ocidentais em relação à sabedoria indígena sobre as plantas e a medicina.

CT – As reivindicações políticas têm possibilitado mudanças para se entender como tem operado o movimento de *hibridação* de *formas de vida,* bem como para superar a própria metáfora topológica do conceito de 'fronteira'. Isto tem ampliado os horizontes para que, hoje, neste encontro, nos afastemos das *manifestações perversas do etnocentrismo*[167], bem como de noção de discursos limítrofes em formas de vida[73].

IB – Gostaria de saber como é que você, Carolina, chegou aqui em Alto Caimán? Você conhece tanta coisa de nossa cultura, isso tem me impactado.

CT – Em 2010, comecei a participar do seminário de Etnomatemática desenvolvido na Licenciatura em Pedagogia da Mãe Terra[74] da Universidade de Antioquia, na Colômbia. Esse seminário era coordenado pela professora Diana Jaramillo Quicéno[75], que todos vocês conhecem, em companhia dos Gunadule Abadio Green Stocel e Milton Santacruz[76], e com alguns colegas do grupo de pesquisa *Matemáticas Educación y Sociedad.* Desde esse momento, na qualidade de estudante de graduação, comecei a entrar em outros mundos. Neste seminário, comecei a interatuar com os professores Guna Martinez Montoya e Olo Wintiyape que, naquele período, eram estudantes. Neste caminhar junto com a comunidade e com outros pesquisadores que, na época, só conhecia por livros, os movimentos em jogo na rede foram tomando forma e, em 2011, viajei até Alto Caimán[77]. Parecia-me que estava

"Sozinha[78]" caminhando no labirinto,

aproximei meu rosto do silêncio e da treva,

para buscar a luz dum dia limpo[79].

OW – Lembro-me da primeira viagem que você fez para Alto Caimán em 2011. Você procurou na *internet* onde ficava o território da nossa comunidade, mas o google nem deixava colocar a imagem em 3D. Você se preparou para uma viagem que iniciou às quatro horas da madrugada e terminou às seis horas da tarde daquele dia. Você se propôs a caminhar desde Manuel Cuello (zona rural) até o *resguardo,* já que não queria ir a cavalo. Acho que nem sabia montar a cavalo. Entretanto, gostei muito de você ter caminhado até chegar e, pacientemente, o professor Martínez Montoya, a cavalo, esperou você, que demorou quatro horas para chegar até a casa de Nasario e Tulia. Você ficava perguntando a cada trinta minutos: chegamos?

---

[167] VIVEIROS DE CASTRO, 2015.

UMA TERAPIA DO DESEJO DE ESCOLARIZAÇÃO MODERNA:
VENÍ, VAMOS HAMACAR EL MUNDO, HASTA QUE TE ASUSTES

CT – Mas que lembranças são estas que você coloca! Também me lembro de que, desde que cheguei, toda noite sonhava. Toda noite sonhava com uma velhinha Guna sentada ao lado da rede onde eu dormia. Contei esse meu sonho para uma pessoa da comunidade, que tentou interpretá-lo. Segundo essa pessoa, aquela velhinha era, na verdade, um espírito Guna que cuidava de mim em Alto Caimán e que, por alguma razão, havia me levado até lá. Com essa avó ao meu lado, eu me balancei e me balanço na rede. Entre conversas e silêncios, me senti acolhida, bem-vinda, como uma *hóspede* convidada para participar de diversos espaços. Comecei a perceber que sempre as pessoas da comunidade se sentavam ou se deitavam na rede para se balançar e conversar, cantar e me ouvir. Foi ali que percebi que não só deveria me balançar na rede para *compreender* e escutar as *palavras vivas,* mas que também, nela e a partir dela, poderia ser orientada pelas *dobras dos rastros* relativos aos efeitos de sentido produzidos pela interação entre a forma de educação escolarizada e a Educação indígena, o que abriria a possibilidade de denunciar e anunciar o movimento da diferença. Vivenciei a experiência dessas mobilizações de sentido em jogo sobre a escola em cruzamentos de muitas formas de vida.

AF – Eu vejo que quando você chegou na comunidade indígena Guna de Alto Caimán, nesses lugares desconhecidos, foi acolhida com *hospitalidade*[168]. Uma hospitalidade que foi em diversos momentos restringida. Uma acolhida em que teria ocorrido um *movimento de pensamento*[169] que lhe teria possibilitado não apenas pensar de maneira diferente, mas também pensar de novo, *sempre* de novo, a cada instante de novo, isto é, uma possibilidade de pensar o próprio pensar. O que provocou em você esse movimento?

CT – A partir desse acolhimento, comecei a perceber que compartilhávamos alguns problemas. Dessa forma, o *eu* se tornou um *nós*, e apareceu uma hete-rogeneidade assimétrica de significações. Manifestou-se uma *hospitalidade*[80] de uma comunidade para com um estrangeiro imprevisível, absolutamente outro. Um fator importante foi a minha disposição para ouvir suas vozes, ouvir esses professores e professoras *Gunadule* que foram me orientando, tendo ciência de que o meu lugar anunciava o vindo do exterior para ins-crever o fora no dentro, o dentro no fora. E, ao atravessar os *territórios,*

---

[168] No por vir da encenação daremos do modo em que estamos usando esta palavra, orientando-nos pela discussão de Derrida (2003).

[169] No sentido de Bernardo (2005).

eles me disseram "sim como recém-chegada". Como hóspede, fui acolhida por hospedeiros diversos; ao acolherem-me como uma recém-chegada, em diversos momentos, essa acolhida foi e, ainda é, como um *"vindo"* ou simplesmente como *"o que vem"*. No balançar da rede, inventamos formas de fazer e de nos entendermos mutuamente: entendimento entre hóspede e hospedeiros que não necessariamente compartilhavam uma língua. Assim, deitei-me na rede e a palavra começou a se tornar viva, cultivada, reconhecida e apreendida nos âmbitos mais ritualísticos compartilhados com eles. Nesse encontro com outros mundos, virava outra, comecei a compreender que "só se pode *descrever* e *dizer*: assim é a vida humana"[170].

OW – Eu quero lhe ajudar a se recordar de alguns fatos que você não está colocando e que, a meu ver, deveriam ser explicitados. Vale a pena notar que as suas viagens feitas para o Alto Caimán foram combinadas com as autoridades da comunidade com o propósito de não atrapalhar as atividades que são desenvolvidas coletivamente, das quais você, enquanto pesquisadora, não poderia participar, por exemplo, da prática de fumar tabaco, realizada com o propósito de 'limpar' o território, isto é, protegê-lo dos maus espíritos. O planejamento daqueles encontros foi desenvolvido de forma conjunta com todos aqueles que, de alguma forma, estavam envolvidos com a pesquisa. Começamos a perceber que todos, a partir de lugares diferentes, poderíamos contribuir para investigar o problema da escolarização moderna, bem como sobre a possibilidade de promoção de uma *educação indisciplinar* e decolonial na qual *jogos de linguagem* de diferentes formas de vida possam coexistir.

CT – Nossa! Parece que você lembra de mais detalhes do que eu. Sobre o planejamento das atividades, quero colocar como exemplo a visita *in situ* de janeiro de 2014. A gente se propôs a *discutir* e a *compreender* o que estávamos entendendo por *educação própria*, além de participarmos de uma festa de encerramento e, posteriormente, conversar com os especialistas. Nesta visita, consegui participar efetivamente da festa, acompanhada pelos professores Martínez Montoya e Olo Wintiyape, aqui presentes. Também houve encontros com os *saglamala* Jaime e Faustino para planejarmos a problematização da prática da construção de casas tradicionais na escola. Nesta visita, meu papel foi o de *ouvir*, *observar* e permanecer em *silêncio*. Começamos a perceber que nossas crenças relacionadas ao que entendíamos por 'escola', 'currículo' e 'matemática' estavam sempre em tensão com

---

[170] WITTGENSTEIN, 2005.

UMA TERAPIA DO DESEJO DE ESCOLARIZAÇÃO MODERNA:
VENÍ, VAMOS HAMACAR EL MUNDO, HASTA QUE TE ASUSTES

a cosmogonia e *forma de vida Guna,* toda vez que ditas palavras e concepções eram vindas de fora para dentro. Preciso também falar sobre a minha primeira visita ao Alto Caimán dado que, de alguma forma, ela repercute neste debate. A partir daquela visita, ocorrida em julho de 2011, a gente começou a problematizar as práticas de ensino dos professores na escola. Como resultado dessa problematização, constatamos que a 'escola' que vimos não era – como nunca parece ter sido – um espaço sintonizado com a tradição da *forma de vida Gunadule.* Além disso, o diálogo que ela mantinha com as práticas de outras formas de vida era feito reproduzindo as relações de *colonialidade.* Impunha-se, portanto, por um lado, colocar a escola a serviço da própria comunidade e, por outro lado, fazê-la participar dos *jogos híbridos de linguagem,* invertendo e deslocando as relações assimétricas de poder a que ela vinha se submetendo.

MM[171] – É que as crianças não vão à escola só para aprender a fazer as contas e aprender espanhol.

CT – Lembro-me de que constatamos, como resultado da problematização, que a 'escola' deveria ser um espaço de diálogo no qual as famílias pudessem também expor os seus desejos e reivindicações junto às autoridades, de modo a se preservar a tradição indígena Guna, mesmo abrindo-a à interação com outras formas de vida e crenças.

UN[172] – Essas lembranças são muito importantes para este nosso debate. Que bom que você está se remetendo a elas aqui. A gente sempre fica perguntando-se o que vocês estudam juntos. Acredito que não é a 'escola', mas a *casa del congreso* que deveria tomar o papel da formação das crianças. Isso significa que a 'escola' deve estar a serviço da *casa del congreso,* e não o contrário.

CT – Concordo com você! Estamos compartilhando todos estes aprendizados, porque este nosso debate sobre o desejo de escolarização moderna, de algum modo, já se travava entre nós, há algum tempo. A problematização que fizemos, nessa visita, levou-nos também a compreender que os principais espaços de formação Guna deveriam ser aqueles nos quais já vinham sendo desenvolvidas as práticas socioculturais da comunidade.

---

[171] Fragmento da entrevista a mim concedida para esta pesquisa por Martínez Montoya, em 26 de julho de 2011.

[172] Fragmento da entrevista a mim concedida para esta pesquisa por Nasario Uribe, em 27 de julho de 2011.

MM[173] – Isso porque, na escola, na sala de aula, a gente faz teorias, matemática, espanhol, biologia..., mas, na prática social, a gente faz praticando e entrega mais conhecimentos, não há uma classificação. Conforme a gente vai fazendo, vai usando e, no caminho, vai aprendendo o que fazer.

CT – Compreendemos também que o professor indígena sempre está diante da problematização do movimento da hibridação entre duas formas de vida, isto é, participando de *jogos híbridos de linguagem*. A sua posição é sempre tensional, uma vez que está sempre procurando transgredir regimes disciplinares, problematizando-os à luz do projeto político da *descolonialidade*.

WO[174] – De fato, as práticas socioculturais não são só os cultivos, mas tudo o que se faz na comunidade: reuniões, cantos de ninar, tecer as *molas,* cestaria... É nessas ações que circula o conhecimento.

CT – Lembro-me de que no dia 6 de julho de 2011, entrei em uma sala de aula repleta de crianças indígenas que pouco ou nada conseguiam entender do que eu dizia a elas e nem eu do que elas me diziam. Elas falavam em Guna e eu em espanhol. Diante de minha impossibilidade de falar aquela língua, propus-me a brincar com as crianças e percebi que aceitaram brincar comigo. Por meio da mediação linguística feita pelos professores Martínez Montoya e Olo Wintiyape, acordamos que ensinaria para elas uma brincadeira e, em contrapartida, elas ensinariam a mim uma outra brincadeira. A brincadeira que eu lhes ensinei foi *"jugo de limon"*[81]. Durante as duas primeiras horas, corremos e rimos juntos, nos conhecemos. Comecei a perder o fôlego, mas as crianças insistiam em continuar a brincadeira. Entre brinquedos, corridas, escorregadas, quedas, choros e sorrisos, os nossos corpos foram falando e, mesmo sem falarmos a mesma língua, significávamos e nos comunicávamos, abrindo mão, portanto, de nossos medos frente ao quadro inicial de incomunicabilidade mútua. De repente, os professores me lembraram que devíamos voltar à sala de aula, voltar de novo às atividades escolares, aos horários agendados, ao currículo. Então, aquilo que havia acontecido fora da sala teve que ser suspenso para se dar continuidade ao plano escolar. Ao voltar para sala de aula, junto com os

---

[173] Fragmento da entrevista a mim concedida para esta pesquisa por Martínez Montoya, em 27 de julho de 2011.

[174] Fragmento da entrevista a mim concedida para esta pesquisa por Olo Wintiyape, em 28 de julho de 2011.

professores, pedimos para as crianças maiores fazerem desenhos que nos indicassem: quando pensamos na escola, o que vemos? Entretanto, para as crianças menores, pedimos para desenharem a escola com que sonhamos. Todos formaram equipes e, com a nossa ajuda, começaram, em primeiro lugar, a discutir sobre as diversas relações a serem consideradas para desenhar o que esperavam mostrar para nós. Essas duas perguntas eram bastante complexas, tanto para elas quanto para nós. Uma das primeiras perguntas que fizeram para nós foi: *qual escola*? Opa! Ali, tudo parecia que estava começando a se complicar. Seria aquela *bendita escola* semelhante àquela que a cantora argentina Dora Maimó de Luchía Puig (LMD) se refere em sua música?

LMD[175] – Bendita escuela!

> Porque pusiste en mi *ignorancia*
> la luz de la *sabiduría*,
> y me enseñaste a ser mejor
> y amar el bien y la justicia;
> porque con mano generosa
> *sembraste en mi alma la semilla*
> *del patriotismo y del trabajo,*
> de la amistad y la alegría;
> *porque la senda del deber*
> *me señalaste un día;*
> porque a tu amparo bienhechos
> *se iluminó toda mi vida,*
> !*bendita* seas, escuelita!

CT – Ou estariam as crianças pensando na *casa del congreso*? Começamos – os professores e eu – a perceber que teríamos que procurar compreender um pouco mais em que jogos de linguagem as crianças mobilizavam, tanto a palavra 'escola', que foi usada nesse momento, quanto a palavra 'matemática', que foi usada pelas crianças momentos depois. Será que elas estavam se referindo à Mãe Terra como fonte principal do aprendizado? Estávamos no meio de uma encrenca, procurando como sair dela. Essa minha última pergunta está relacionada com a visão Guna de que a Terra Mãe é a fonte de sabedoria da sua cosmogonia. A respeito dessa pergunta, o *sagla* Faustino Arteaga (AF) se colocou do seguinte modo:

---

[175] LUCHIA PUIG, 1942.

AF[176] – É na Mãe Terra onde encontramos toda a sabedoria [...]. Ela, como a Mãe deu à luz à humanidade e, com ela, a Terra e suas camadas foram se formando, depois as plantas, as flores e os animais foram criados irmãos dos Gunadule; por isso, os Dule agradecem Baba/Nana, além de serem gratos por terem sido escolhidos para serem conhecedores dos eventos por virem, mediante o conhecimento do cosmos.

CT – Nas palavras de Aiban Wagua (WA),

WA[177] – No "início", tudo era obscuridade.

Não havia sol, não havia lua, não havia nascido as estrelas.

Então, *Bab Dummad* (Baba) dispôs-se a criar a Terra e *Nan Dummad* (Nana) dispôs-se criar a Terra e a chamaram "Mãe Terra"...

Com ela, também se criaram o sol, a lua e as estrelas.

A Mãe Terra foi criada como um grande disco formado por doze camadas.

Cada camada era habitada por seres particulares, que eram de natureza diferente.

Sobre a pele da Mãe Terra colocaram todos os irmãos e, além disso, entregaram a *Ibelele* a tarefa de vigiar e cuidar de cada um deles, incluindo os Dule que habitavam também essa pele.

Esses dois deuses Baba e Nana não existem um sem o outro; se não for assim, *não há a perfeição,* pois, na perfeição de *Nana,* encontra-se a perfeição de *Baba* e vice-versa.

Nana/Baba constitui o eixo central da história, da cosmogonia e da cosmovisão Dule. Assim, a Mãe Terra foi chamada pelos seguintes nomes: *Ologwadiryai, Olodillilisob, Ologwadule, Oloiitirdili, Napgwana, Nana Olobipirgunyay* [...].

CT – Na sala de aula, as crianças faziam uma pergunta atrás da outra e, em virtude de estarmos encrencados com a situação, fomos respondendo cada pergunta com uma nova. Por exemplo, será que isso que chamamos de 'escola' é um lugar especial? Acerca desta pergunta, Nasario Uribe (UN), com base em sua experiência como liderança política da comunidade, diz o seguinte:

---

[176] Segmentos de fala extraídos de entrevistas a mim concedida para esta pesquisa pelo botânico Felix Arteaga, em 28 de janeiro de 2014 e 2 de janeiro de 2014.

[177] WAGUA, 2000, p. 11

UN[178] – Carolina, aquí para nosotros, cuando escuchamos o usamos la palabra "escuela" o "hacer escuela", es para referirnos a esa casa de cemento de cuatro paredes que usted ve allá [señala con su mano]. Es una casa como las de los *waga*. No sé si ya te han dicho que en nuestra lengua no existe la palabra 'escuela', no hay una palabra que podamos traducir que signifique la misma cosa, porque en nuestra cultura la educación la pensamos desde las prácticas y la casa del congreso, por eso no hay palabra.

CT – Então, aquilo que os *Gunadulemala* de Alto Caimán têm significado como "fazer escola", me remete à escola republicana, liberal, propedêutica, seletiva, etapista, disciplinar, meritocrática... instituição que se coloca a serviço do capital, que se máscara com a bandeira da 'igualdade de oportunidades', mas que, embora não se descompacte na diferença, atribui-se o poder de diferenciar um ignorante de um sabedor. Percebemos que, nos jogos de linguagem produzidos pelas crianças maiores, a palavra "escola" era mobilizada com significados semelhantes aos da escola do estado, do modo como acabamos de caraterizá-la:

Figura 18 - Desenhos de crianças maiores (6 de julho de 2011)

Fonte: *arquivo* fotográfico da pesquisadora.

[178] Segmento de fala extraído das anotações do diário de campo da pesquisadora de entrevista a mim concedida para esta pesquisa por Nasario Uribe, em 27 de julho de 2011.

CT – Eu fui tomando nota no meu diário de campo n.1 (DC1) das falas que as crianças fizeram sobre os seus desenhos. Minhas anotações foram feitas em conformidade às traduções que os professores fizeram para mim em espanhol.

DC1 – "'Fazer escola' é lugar para *aprender matemática, ler e escrever espanhol* para não sermos enganados".

DC1 – "'Fazer escola' ensina *outra forma* de ver o mundo".

DC1– "A escola significa aprender o que *não é* dos Dule. Isto é 'fazer escola'".

DC1- *"'Escola' é um tempo* para fazer *disciplinas".*

DC1 - "A 'escola' não é para aprender as coisas da nossa tradição".

DC1 - "'Fazer escola' *não é o que fazemos quando aprendemos com nossos pais,* tios, irmãos maiores ou com os caciques na casa del congreso".

CT – Por outro lado, nos desenhos foram colocadas diversas necesidades que as crianças têm. Em primeiro lugar, constatamos que todos os desenhos tinham geladeira. Esse elemento chamou muito a nossa atenção. Quando perguntamos para as crianças por que todos os desenhos apresentavam geladeira, elas se mostraram preocupadas pela sua alimentação. Foi para nós uma surpresa que tivessem colocado esse elemento. No contexto contemporâneo da comunidade, esse fato está relacionado, em primeiro lugar, com a necessidade de se conservar alimentos e com a problemática do monocultivo de banana, causada pela chegada das multinacionais bananeiras à região do Urabá, o que deslocou a produção de outros alimentos tipicos da cultura alimentar dos *Gunadulemala* para a plantação e comércio exclusivos da banana. Em segundo lugar, nos desenhos das crianças, havia redes elétricas e painéis solares, ligados à necessidade de se pôr em funcionamento os computadores escolares. Durante o ano de 2011, a comunidade não contava com rede elétrica. Apenas em 2015, começou a ser instalada essa rede em algumas casas da comunidade, o que vem gerando uma polêmica interna acerca dos efeitos sobre a cultura Gunadule da inclusão de artefatos eletrônicos provenientes de outra *forma de vida*[179]. Por outro lado, Olo Wintiyape esclarece que

---

[179] Nesta pesquisa, não é nosso propósito entrar no mérito desta polêmica.

OW[180] – [...] as crianças traziam de suas próprias famílias a necessidade de se 'fazer escola' para aprenderem os conhecimentos ocidentais, pois seus pais atrubuíam valor a ditos conhecimentos para o desenvolvimento de suas atividades comerciais.

UN[181] – A respeito do desenho da geladeira, eu quero apontar que quando a secretaria da educação envia a merenda à escola da comunidade, ela contém uma quantidade excessiva de leite ou iogurte, que se não forem inmediatamente consumidos, no melhor dos casos, em dois dias, acabam se estragando e, no pior dos casos, tais alimentos já chegam impróprios para o consumo. Na secretaria, embora isso não seja um segredo para ninguém, desconsideram o fato de que, na comunidade, não há geladeiras.

CT – Algumas das falas das crianças a esse respeito foram:

DC1 – "É que aqui faz calor o dia todo, poderíamos guardar líquidos para ficarem frios".

DC1 – "Brincamos e estudamos já com calor demais, gostariamos tomar refrigerante gelado".

DC1 – "Gostaríamos de beber leite na refeição, para que se conserve deve estar no frio, aqui é tão quente que o leite estraga quase na hora".

DC1 – "Poderiamos fazer picolés de nosso jeito e guardar para comer e oferecer aos visitantes da escola".

CT – Voltamos agora o nosso olhar para os desenhos feitos pelas crianças menores[182] acerca da pergunta: *com qual escola sonhamos?*

---

[180] Segmento de fala extraído de entrevista a mim concedida para esta pesquisa por Olo Wintiyape, em 6 julho de 2011, trabalho reflexivo sobre os acontecimentos da sala de aula com as crianças.

[181] Segmento de fala extraído de entrevista a mim concedida para esta pesquisa por Nasario Uribe. Anotações do diário de campo da pesquisadora em 8 de julho de 2014.

[182] Ver figura 19

Figura 19 - Desenhos das crianças menores (6 de julho de 2011).

Fonte: *arquivo* fotográfico da pesquisadora.

CT – Nas encenações desses jogos de linguagem gráfico-visuais pelas crianças, percebemos o desejo de uma escola integrada com a comunidade e, portanto, uma educação aberta aos diferentes campos de atividade da comunidade, uma educação que prepara para a vida. Algumas das falas das crianças são:

DC1 – "Sonho um espaço de educação em que consigamos problematizar a guerra, por aqui passam helicópteros".

DC1 – "Aprender sobre os animais e porque eles são nossos irmãos".

DC1 – "Discutir e questionar nossa relação com os *waga*".

DC1 – "Educação é aprender sobre a vida de nossa cultura".

UMA TERAPIA DO DESEJO DE ESCOLARIZAÇÃO MODERNA:
VENÍ, VAMOS HAMACAR EL MUNDO, HASTA QUE TE ASUSTES

DC1 – "Problematizar porque é importante aprender as coisas do *waga*".

CT – Com base em minha participação como professora colaboradora em Alto Caimán, desde a minha primeira inserção em campo durante o mestrado, percebemos que, tanto dentro da sala de aula quanto fora dela, estão sendo colocados em jogo diversos usos da palavra 'escola" e da palavra 'matemática'. Naquele momento, eu não tinha como preocupação investigar esses usos, mas, tempos depois, uma preocupação especificamente direcionada aos usos dessas palavras em jogos de linguagem da comunidade Gunadule de Alto Caimán nos levou a formular a projeto colaborativo que estou aqui relatando. Nela, partimos da constatação de que os efeitos de sentido de se 'fazer escola', bem como de se 'aprender matemática' nesse 'fazer escola', constituem um problema tanto para a comunidade *Gunadule* quanto para os Estados nacionais que a instalaram após terem sido submetidos a processos de colonização. Nesse sentido, na perspectiva de uma atitude terapêutico-desconstrucionista, mostra-se importante que o problema da escola republicana seja visto e discutido levando em conta os diferentes efeitos de sentido que esse debate apresenta nessas duas "formas de vida". Tendo em vista o fato de que, em nossa concepção, uma atitude *terapêutico--desconstrucionista* se movimenta com o propósito de descolonizar o olhar, o que aqui pretendemos problematizar, por extensão, são os efeitos de sentido gerados pela tensão entre as *práticas culturais indisciplinares* realizadas na comunidade e as práticas disciplinares introduzidas pela escola republicana sobre as possibilidades de promoção de uma *educação indisciplinar* que se oriente na perspectiva da *decolonialidade*.

PA[183] – No se trata de negar todo lo que Occidente ha construido, y creer que dentro de este no se han dado expresiones de espiritualidad, que también quieren apuntalar la vida, sino de entrar en un diálogo fecundo y en una mutua fecundación (Panikkar, 1993, p. 316) entre lo mejor y más espiritual de Occidente, con las sabidurías y tradiciones espirituales de otras partes del mundo, puesto que, ninguna, sociedad, cultura, religión o espiritualidad está en capacidad de dar respuesta por sí sola a la grave crisis civilizatoria que enfrenta la humanidad, y que está llegando a su límite; por ello, si queremos continuar tejiendo la sagrada trama de la vida, se torna necesario juntar múltiples manos y corazones, y tejer otra urdimbre de la existencia,

---

[183] ARIAS, 2011, p. 28.

con hilos de colores diferentes, en los que se refleje la luz de la diversidad y la diferencia, que habita en el espíritu de la propia vida; es impostergable empezar a construir, un diálogo intercultural de espiritualidades que comprenda que para salvar la vida nos necesitamos los unos a los otros; pues la interrogante que ahora importa es ¿qué mundo vamos a dejarles a nuestras hijas e hijos, y a las niñas y niños que aún no nacen?

CT – Uma bela provocação a que você nós faz. O problema da escola republicana moderna apresenta um amplo debate tanto para vocês, aqui na Comunidade Gunadule de Alto Caimán, quanto para os estados nacionais que a instalaram após terem sido submetidos a processos de colonização. Nós, os *waga*, assim como vocês, ao participarmos da escola, também somos submetidos aos discursos que atingem padrões normativos da atualidade que, tomando as disciplinas como eixo transversal da formação para o trabalho, articula o que pensamos e como o pensamos com aquilo que fazemos e como o fazemos. A insatisfação com a instituição chamada 'escola' manifesta-se no seguinte quadrinho:

Figura 20 - Quadrinho de Mafalda e uma crítica à escola.

Fonte: blogspot[184].

---
[184] Disponível em: http://interpretacao2ano.blogspot.com/2010/02/interpretacao.html Acesso em 20 Fev. 2014

IB – Carolina, acho que seria importante que você falasse um pouco sobre a viabilização deste seu livro no mundo acadêmico.

CT – Você está pegando no meu pé, mas valeu pela sua atitude de querer contribuir para fazer aflorar os rastros dos *rastros* de todo este trabalho... Houve encontros com três investigadores colombianos da Universidade de Antioquía[82] que já conheciam a comunidade indígena e que trabalham atualmente na Licenciatura em Pedagogia da Mãe Terra. O propósito daqueles encontros foi mover-nos *"entre"* os rastros que já vinham sendo produzidos por acadêmicos indígenas e não indígenas, a fim de discutirmos as tensões relativas ao problema da escola[83].

IB – Que interessante essa sua rememoração! Vejo que entre tecer, cozinhar, comer, dançar e beber *chicha*[84] nas festas, entre conversas e silêncios, você estava aprendendo algo essencial com a gente: *a importância de se dar mais valor às coisas que falamos com o corpo todo*.

CT – Nesse movimento de reivindicações e problemas compartilhados, percebemos que o problema da escolarização deveria ser visto e discutido com base nos diferentes efeitos de sentido que esse debate apresenta nessas duas *formas de vida*, o que está diretamente relacionado com o debate que estamos fazendo e as trilhas que estamos percorrendo. Estamos procurando possibilidades outras, desde os lugares que cada um de nós ocupa. No fundo, estamos diante da descompactação de tal desejo moderno de escolarização[85] para promover uma *educação indisciplinar descolonial*. Nas palavras de Miguel Rochas Vivas (VRM), todos

VRM[185] – "[...] estamos em frente ao passado, de costas ao futuro. O que temos à vista é o que já aconteceu. A linguagem é o conjunto do quanto temos acumulado. Porém, o verdadeiramente poderoso e significativo *não está na palavra formal*, regulamentada e organizada, mas sim *na palavra viva*, na sua capacidade de revelar e de comover".

IB – Então, o problema não é, a rigor, um problema "seu", *nem* um problema constituído no mundo acadêmico, *nem* unicamente posto por e para a nossa própria *forma de vida*.

---

[185] ROCHA VIVAS, 2012, p. 14

CT – Sim, você tem razão! É esse o movimento do *como se*. O desejo de escolarização moderna remete-nos a um passado e a um pressente que não são literalmente, passado e presente temporalmente delimitados. Também as narrativas nos remeteram a semelhanças de família entre os jogos de linguagem encenados na comunidade indígena de Alto Caimán e aqueles encenados no sistema de escolarização do próprio cotidiano de Alto Caimán. Homi Bhabha descreve como, nesse movimento, aparece um *terceiro espaço*[86] de enunciações, o qual constitui a condição prévia da articulação da diferença cultural, que tenho optado por problematizar usando a palavra 'hibridação', toda vez que percebo, no *terceiro espaço* de Homi Bhabha, a criação de um lugar que não é mais *nem* o primeiro, *nem* o segundo, e na lógica do não lugar, dita perspectiva perde sentido.

IB – Você chegou a constatar esses hibridismos nos processos dinâmicos de interação permanente que os *Gunadulemala* certamente estabelecem com outras formas de vida? Quais têm sido os efeitos desses hibridismos sobre os processos de identificação cultural no interior da comunidade?

CT – Sim! Isso parece ocorrer inevitavelmente em todas as situações de interação. Penso que nenhuma *forma de vida* é internamente unitária e sem conflitos, e as situações de interação não transcorrem de forma dualista. Os jogos de linguagem que nela se encenam são sempre atravessados pela diferença.

WO[186] – Desde mi lugar como profesor yo siempre le propongo a la comunidad relacionar las prácticas de 'hacer escuela' con las prácticas nuestras, eso significa establecer una relación con la Casa del Congreso. Con esto, siempre tenemos tensiones, pues es un espacio que no pertenece a la comunidad y allí miramos más que todo, la teoría. Yo creo que la educación viene de las prácticas culturales que tenemos hoy, que de muchas formas están permeadas por los conocimientos que hemos ido apropiando desde la escuela. Yo pienso que es en el movimiento de ambos saberes [*refiriéndose a las prácticas culturales Gunadule y las prácticas escolarizadas de la escuela del estado, o sea a los juegos híbridos de lenguaje*], entre ellos se establecen puentes, eso significa que como profesor siempre estoy haciendo una educación que perpassa diferentes culturas.

---

[186] Fragmento de entrevista a mim concedida por Olo Wintiyape, para esta pesquisa, em 26 de janeiro de 2014.

CT – Esse comentário parece sugerir que as *semelhanças de família*[187] entre jogos de linguagem das formas de vida atuam de modo silencioso e quase imperceptível. Assim, investigar tais semelhanças poderia abrir outros horizontes nesse debate acerca da escola, o que significa, por extensão, investigar tendo presente o movimento da hibridação. Penso que tais investigações poderiam vir a esclarecer como diferentes culturas ou formas de vida se entrecruzam e se hibridizam nem sempre de modo organizado ou planejado, mas, sobretudo, de forma aleatória. Não se trata de dizer, a meu ver, que tais processos de hibridação ocorreriam mediante a identificação de elementos comuns ou invariantes entre esses jogos[87], nas palavras de Mauro Lúcio Leitão de Condé (CM),

CM[188] – "Quando se diz que alguma coisa possui semelhança com outra, não se está de forma alguma postulando a identidade entre ambas, mas apenas a identidade entre alguns aspectos de ambas que se transformam e se deformam constantemente".

CT – Partindo da vivência própria de *ouvir*, de *observar* e de ficar em *silêncio*, bem como dos usos das *palavras maiores e das palavras viventes*, adentramo--nos em outros mundos, que *nem* a colonização brutal europeia, *nem* a *colonialidade* efeito do capitalismo que na atualidade se impõe, têm conseguido silenciar e apagar esses corações. A pintura *Aún no há dejado de palpitar*, de Carlos Jacanamijoy, remete-me ao pulsar de corações. Segundo ele próprio, a pintura foi desenhada como um tributo a todos os indígenas que, mesmo depois do trauma da conquista, sua criatividade e conhecimentos continuam vivos e com eles sua *forma de vida*. Aqui uma foto dessa pintura:

---

[187] No sentido apresentado por Wittgenstein (1999, § 67, 77, p. 108).

[188] CONDÉ, 2004, p. 50.

Figura 21 - *Aún no há dejado de palpitar.*

Fonte: Carlos Jacanamijoy (1992).

CT – A respeito dessa pintura, Álvaro Medina (MA) se coloca sobre os efeitos de sentido que Jacanamijoy pretendia colocar:

MA[189] – Este es el primer cuadro importante que pinta Jacanamijoy. La imagen implica que, a pesar del trauma de la Conquista, la creatividad del indígena sigue presente. El alargado óvalo dibujado en azul que cubre casi todo el lienzo representa la esquemática silueta de un sebucán (llamado tipiti y baturax en otras regiones), tubo tejido que se rellena de *yuca*[190] amarga molida y se *hala*[191] por las cuerdas de los extremos para exprimir y expulsar el líquido venenoso que contiene la masa, paso previo a la preparación del alimento. El sebucán es ampliamente usado por la población blanca de la selva amazónica y de los llanos de Colombia y Venezuela, rebasando las fronteras étnicas. Con una obra de afirmación y celebración, no de crítica histórica y lamento, el pintor le trazó un sendero a la afirmación que emprendía de la cultura ancestral de su pueblo, sin tener que recurrir a elementos iconográficos precolombinos ni a la anécdota folclórica sobre o pintor.

IB – Assim, a pintura é produzida com base no deslocamento dos efeitos de sentido de um jogo de linguagem para outro, efeitos de sentido que durante sete anos temos estudado, tendo como foco diversos olhares sobre o problema da escolarização vista como uma *imposição do Mesmo no Outro* em Alto Caimán. A escola como instituição que, atualmente, tem-se mostrado ineficiente tanto para os povos indígenas do mundo quanto para os estados nacionais que foram submetidos a processos de colonização.

CT – Manifesta-se, para mim, uma ineficiência associada à desvinculação das crianças e jovens da vida, para produzir neles determinados modos de *sentipensar* nesta pele da Mãe Terra, determinados tipos de interações sociais, seja para o bem, seja para o mal. A *disciplina* é um dos fundamentos dessa dominação dos corpos. Assim, problematizar os processos ou práticas de disciplinamento e controle acionadas à *escola moderna* está levando-nos a esclarecer o funcionamento desta instituição na qual, direta ou indiretamente, estamos aprisionados. A escola adjetivada como 'moderna', aqui, não está diretamente relacionada a uma época, mas a uma atitude[88]. Devemos desmitificar a escola como um problema das minorias étnicas por serem elas consideradas como diferentes. Por acaso, não somos todos diferentes uns dos outros? Diferentes nas formas de agir em determinados contextos? A forma de se pensar disciplinarmente a escola tem produzido efeitos tais como eliminar

---

[189] MEDINA, 2013, p. 2.

[190] Em português, significa "mandioca".

[191] Em português, corresponde a "esticar".

aqueles aspectos considerados 'falsos' pela ciência moderna e, assim, eliminar aqueles que não pertenciam à *forma de vida,* aqueles que não seguiam as regras nelas praticadas, ancoradas nas crenças e rituais. Essa tentativa fracassou, pois, diversas formas de vida ao redor do mundo começaram a desenvolver seus próprios estudos sobre a cultura. Nelas, os resultados têm aprofundado a crise de um *sistema de referência de verdades* que, parece-me, não conseguiu calar vozes insubordinadas, que têm mostrado que o planeta é um lugar de contrastes, de *hibridação,* local de tempos misturados, onde devemos passar de uma temporalidade a outra, já que, em si mesma, uma temporalidade nada tem de temporal. E se mudarmos o princípio de classificação, obteremos uma outra temporalidade a partir dos mesmos acontecimentos.

GG[89] – Com licença, eu gostaria de acrescentar que essa descompactação da escola herdada da modernidade não é uma coisa fácil de fazer, mas também, não é algo impossível. Ao conhecer como ela funciona e quais são as regras que organizam as suas práticas e atividades, poderemos procurar alternativas que nos permitam assumir concretamente novos caminhos. Para isso, precisamos entender as formas de escolarização que estão sendo disseminadas em nível mundial ancoradas ao modelo econômico. Por outro lado, uma mudança de olhar implica que teremos que discutir e estudar as políticas públicas com um olhar terapêutico, questionando as dicotomias que afirmam que a aprendizagem se dá focalizada em uma cognição ou se dá fora dos contextos das práticas. No meu livro *O pensamento antropológico de Wittgenstein,* explicito que essa forma de se colocar em dicotomia mente e corpo, bem como forma e conteúdo, tem gerado efeitos quando pensamos na aprendizagem e no ensino. No entanto, na perspectiva de Wittgenstein, podemos questionar isso, pois tal separação gera efeitos negativos não apenas para os estudos filosóficos.

CT – Professor, você me fez lembrar sobre o exemplo que você coloca no seu livro sobre aprender a nadar, no qual é possível ver que a forma como a escola que temos hoje tem pensado o ensino, está focada no dualismo forma/conteúdo, organizado não só com base disciplinar, mas indubitavelmente focalizado na escritura *como se* ela, por si mesma, tivesse o poder de fazer com que a gente fora da escola conseguisse agir do modo como ela descreve...

GG[192] – É isso aí! Vamos retomar aquele exemplo: uma criança que aprende a nadar não pode conceber em pensamentos como é nadar quando ela nada. Explicações e instruções de comportamento por parte dos adultos são, em

---

[192] GEBAUER, 2013, p. 74-75.

geral, inúteis; elas tornam o processo de aprendizagem ainda mais difícil. Porém, um professor pode mostrar a técnica à criança, que se orienta pelo comportamento corporal do modelo e tenta imitar seus movimentos. Na água, contudo, a criança sente que os movimentos são diferentes do que na terra. Um bom professor fica na piscina ao lado do aluno, pega suas mãos e as conduz com movimentos firmes pela água. O aluno sente a condução dos braços e a posição das mãos; ele sente como pode ajustar seus movimentos à flutuabilidade até, finalmente, dominar o uso do seu corpo na água. Na situação comum com o professor houve participação de sentidos diferentes do sentido da visão. Assim, o aluno sente em sua pele e com os músculos a flutuabilidade e os efeitos dos movimentos da natação. Aprender a nadar começa, na primeira fase, com a imitação de outras pessoas; o modelo de conduta é apropriado pelo aluno com seus movimentos e incorporado por ele com o apoio do professor. Na situação de aprendizagem, a criança efetua uma concordância motora com o professor. Para o processo de aprendizagem, é essencial que ele próprio possa executar o passo decisivo do aprendizado – a compreensão de como funciona a técnica. [...] Um exemplo impressionante desse tipo de imitação é o processo em que surgem as primeiras técnicas de comunicação entre mãe e filho, quando a criança responde ao sorriso da mãe com sua própria forma mímica, que, por sua vez, é imitada pela mãe. Quando a criança finalmente aprendeu algumas técnicas, ela está em condição de adquirir modelos básicos de jogos de linguagem. Wittgenstein descreve esse processo como um tipo de encenação pública, similar ao aprendizado de um jogo de bola. Com esse exemplo, procura-se pôr em dúvida a crença de que aprendemos naturalmente. Pela descrição das atividades, o que, no fundo, é o que a escola faz. Entretanto, só aprendemos participando diretamente dos jogos de linguagem, jogando, como nos diria Wittgenstein.

CT – Concordo com esta sua percepção, mas acredito que poderia ser ampliada do modo como o faz o professor Antonio Miguel (AM).

MA[193]– O foco não é mais um 'eu incorpóreo', mas o próprio corpo humano participando diretamente de jogos de linguagem, isto é, aprendendo a jogar jogando, encenando práticas.

CT – As escolas atuais – enquanto instituições propedêuticas, etapistas, meritocráticas, classificadoras e excludentes – parecem funcionar como as prisões, os hospitais, os quartéis, os asilos, as fábricas, implantando a lógica

---

[193] MIGUEL, 2016, p. 342.

disciplinar, como uma 'única' forma de *racionalidade*. Além disso, a gente deve considerar que a maior parte da educação do século XIX, na Colômbia, foi afetada pelo conflito contínuo entre os partidos políticos e sua relação com a igreja católica. Neste sentido, Miguel Urrutia diz que,

MU[194] – "Isso fez com que cada vez que a presidência da República mudasse de mão, a organização educacional anterior fosse revista e totalmente modificada".

CT – Outro dado importante nessa constituição da primeira escola construída em Alto Caimán é que, na década de 1970, o Ministério de Educação Nacional (MEN) colocou em andamento o plano educativo para a educação rural, o projeto *Escola nova*[90]. Dito modelo, ainda hoje está em funcionamento, sob o nome de educação flexível. Por outro lado, a lei geral de educação 115 de 1994 que, atualmente, regulamenta a educação em nível nacional, ao mesmo tempo em que, com base no articulo 56[91], afirma que os currículos devem estar em conformidade com os princípios e valores das culturas indígenas, estabelece conflito ao colocar um componente curricular e pedagógico articulado às disciplinas *obrigatórias e fundamentais*[92]. A meu ver, coloca-se em movimento a possibilidade de funcionamento de duas formas de educação. Entretanto, se as disciplinas obrigatórias constituem 80% do currículo, poderíamos dizer que a cultura de vocês é 80% menos importante do que a cultura do estrangeiro *waga*. A esse respeito, o MEN se coloca da seguinte forma:

MEN[195] – El Componente Curricular y Pedagógico está centrado en fortalecer las metodologías; facilita la articulación de las *áreas obligatorias y fundamentales*; consolida una política de educación activa, flexible y participativa e integra las guías de aprendizaje; las diferentes actividades de clase pueden desarrollarse tanto dentro como fuera del aula, buscando relacionar la teoría con la práctica, lo que permite estimular la participación de agentes educativos de la comunidad y la selección del proyecto que más se ajuste a las características propias del contexto local.

---

[194] URRUTIA, 1976, p. 14.

[195] MEN (2011b, parr. 7).

UMA TERAPIA DO DESEJO DE ESCOLARIZAÇÃO MODERNA:
VENÍ, VAMOS HAMACAR EL MUNDO, HASTA QUE TE ASUSTES

Figura 22 - *Arquivo* virtual do Ministério de Educação Nacional da Colômbia.

GUÍAS DEL ESTUDIANTES					
Área	Grado 1	Grado 2	Grado 3	Grado 4	Grado 5
Matemáticas	Grado01_01 Grado01_02	Grado02_01 Grado02_02	MT_Grado03_01 MT_Grado03_02	MT_Grado04_01 MT_Grado04_02	MT_Grado05_01 MT_Grado05_02 MT_Grado05_03
Lenguaje	LG_Fichas	Grado02_01 Grado02_02 Grado02_03	LG_Grado03_01 LG_Grado03_02 LG_Grado03_03	LG_Grado04_01 LG_Grado04_02 LG_Grado04_03	LG_Grado05_01 LG_Grado05_02 LG_Grado05_03
Ciencias sociales	CS_Fichas	Grado2_01 Grado2_02	CS_Grado3_01 CS_Grado3_02	CS_Grado4_01 CS_Grado4_02	CS_Grado5_01 CS_Grado5_02
Ciencias naturales	CN_Fichas	Grado02_01 Grado02_02 Grado02_03	CN_Grado03_01 CN_Grado03_02 CN_Grado03_03	CN_Grado04_01 CN_Grado04_02 CN_Grado04_03	CN_Grado05_01 CN_Grado05_02 CN_Grado05_03
Bitácora	Bitácora				

GUÍAS DEL DOCENTE
Manual de implementación_Transición y 1 grado
Orientaciones pedagógicas de 2 a 5 grado Tomo I Orientaciones pedagógicas de 2 a 5 grado Tomo II

Fonte: arquivo recuperado de das guias do *Escuela Nueva* do MEC (Colômbia)[196]

MM[197] – Este quadro do Ministério de Educação que você nos mostra é só o material virtual. Na verdade, temos todos os livros aqui, nas duas sedes da escola. Todo ano chegam mais e mais livros como esses que a secretaria de educação de Turbo nos envia. Vou ser sincero! Pouco usamos esse material, ele é pouco apropriado para nós. Não nos vemos representados nele. As situações escritas que aparecem lá pouco têm a ver com a nossa comunidade. A gente percebe o tempo todo no nosso fazer como professores que temos duas formas de educação que são colocadas em oposição. E diante dessas

---

[196] Disponível em: http://www.colombiaaprende.edu.co/html/mediateca/1607/article-85815.html. Acesso em: 02 jun. 2014.

[197] Segmento de fala extraído de entrevista a mim concedida para esta pesquisa por Martínez Montoya, em 27 de setembro de 2011, trabalho reflexivo sobre os acontecimentos da sala de aula com as crianças.

diferenças temos desenvolvido mecanismos de resistência. Por exemplo, a primeira sede do que o governo chama *'escola'* foi feita com materiais que não são próprios da nossa tradição, e nós nos sentimos presos nesse tipo de escola. Vimos que necessitávamos de outro espaço para seguir repensando a educação de nossas crianças. A principal motivação foi a de que há crianças que tinham que caminhar até duas horas para chegar até a "escola", o que era perigoso, já que, quando chove, o rio cresce e elas poderiam se afogar, além do que a "escola" era longe demais. Então, eu e Olo Wintiyape fomos casa por casa para procurar crianças que os pais queriam matricular. Fizemos uma lista com os nomes. E um pai de família ofereceu um pedaço de terra onde construímos todos juntos, de nosso jeito, um espaço para educar. Esse lugar, *como espaço físico*, agora tem coerência com a nossa forma de pensar, mas ainda está em contradição, pois quem paga o professor e ajudou na sua construção foi a arquidiocese católica de Turbo. Então, mesmo tentando dar prioridade ao ensino das nossas práticas e manter uma relação dialógica com a *Onmaggednega, ainda estamos presos ao sistema*.

Figura 23 - Sede no. 1 do Centro Educativo Rural Alto Caimán

Fonte: *arquivo* fotográfico da pesquisadora.

Figura 24 - Sede n. 2 do Centro Educativo Rural Alto Caimán.

Fonte: *arquivo* fotográfico da pesquisadora.

CT – As cartilhas ou guias de aprendizagem que o MEN distribui nas escolas rurais a nível nacional (camponeses, afro-colombianos e indígenas), incluindo as duas escolas do Alto Caimán, contêm uma ampla variedade de problemas colocados em contexto rural e urbano. Porém, ditas cartilhas não consideram que os contextos e as línguas nacionais variam de um lugar para outro. Nesse 'ainda estamos presos', vemos um 'estamos presos' a um tipo de escola republicana focada no regime disciplinar e na aprendizagem baseada numa concepção estática de conhecimento visto como um domínio conceitual estruturado e sistematizado, sendo a prática cultural da escrita o único modo legítimo de se mobilizar conhecimentos. O 'estar preso' também se relaciona a crenças estranhas vindas de outras formas de vida que lhes são impostas. Nas palavras de Alberto Martínez Boom (MB):

MB[198] – "Trazos efímeros, lejanos en el tiempo, inquietantes y borrosos en sus formas "iniciales", al ser fijados por la escritura testimonian *las huellas del pasado* y las heridas de todo aquello que nos constituye... El silencio de aquellos planes que muestran las líneas iniciales de aparición de la escuela

---
[198] MARTÍNEZ BOOM, 2010, p. 19.

pública prefigura un murmullo específico de una institución que se gestó como práctica y cuya genealogía no se remite al confín de los tiempos, antes, por el contrario, nos habla de su reciente aparición".

CT – Esses traços efêmeros e soltos foram destacados por muitas pesquisas historiográficas na Colômbia relativas à 'escola' pública, em uma única relação dos processos educativos com os processos econômicos e políticos do país – tais como a chamada "educação colonial", traços estes que têm produzido noções vagas das realidades educativas e que tem apagado a complexidade das realidades das minorias submetidas à *colonialidade*. Trouxe alguns fragmentos dos textos escolares justamente como uma pequena amostra do que o professor Martínez Montoya já manifestou a respeito do fato de tais guias escolares não estarem em sintonia com os educativos da comunidade Guna:

Figura 25 - Exemplo de problema da cartilha da primeira série.

Fonte: arquivo recuperado de das guias do Escuela Nueva do MEC (Colômbia)[199]

---

[199] Disponível em: http://www.colombiaaprende.edu.co/html/mediateca/1607/article-85815.html. Acesso em: 02 jun. 2014.

Figura 26 - Exemplo de problemas da cartilha da quinta série

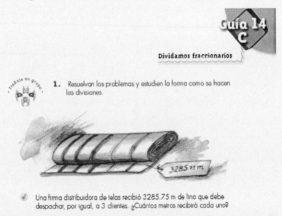

Fonte: arquivo recuperado de das guias do Escuela Nueva do MEC (Colômbia)[200]

Figura 27 - Exemplo de atividade da cartilha de quinta série

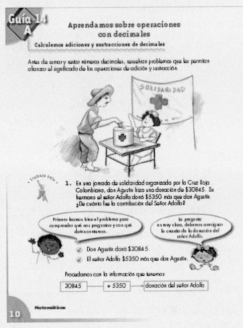

Fonte: arquivo recuperado de das guias do Escuela Nueva do MEC (Colômbia)[201]

---

[200] Disponível em: http://www.colombiaaprende.edu.co/html/mediateca/1607/article-85815.html. Acesso em: 02 jun. 2014.

[201] Disponível em: http://www.colombiaaprende.edu.co/html/mediateca/1607/article-85815.html. Acesso em: 02 jun. 2014.

MM – Por exemplo, na primeira foto que você mostra, a gente pode ver que há, no problema, valores monetários que não existem, tal como $ 90 pesos. Em todos esses exemplos, no fundo, continua-se perseguindo um conteúdo 'matemático' desconectado de práticas culturais com as quais se envolve a comunidade em seus contatos com os *waga*.

CT – Colocam-se, diante de nós, rastros de uma escola disciplinarmente organizada, na qual os conteúdos, disciplinarmente *enformados*, estão não só dissociados dos contextos de práticas efetivas, mas também fora dos contextos de atividade de outras formas de vida. Você precisa saber que esse fenômeno dos livros escolares estarem desvinculados das práticas sociais é visível em todos os locais onde a escolarização está se desenvolvendo como um projeto político-epistêmico.

UN[202] – Siempre estamos frente a dos formas de pensar diferentes. Una cosa es la escuela y otra pensar la educación. El gobierno nacional no ha podido entender que la educación Guna es *ambulante*[203] que está en todo lugar, eso es, una *educación propia* que no desconoce la interacción con otras culturas, ya que *en la práctica uno se apropiara de lo nuestro y de lo que necesita para relacionarse con los waga*. Una Educación propia significa una educación pensada desde nosotros y no *(im)puesta* por occidente. ¿Qué es lo que ve uno hoy? Mientras un joven va "hacer escuela" aquí o en una vereda se contagia, como si fuera una enfermedad, y cambia totalmente. Eso no solo pasa con el pueblo Dule...Yo si quisiera ver, que un joven del pueblo Dule cuando termine una carrera de "universidad", también se sintiera con la identidad, apropiado con lo suyo... Porque uno hoy ve compañeros que estudiaron en esa tal "universidad" y les da vergüenza saludar en lengua Dule en un pueblo o en un lugar público. El problema es que no hemos estudiado que nosotros también tenemos nuestra propia educación superior, y por eso algunos jóvenes se van.

CT – Nestas palavras – as de Nasario – se coloca um outro elemento: o fato de compreender que o modelo de educação herdado da racionalidade moderna chega à comunidade com a imposição da escola.

---

[202] Segmento de fala extraído de entrevista a mim concedida para esta pesquisa por Nasario Uribe, em 29 de setembro de 2011. Os itálicos são da pesquisadora que está encenando este texto.

[203] Com a palavra "ambulante", Nasario deseja significar uma educação que não se limita a um único espaço, que está para além dos muros.

UMA TERAPIA DO DESEJO DE ESCOLARIZAÇÃO MODERNA:
VENÍ, VAMOS HAMACAR EL MUNDO, HASTA QUE TE ASUSTES

AF[204] – Este fato incluí pensar, adicionalmente, que, cuando usamos la palabra "escuela", pensamos en matemáticas, leer y escribir español. Para nosotros, *es eso lo que se hace en la escuela,* eso es "hacer escuela[205]". Aprender las árcas, o disciplinas. Ese lugar lo vemos como una forma de aprender a defendernos con las palabras que los *waga* usan, para que no nos roben más, para que no nos engañen.

CT – Na fala do *sagla,* os efeitos de significação da palavra escola estão associados ao regime disciplinar, bem como a uma ferramenta política de defesa. As palavras do *sagla* "*é o que se faz na escola*" remetem-me ao poder aculturador que essa instituição tem. Por outro lado, vejo como o uso das expressões pode variar de um jogo de linguagem para outro. A esse respeito, Mauro Lúcio Leitão Condé (CML) esclarece-nos como os efeitos de significação associados às palavras e às expressões podem variar conforme os jogos de linguagem nos quais são praticadas:

CML[206] – Assim, cabe ressaltar que os jogos de linguagem modificam seus significados dependendo do "uso", que não é mais simplesmente o uso de palavras na proposição, mas está inserido em um contexto muito mais amplo. A significação de uma palavra é dada com base no uso que dela fazemos em diferentes situações e contextos.

CT – Como aponta Wittgenstein:

LW[207] – "[...] a noção de jogo de linguagem envolve não apenas expressões, mas também as atividades com as quais essas expressões estão interligadas".

UN[208] – Por ejemplo, vivimos en mundo con una economía acelerada y sin control, que nos dificulta que pronto tengamos la educación que queremos sin tener dificultades con el estado. A pesar de que los profesores hacen transgresiones al problematizar nuestras prácticas en la escuela, son cambios muy pequeños comparados con las formas de control del estado. Con estos

---

[204] Segmento de fala extraído de entrevista aos professores de Alto Caimán, concedida para esta pesquisa pelo sagla Faustino Vicente Arteaga, no 20 abril de 2011. As anotações entre chaves são minhas.

[205] Em português: *Fazer escola.*

[206] CONDÉ, 2004, p. 52-53.

[207] WITTGENSTEIN, 2009, § 7.

[208] Segmento de fala extraído de entrevista a mim concedida para esta pesquisa por Nasario Uribe, em 14 de setembro de 2015.

pequeños cambios pretendemos una educación que no sea la de la 'escuela'. Estoy convencido de que hay que luchar, es una lucha, un proceso largo y de sufrimiento, y hay que concientizar muy bien a la comunidad porque entre nosotros mismos no hay aun acuerdos... porque confundimos hacer 'escuela' con la educación... y son términos que tenemos explicar para que sean más adecuados y que la gente entienda. Pues como ya le dije en diversos momentos, nuestra educación es ambulante, se hace en el campo, practicando con el cuerpo, haciendo las prácticas de nuestra cultura, cultivando o en el monte, pero también se hace en la hamaca, o en la casa del congreso, y eso no lo entiende estado.

CT – Sua fala remeteu-me à poesia de Hugo Jamioy (JH), que me faz refletir sobre a imposição de uma única maneira de se pensar a educação, a imposição da escolarização como uma forma de dominação e controle de massas.

JH[209] –

> *No es que esté obligando*
> *A mi hijo*
> *A trabajos forzados*
> *en la tierra;*
> *solamente*
> *le estoy enseñando*
> *a consentir a su madre*
> **desde pequeño.**

CT – Estes e outros rastros nos vão levando por diversos jogos de linguagem. Observamos que a imposição de currículos escolares sobre o regime disciplinar, que é feita em concordância com às políticas públicas, está intimamente relacionada com a *colonialidade* do saber como forma de controle, o que descarta a existência e viabilidade de outras *racionalidades epistêmicas*[93] e outros conhecimentos que não são os dos homens brancos europeus ou europeizados. Significações em jogo que, de forma constante, foram e estão reiterando, para mim, que a 'escola' ou *'fazer escola'* é uns dos problemas que compartilham todos os estados nacionais, especificamente porque compartilham a *geopolítica do conhecimento* que, mediante as instituições de

---

[209] JAMIOY, 2010, p. 121.

formação, mantêm o pensamento eurocêntrico como o mais hegemônico, exaltando a produção cientificista como intelectual e 'universal', relegando o pensamento do sul como "localizado". Estas ideias, ao nosso modo de ver, são colocadas hoje sobre a necessidade de outros espaços, outras vozes, outros tempos. Outro elemento para considerarmos nesta nossa conversa é que, entre 1900 e 1960, a educação dos povos indígenas foi realizada sob a supervisão da igreja católica ou em escolas oficiais onde o currículo orientado pelas normativas nacionais deslegimitimava os conhecimentos dos indígenas que, na maioria dos casos, foram impedidos de falar nas suas próprias línguas. Essa situação vai começar a ser problematizada de forma paralela às reformas e contrarreformas que já mencionei aqui, as quais se mostraram ineficazes na prática. Só a partir da década de 1970, quando começam a ser criadas as primeiras organizações indígenas na Colômbia, dentre elas a *Organización Nacional Indígena de Colômbia* – ONIC –, em 1971, é que os próprios indígenas mais organizados começam a reivindicar seus direitos relativos à educação, à participação política, à propriedade territorial. Como esclarecem Alex Rojas e Elizabeth Castillo (RACE),

RACE[210] – [...] las preocupaciones de la época se reflejan en esta cita, referida a lo que ocurría en la región de Tierradentro en el departamento del Cauca: Existe una verdadera represión educativa y cultural contra los indígenas. Los 'institutos educativos para indígenas' están casi totalmente al servicio de los blancos y mestizos, muchos de los cuales no son siquiera de la zona de Tierradentro. No se enseña la lengua materna de la gran mayoría de la población, que es *páez*[211], y los llamados profesores bilingües son unos meros traductores sin ninguna iniciativa, al servicio de los agentes de Monseñor Vallejo. Vale la pena anotar que el Consejo Regional Indígena del Cauca (CRIC) creó el primer Programa de Educación Bilingüe en Colombia en 1978.

OW – Os efeitos de sentido da discussão relativa à 'escolarização' dos povos indígenas são amplos e contraditórios. Por um lado, nos vemos na obrigação de reivindicar a escolarização segundo o modelo nacional como estratégia na luta pela *descolonialidade do poder* em todos os tipos de relações interculturais que precisamos estabelecer com os *waga*. Por outro lado, ao transpormos o modelo de escola nacional para nossas comunidades, tal

---

[210] ROJAS; CASTILLO, 2005, p. 73 *apud* CRIC, 1978, p. 5.

[211] População que mora no Paez, num território colombiano localizado no departamento de Cauca.

transposição vem inevitavelmente carregada de concepções princípios e valores da própria *colonialidade* que perpassa os currículos do *fazer escola*. Eu não tinha ideia de quanta coisa aconteceu no período de tempo que vai de 1960 a 1980. É interessante ver como nosso povo resistiu muito para instalar em seu território a escola, enquanto outras comunidades já estavam aprendendo o espanhol e a fazer as contas, a nossa não.

TU[212] – Hasta los años setenta antes de que llegara la escuela, nosotros vivíamos de forma comunitaria y el proceso organizativo estaba guiado por los *saglamala*. Esos eran nuestros espacios de formación, así como con nuestros padres en casa (...) Nosotros no habíamos tenido escuela, nos formábamos en la comunidad, bajo la orientación de los ancianos, en manos de las abuelas y abuelos. Entonces llegó la escuela y cambió la forma de educación que teníamos, los niños y niñas fueron alejados de todo lo que hacíamos aquí, separados de la casa, del rio, de la naturaleza. Hubo resistencia con la escuela, pero en vista de tener cómo defendernos debimos aprender.

OW[213] – Ainda hoje, 'fazer escola' é problemático, uma vez que este espaço continua refletindo o poder colonial; entretanto, como instrumento político, a escola é necessária. Embora muitos meninos e meninas frequentem a 'escola', nem tod@s conseguem aprender bem espanhol ou a matemática. 'Fazer escola' é importante para que os *Dulemala* não sejam enganados. Continuamos acreditando no mesmo argumento que usaram as freiras para trazer a 'escola' para o *Bajo Caimán*. 'Fazer escola' significa aprender essas duas matérias ou cursos: matemáticas e espanhol. É disso que nós precisamos para estabelecer diálogos com os *waga*. Já fomos enganados muitas vezes, não queremos um futuro igual ao passado.

CT – Estamos esquecendo outro elemento que mudou de forma significativa o rumo da educação indígena na Colômbia, qual seja, o componente *Etnoeducativo*[94] que, desde 1991, tem estado presente nos discursos do MEN e que faz parte das políticas sociais nacionais. Como esclarecem Alex Rojas e Elizabeth Castillo (CERA):

---

[212] Segmento de fala extraído de entrevista a mim concedida para esta pesquisa por Tulia Espitia, em 16 de janeiro de 2014.

[213] Segmento de fala extraído de entrevista a mim concedida para esta pesquisa por Olo Wintiyape, em 28 de setembro de 2014.

CERA[214] – A etno-educação passou a ter um papel central nas políticas públicas e de desenvolvimento econômico, já que incluía afrodescendentes, camponeses e indígenas. O que foi um grande avanço considerando que a colonialidade sofrida por esses povos, que ainda continua se espalhando, incorpora não só as populações e seus territórios; também inclui conhecimento. Nem a Europa ocidental colonialista, moderna e racional, nem a sociedade "crioula" branca/mestiça, reconheceram nos seus "outros" a capacidade de produzir conhecimento válido, universal. Consequentemente, definiram o que deveriam saber; primeiro para salvar suas almas, em seguida, para resgatar as suas mentes. Desde o início do processo de colonização, os saberes que haveriam de ser institucionalizados e aprendidos pelos indígenas e negros foram definidos à margem de seus interesses. A escola, quando chegou, foi para "incorporar", para liderar a transição dessas populações para a sociedade "civilizada". Então, educar os sujeitos da alteridade tem sido um direito que os setores dominantes têm considerado como próprio e também como uma forma de torná-los parte (in-corporá-los) do "seu" projeto de sociedade.

UN[215] – Essa sua fala, me remete a pensar que nós fazemos uma confusão entre 'fazer escola' e educação Dule. Quando nós usamos a palavra 'escola', isso significa que vamos aprender os conhecimentos do *waga*. Exigimos para os professores que o principal, o que eles têm que ensinar, é ler documentos e fazer documentos com a escrita fonética do espanhol, além de fazer as contas (somar, subtrair...), isto é, o que os *wagas* nos dizem ser a 'matemática'. Educação é o que nós podemos ensinar de nossa cultura, os sentidos de nossas práticas socioculturais e dos rituais que nela desenvolvemos e que tem permitido que nossa cultura ainda esteja viva, assim como a nossa língua. Embora alguns linguistas tenham feito algumas tentativas para se produzir uma escrita fonética da língua Gunadule, nenhuma delas chegou a tornar-se padrão unificado para todas as comunidades Guna, tanto do Panamá quanto da Colômbia.

CT – Então vou me manifestar a esse respeito. Produzir uma *escrita* padronizada e unificada é mesmo difícil[216], uma mesma palavra, tal como, por exemplo, *sagla*, não é pronunciada da mesma maneira nas diferentes variantes

---

[214] ROJAS; CASTILLO, 2005, p. 138.

[215] Diário de campo da pesquisadora, segmento de fala extraído de entrevista a mim concedida para esta pesquisa por Nasario Uribe, em 20 de setembro de 2014.

[216] Como já Green (2012) apontou.

praticadas da língua Guna em suas diferentes comunidades. Isso gera um problema na produção de uma *escrita fonética unificada* dessa palavra, uma vez que uma palavra mal escrita gera outros efeitos de sentido. Porém, o fato de que vocês não tenham uma *escrita fonética unificada* não significa que vocês não tenham uma *escritura* no sentido em que Derrida emprega essa palavra. *Escritura* não é sinônimo de *escrita* ou de fala, isto é, não é sinônimo de linguagem verbal. Derrida (DJ) coloca como o significado que é sempre instituído socialmente e, portanto, uma construção:

DJ[217] – "Na verdade, mesmo na escritura dita fonética, o significante "gráfico" remete ao fonema através de uma rede com várias dimensões que o liga, como todo significante, a outros significantes escritos e orais, no interior de um sistema "total", ou seja, aberto a todas as cargas de sentidos possíveis. É da possibilidade deste sistema total que é preciso partir. [...] É preciso agora pensar a escritura como ao mesmo tempo mais exterior à fala, não sendo sua "imagem" ou seu "símbolo", e mais interior à fala que já é em si mesma uma escritura. [...] A língua oral pertence já à escritura...".

UN – É isso mesmo! Nossas *escrituras* estão nos cestos, nas palavras que pronunciamos, nos tecidos, nos rituais, nos elementos da natureza que lemos para compreender aspectos da vida. Alguns especialistas desenvolveram formas de registrar nossas *escrituras* em papel. Entretanto, eu não saberia falar desses modos de registros gráficos de nossas escrituras, porque as desconheço.

FA[218] – Eu, ao contrário, posso falar sobre esse tema. Eu pratico alguns modos de registros gráficos, aprendi com os meus professores da comunidade. Cada cor, cada figura e cada forma cobram sentido só para quem conhece com profundidade, neste caso, o canto do cacau e a festa da puberdade das meninas. Essas *escrituras* não podem ser lidas por qualquer pessoa, já que apresentam os desenhos de alguns espíritos. Essas são *palavras* para os adultos, não para os jovens, pois podem sair contando os segredos. Eu trouxe alguns exemplos para lhes mostrar,

---

[217] DERRIDA, 2004, p. 55-56.

[218] Segmento de fala extraído de entrevista a mim concedida para esta pesquisa por Felix Arteaga, em 28 de janeiro de 2014. Faremos considerações mais detalhadas acerca dessa fala, mais adiante, bem como do arquivo que constituímos como base documental de nossa investigação.

Figura 28 - Encontro com o Botânico Felix Arteaga.

Fonte: *arquivo* fotográfico da pesquisadora.

Figura 29 - Festa da puberdade *escritura* da autoria do botânico Felix Arteaga

Fonte: *arquivo* fotográfico da pesquisadora.

Figura 30 - Canto do cacau, *escritura* da autoria do botânico Felix Arteaga.

Fonte: *arquivo* fotográfico da pesquisadora.

CT – Nossa! Que interessante! Desse modo, a prática cultural da escrita também não é uma imagem da prática cultural da fala, ou mesmo subordinada à fala. A *escritura* não é a presença fônica do significado ou do referente e nem a presença gráfica associada a uma imagem acústica. Os contextos da prática da pesquisa e da escolarização dos quais participo, ao supervalorizarem a prática da escrita em relação a outras práticas, acabam produzindo uma concepção de conhecimento que o identifica exclusivamente com práticas submetidas ao regime da escrita. Desse modo, são práticas validadas em uma única forma de racionalidade. Há um excesso de confiança no que a prática

UMA TERAPIA DO DESEJO DE ESCOLARIZAÇÃO MODERNA:
VENÍ, VAMOS HAMACAR EL MUNDO, HASTA QUE TE ASUSTES

da escrita "materializa", acoplado a uma falta de confiança nas práticas que não "produzem algo escrito". Isso significa que faço parte de uma *forma de vida* que valoriza o jogo de linguagem da escrita em detrimento de outros jogos de linguagem. Não são poucos os autores que, tendo vista um mundo globalizado em progresso, afirmam que a escritura fonética é um requisito de civilização. Essa crença eurocêntrica *colonializante*[95] – ancorada na visão desenvolvimentista e etapista do conhecimento que culmina na *forma de vida* do colonizador como aquela em relação a qual todas as demais deveriam se espelhar – tem considerado, por exemplo, que as artes verbais indígenas e suas formas de *escritura* pertenceriam a uma etapa pré-literária, pictográfica ou até mesmo aliterária. Tal visão fundamenta-se sobre o pressuposto da *escritura* como algo meramente instrumental, que, nas palavras de Derrida (DJ), é vista como

DJ[219] – "[...] tradutora de uma fala plena e plenamente presente, técnica a serviço da linguagem, *porta-voz* (porte-parole), intérprete de uma fala originária que nela mesma se subtrairia à interpretação. As três epígrafes [com as quais eu começo o primeiro capítulo da *Gramatologia*] não apenas se destinam a chamar a atenção para o fato de que o *etnocentrismo,* em todos os tempos e lugares, comandou o conceito de escritura. Nem apenas para o que denominaremos *logocentrismo*: metafísica da escritura fonética (por exemplo, do alfabeto) que, em seu fundo - por razões enigmáticas, mas essenciais e inacessíveis a um simples relativismo histórico –, não é senão o etnocentrismo mais original e poderoso que hoje está em vias de se impor ao planeta e que comanda uma única e mesma *ordem*".

CT – É assim que Derrida, no percurso da *Gramatologia,* reconhece como, com base no conceito tradicional de linguagem, um rebaixamento da *escritura* em relação à fala ao longo de todo o pensamento ocidental. A *escritura* estaria, então, no domínio do derivado, do restrito, seria mera extensão da prática fonética da linguagem. Segundo Derrida, esse rebaixamento fundamenta-se na própria lógica do pensamento metafísico, que sempre afirmou uma relação intrínseca entre *logos* e *phoné.* As análises ditas 'científicas' dos modos como os povos indígenas praticam/encenam a escritura tendem a fazer comparações e a unificar os conhecimentos sob uma única forma de racionalidade. Tais análises se incluem, portanto, em paradigmas tradicionais, cientificistas e positivistas que, ao tomarem como referência

---

[219] DERRIDA, 2004b, p. 3-4, p. 9, itálicos do autor).

as *práticas alfabéticas ocidentais de escrita*[96] produzidas, aperfeiçoadas e transformadas ao longo de séculos, orientam-se pelo propósito de dar sentido às práticas indígenas de escritura. Desse modo, tais análises acabam por ver o Mesmo no Outro e nada dizem a respeito dos modos como os povos indígenas praticam/encenam a escritura, uma vez que acabam reiterando o poder que a escrita fonética teve e tem nos processos de *colonialidade do saber-poder* na América Latina. Como assinala Mauro Lúcio Leitão de Condé (CM), em última instância, acabam validando e legitimando:

CM[220] – "[...] a mesma necessidade da sociedade contemporânea de criar para si interpretações, modelos explicativos, teorias etc., visto que, mais do que qualquer outra época, a cultura contemporânea carrega a necessidade de se autocompreender. Ela comporta a vicissitude de expor sua autoimagem, seus problemas, suas soluções, seus paradoxos, seus limites e sua ilimitada capacidade de criar hermenêuticas. Enfim, a necessidade de explorar todas as possibilidades que uma cultura "logocêntrica" se impõe".

CT – Diante da necessidade de *explicar* ao outro, já foram feitas ao redor do mundo muitas pesquisas, tendo como referência produções acadêmicas e como elas estão organizadas para "valorar" as práticas culturais estrangeiras, isto é, de outras formas de vida. Por exemplo, a prática do assovio turco[221]. Essa prática era popular nos velhos tempos na Turquia, antes do advento dos telefones, em pequenas aldeias. Mediante os assovios e seu aperfeiçoamento, duas pessoas separadas por uma longa distância, entre 50 até 90 metros, conseguiam se comunicar transmitindo mensagens. Dita prática, aos olhos do cientista Onur Güntürkün e de seu grupo de pesquisadores da Ruhr-University Bochum (Alemanha), constituiria uma prova de que a linguagem é uma atividade predominantemente desenvolvida no lado esquerdo do cérebro, e não como um conjunto de práticas socioculturais humanas historicamente constituídas. Desse modo, a *explicação* do assovio turco, tendo como parâmetro o olhar cientificista (neste caso, a atividade de pesquisa neuro-científica) 'comprovaria' que a linguagem preexistiria às formas culturais de vida humana, reinstaurando assim a velha dicotomia entre mente/corpo. Wittgenstein (2009) manifesta-se do seguinte modo acerca desta "dualidade":

---

[220] CONDÉ, 2004, p. 15.

[221] Pesquisa publicada em *Cell Press journal Current Biology*. Disponível em: https://translate.google.com.br/translate?sl=en&tl=pt&js=y&prev=_t&hl=pt-BR&ie=UTF-8&u=http%3A%2F%2Fwww.dailymail.co.uk%2Fsciencetech%2Farticle-3201530%2FListen-Turkish-whistling-language-scientists-say-unique-uses-sides-brain.html&edit-text=. Acesso em: 20 jun. 2015.

UMA TERAPIA DO DESEJO DE ESCOLARIZAÇÃO MODERNA:
VENÍ, VAMOS HAMACAR EL MUNDO, HASTA QUE TE ASUSTES

AJJ [222] – "Um processo interior necessita de um critério exterior".

CT – Todas as palavras que, supostamente, representam estados interiores, podem scr analisadas de maneira que deixem de representar aqueles estados. Não se trata de avaliar o que supostamente estaria dentro de nós operando como uma estrutura estritamente biológica. Alternativamente, sob uma atitude terapêutico-desconstrucionista, o assovio turco deveria ser trazido para o seu uso cotidiano. Para Wittgenstein, as tentativas de se fornecer *explicações* para as nossas formas de agir,

AJJ[223] – "[...] impedem-nos de ver o que acontece, possivelmente, na prática daquelas comunidades e, simultaneamente, o que estamos fazendo com as nossas próprias expressões linguísticas".

CT – Para Wittgenstein, as *explicações* fornecidas pelos cientistas – as quais tentam comprovar fatos e estudar realidades que, supostamente, transcende-riam a experiência sensível a fim de se fornecer um "fundamento" a todas as práticas situadas, tanto a do assovio turco quanto as das artes verbais indígenas – impedem de se ver tais práticas em seus contextos particulares de produção, orientadas por ações que cumprem propósitos específicos. Isso significa que tais *explicações* nos impedem de ver os efeitos de sentido de tais práticas, uma vez que explicações não conseguem trazer *as palavras de volta do seu uso metafísico para o cotidiano[224]*. Retornar para o cotidiano, então, seria análogo a subir na rede e, nela, nos deixarmos balançar com outros e outras, reconhecendo-nos, cada um de nós, como um *eu*, *eus*, um *nós*. Isso seria tentar afastarmo-nos das explicações cientificistas que criam falsas ilusões a respeito das mobilizações em jogo nesta pesquisa, evitando, assim, de terminarmos como o *Dom Ramón* de Mario Quintana (QM), atropelados pelas falsas impressões:

QM[225] –

> *"Don Ramón se tomo um pifón:*
> *bebia demasiado, don Ramón!*

---

[222] WITTGENSTEIN, 2009, I.F § 580.

[223] Esclarecimento de João José Rodrigues de Almeida em Wittgenstein (2007, p. 190).

[224] WITTGENSTEIN, 2009, I. F § 116.

[225] Poema intitulado *"Edificante Poema Escrito em Portuñol"*, de autoria do poeta, tradutor e jornalista brasileiro Mário de Miranda Quintana (2012, p. 81), considerado o "poeta das coisas simples" e um dos maiores poetas brasileiros do século XX.

Y al volver cambaleante a su casa,

avistó em el camino:

um árbol

y um toro…

Pero como veia duplo, don Ramón

vio um árbol que era

y um árbol que no era,

um toro que era

y um toro que no era.

Y don Ramón se subió al árbol que no era:

Y lo atropelo el toro que era.

Triste fim de Don Ramón*!"*

MM[226] – Eu vou mudar um pouco de tema. Vejo que, após essas reformas e contrarreformas sobre a educação indígena, do modo como ela é entendida pelo estado colombiano, estamos discutindo aqui, no nosso *resguardo* indígena, o que significa educação, por que é necessário que tenhamos uma escola e como transformá-la segundo os nossos interesses, de tal forma que a gente não perca nossas tradições. E não tem sido nada fácil, pois ainda temos muitas famílias que se opõem ao ensino escolar e que preferem que os seus filhos aprendam os conhecimentos da nossa cultura na *casa del congreso* e com os nossos diferentes especialistas, como sempre foi.

OW[227] – Em 1988, já estávamos solicitando para as freiras abandonarem sua missão aqui na comunidade. Em 1989, a educação ficou em nossas mãos, no Baixo, Médio e Alto Caimán. Desde então, estamos trabalhando para pensar o que devemos ensinar na escola e por que, pensando segundo nossa cultura, seguindo nossas tradições. Em 1995, foi desenvolvida uma primeira tentativa de construção de um currículo Dule, que não funcionou, porque os professores da época não tiveram formação nem muita participação nessa construção, mas foram consultados caciques e outras lideranças da comunidade.

---

[226] Segmento de fala extraído de entrevista a mim concedida para esta pesquisa por Martínez Montoya, em 26 outubro de 2011.

[227] Segmento de fala extraído de entrevista a mim concedida para esta pesquisa por Olo Wintiyape, em 25 de outubro 2011.

Figura 31 - "primeiro currículo Dule"

Fonte: *arquivo* bibliográfico

OCG[228] – Nesse projeto, foram considerados alguns princípios educativos:

- *Integralidade*: concepção global e dinâmica das diferentes percepções do mundo. Intimamente ligada ao princípio de supervivência cultural.

- *Diversidade Linguística:* concepção que assume as diferentes línguas que conformam a realidade étnica e mediante as quais se desenvolvem diversas formas de pensamento. Este princípio está ligado fortemente ao território.

---
[228] GREEN; CARDOZO; OCHOA, 1995, p. 10.

- *Sustentabilidade e viabilidade econômica:* a satisfação das necessidades básicas, equilíbrio ecológico e desenvolvimento harmônico com a natureza.

- *Identidade:* princípio de definição do si mesmo e do grupo, fundamentado na consciência social e histórica.

- *Interculturalidade:* capacidade para conhecer a própria cultura e desde ela outras culturas, em uma relação de enriquecimento mútuo e de coexistência social.

- *Flexibilidade:* princípio de educação mediante a elaboração de currículos, tecidos sob os valores culturais e necessidades étnicas.

- *Autonomia:* está centrada no direito aos processos *etno-educativos.* Fundamenta-se na participação da comunidade e na capacidade de controle da educação pela mesma.

OW[229] – Esse projeto foi fundamental, visto que, desde 1989, quando as freiras "Lauritas" foram embora do Baixo, o Médio e o Alto Caimán, precisamos (re)significar a forma como concebíamos a escola. A escola funcionava como um 'negócio', mas com 'clientes' insatisfeitos. Além disso, estávamos perdendo muitas de nossas tradições. Começamos a trabalhar à nossa maneira, pensando em um currículo com base em nossas necessidades. Não só tínhamos poucas crianças matriculadas, mas também um alto número de desistências.

CT – Esta sua percepção não se diferencia muito das percepções de professores de outras escolas em territórios não indígenas. Nas palavras de Alfredo Veiga-Neto (VA) foi fundamental,

VA[230] – "[...] o papel da escola na construção de um mundo que declarou almejar a ordem e a vida civilizada. Um mundo que foi projetado para se afastar daquele estado que muitos chamam de natural, ou bárbaro, ou selvagem, ou primitivo. Quero salientar o papel da escola como a grande instituição envolvida na civilidade, ou seja, envolvida na transformação dos homens: de selvagens em civilizados. A escola como o lugar capaz de arrancar cada um de nós – e, assim, arrancar a sociedade de que fazemos

---

[229] Segmento de fala extraído de entrevista a mim concedida para esta pesquisa por Olo Wintiyape, em 26 de julho de 2011.

[230] VEIGA-NETO, 2003, p. 98.

parte – da menoridade e nos lançar em um estágio de vida mais evoluído, criando uma sociedade formada por cidadãos que, por estarem na "mesma cidade", estão em um ambiente comum. Por isso, tem de aprender a viver minimamente se tolerando, em cooperação mútua e sem se barbarizarem. Esse talvez seja o sentido mais radical da escola moderna".

CT – O professor Alfredo apresenta-nos claramente o problema que está sendo aqui debatido. Eu vejo que essa imposição radical do projeto moderno, que legitimou o desejo de escolarização em todo o globo, está se mostrando insustentável para quase todos os estados nacionais. Com isso, começamos a perceber mudanças radicais isoladas. Então, a escola muda e, por consequência, a escolarização tem passado a ser também repensada de outros modos, como diz a música do compositor e cantor Julio Numhauser Navarro (AM), todo cambia

NJ[231] –

Cambia lo superficial
Cambia también lo profundo
Cambia el modo de pensar
Cambia todo en este mundo

Cambia el clima con los años
Cambia el pastor su rebaño
Y así como todo cambia
Que yo cambie no es extraño

Cambia el más fino brillante
De mano en mano su brillo
Cambia el nido el pajarillo
Cambia el sentir un amante

Cambia el rumbo el caminante
Aúnque esto le cause daño
Y así como todo cambia
Que yo cambie no es extraño

---

[231] Música e letra de autoria do compositor e cantor chileno Julio Numhauser Navarro ntitulada *todo cambia*.

Cambia, todo cambia
Cambia, todo cambia
Cambia, todo cambia
Cambia, todo cambia

Cambia el sol en su carrera
Cuando la noche subsiste
Cambia la planta y se viste
De verde en la primavera

Cambia el pelaje la fiera
Cambia el cabello el anciano
Y así como todo cambia
Que yo cambie no es extraño

Pero no cambia mi amor
Por más lejo que me encuentre
Ni el recuerdo ni el dolor
De mi pueblo y de mi gente

Lo que cambió ayer
Tendrá que cambiar mañana
Así como cambio yo
En esta tierra lejana

Cambia, todo cambia
Cambia, todo cambia
Cambia, todo cambia
Cambia, todo cambia

Pero no cambia mi amor.

IB – É isso mesmo! Tudo muda, tudo se transforma; é nos limiares das mudanças, dos rituais e dos jogos de linguagem que nos aproximamos deste nosso problema.

CT – Neste ponto da conversa, não posso deixar passar por alto a fala do professor Veiga-Neto, já que me remeteu para a discussão kantiana sobre a educação como uma ferramenta civilizatória de selvagens. Isso porque, para Kant, a educação é vista como um processo que distingue os seres humanos dos animais. Nesse sentido, diferentemente do animal, o homem é racional por natureza. Percebo que ele entra na distinção entre homem e animal, relacionando-a diretamente com a educação, o que, de algum modo, acabou por consolidar o projeto moderno de educação[97].

VA[232] – Há um deslocamento dessa perspectiva kantiana que está fortemente conectado à vasta crise da Modernidade. E, mais uma vez, é preciso lembrar de que se trata de um deslocamento que se manifesta em uma dimensão teórica, intelectual, mas que não se reduz a uma questão – nem somente, nem mesmo preferencialmente – epistemológica. Muito mais do que isso, tal deslocamento é inseparável de uma dimensão política em que atuam forças poderosas em busca pela imposição de significados e pela dominação material e simbólica. Se o multiculturalismo coloca a ênfase no Humanismo e, em boa parte, na estética, o multiculturalismo muda a ênfase para a política. Se as atribuições de significados são sempre, e ao mesmo tempo, uma questão epistemológica e uma questão de poder – e, por isso, uma questão política –, é fácil compreender o quanto tudo isso se torna mais agudo quando se trata de significações no campo da cultura, justamente o campo em que hoje se dão os maiores conflitos, seja das minorias entre si, seja delas com as assim chamadas maiorias.

CT – Essa sua fala me remete à pergunta: quem é o analfabeto, o *waga* ou indígena? Sobre isso, Hugo Jamioy (JH), indígena *camëntsa*, se coloca do seguinte modo:

JH[98] – *Ndosertanëng*

Ndás cuanttsabobuatm chë ndosertaná ca

¿ndoñ mondoben jualiamëng

librësangá o betiyëng?

Canyëng y inÿeng

batsá y bëtscá mondëtatsëmb

Bëneten

---

[232] VEIGA-NETO, 2003a, p. 11.

atsbe bëtstaitá tmojuantsbuaché

canÿe librësá

tmonjuayan tonday condëtatsëmbo ca

Ibetn

shinÿoc jotbeman

chabe cucuatsiñ

coca tsbuanach jtsebuertanayan

uayasac jtsichamuan

ndayá chiñ bnetsabinÿnan.

CT – As palavras de Jamioy, a meu ver, nos colocam diante do desafio de nos despojarmos das usuais e persistentes orientações empírico-verificacionistas tão presentes no campo da educação em geral e no da Educação Matemática, em particular. Portanto, nosso propósito não foi partir das narrativas das pessoas e das práticas socioculturais Guna estudadas para produzir um discurso cientificista e generalizante, tomando como conteúdo as falas. Procuramos nos balançar juntos na rede para *descrever*, a partir de nossos lugares, o problema investigado. Fomos percorrendo os rastros dos efeitos de sentido de práticas escolares e extra-escolares em fogões, hortas, cantos, cerimoniais e caminhadas. Percebemos que nos encontros e desencontros, nas semelhanças de família entre jogos de linguagem de formas de vida diferentes, emergiam outros jogos de linguagem reinventados uma e outra vez uma hibridação manifesta na linguagem. Colocamos em movimento muitas redes para pensar o desejo de escolarização moderna em diferentes formas de vida[99].

IB – Nessa sua colocação, eu acredito que aí está o potencial da atitude *terapêutico desconstrucionista* que orientou todos estes balanços na rede. Sem a pretensão de teorizar, de comprovar hipóteses ou de generalizar, sua atitude permitiu descrever outros caminhos que não pretendem ver o Mesmo no Outro, mas sim, situar cada jogo de linguagem na sua *forma de vida*. Além disso, nos espaços de colaboração que se constituíram ao longo do estudo desenvolvido, estão sendo problematizadas questões contemporâneas que se manifestam em diferentes formas de vida. Este estudo, por outro lado, a meu ver, promove outras formas de se fazer pesquisa e de pensar a educação com um viés decolonial. Este seu projeto abre *brisuras* para desenvolver outros estudos com as vozes dos que estão à margem: os pobres, os favelados, os negros, homens e mulheres homoafetivos... prati-

UMA TERAPIA DO DESEJO DE ESCOLARIZAÇÃO MODERNA:
VENÍ, VAMOS HAMACAR EL MUNDO, HASTA QUE TE ASUSTES

cantes de outros rituais[100], outros os jogos de linguagem, que excedem os 'limites' logocêntricos da 'escola' e das universidades. Vejo que o desafio está em exaltar a vida mesma, por ser ela a vida.

CT – Você me remeteu à fala de João Jose de Almeida (AJJ), que se coloca do seguinte modo a respeito dos ritos.

AJJ[233] – Os ritos são também jogos de linguagem: as explicações para o comportamento regrado chegam ao fim em um dado momento. Trata-se de reações instintivas ao que está dado na cultura. Mas o interessante aqui é notar que os jogos de linguagem também são ritos. Assim, como se vê no § 145 das IF, a capacidade de um aluno aprender as regras da contagem e do cálculo depende menos da explicação do que das reações no ambiente; ou, como no § 284 do mesmo livro, nossas reações ao que está vivo ou morto são completamente diferentes, e dessas reações dependem o conceito e a compreensão da palavra "dor". O mesmo sucede com a palavra "memória", que mais do que relações neuronais ou um objeto psicológico, são "reações de memória"(§ 343).

CT – Essa atitude política *descolonializante*, que pensamos estar presente no modo como temos praticado a *terapia-desconstrucionista* na condução de pesquisas acadêmicas no campo da educação, se propõe a descompactar as dicotomias que costumam ser estabelecidas entre teoria e prática, exterior e interior, mente e corpo, natureza e cultura, entre outras... Como possibilidade de renovação ou reinvenção da compreensão de nós mesmos como outros dos Outros, uma visão *pós*-epistemológica de pensar a pesquisa com os pares, não dos pares, contemplando-a como uma prática de resistência que questiona o privilégio do *logos* fechado e homogêneo, em nome de uma racionalidade descorporificada. Inscrevemos a pesquisa, sobretudo, no estudo de *jogos híbridos de linguagem* entendidos como atividades ou conjunto de ações simbólico-corporais que se constituem por processos intersubjetivos de negociação entre formas de vida. Assim, fomos orientados por discursos transgressores, considerando, ainda bem, que nem todos os nossos interlocutores acadêmicos são e serão participantes deste tipo de discurso. Discutir o problema da 'escola' em Alto Caimán (Antioquia, Colômbia) como indissociável da linguagem nos remete também ao debate contemporâneo das relações entre a filosofia e antropologia para se lidar

---

[233] Nota comentada sobre Wittgenstein (2007, p. 225).

com os problemas relativos à 'cultura'. Essa noção de linguagem como ação e seu caráter cambiante, fugaz e contingente tem, de acordo com Branca Fabrício Falabella (FFB), três implicações importantes:

FFB[234] – "Primeiramente, mostra-nos que sentidos têm a ver com o modo como as pessoas empregam a linguagem em suas práticas cotidianas. Indica--nos ainda que a linguagem possa ter algum grau de estabilidade sem ter de apelar para a representação de algo exterior a si mesma. Por último, desconstrói a crença no princípio da existência de um significado único para as coisas, mostrando que o problema está em nossa tendência em naturalizar regras que terminam por consagrar formas de vida, ideias e crenças, fazendo-nos acreditar em uma entidade que as governe – nossa *compulsão metafísica*".

IB – É isso mesmo. É uma virada simultaneamente praxiológica e antropológica sobre a virada linguística, na qual 'linguagem' passa a ser vista como um conjunto de jogos de linguagem, cada qual concebido como uma linguagem completa. Essa 'virada da virada' não pretende apresentar uma nova teorização ou modelo alternativo, mas intenciona problematizar modos metafísicos de se investigar academicamente um problema. Isso porque, segundo Mauro Lucio de Condé (CLM), tais modos de se investigar os problemas

CLM[235] – "[...] procuram responder à mesma latente necessidade da sociedade contemporânea, de criar para si interpretações, modelos explicativos, teorias, etc., pois, mais do que em qualquer outra época, a cultura contemporânea carrega a necessidade de se autocompreender. Ela comporta a vicissitude de expor sua autoimagem, seus problemas, suas soluções, seus paradoxos, seus limites e sua ilimitada capacidade de criar hermenêuticas. Enfim, a necessidade de explorar todas as possibilidades que uma cultura "logocêntrica" se impõe".

CT – Eu vejo que diante da necessidade de *explicar* o Outro, já foram feitas ao redor do mundo muitas pesquisas de tipo antropológico, epistemológico e ontológico tendo como propósito buscar elementos essenciais comuns. Aqui, pelo contrário, agimos baseando-nos na visão da linguagem como um conjunto ilimitado, dinâmico e heterogêneo de jogos de linguagem. Desse modo, ao propor desenvolver nossa investigação nessa perspectiva,

---

[234] FABRÍCIO FALABELLA, 2006, p. 57.
[235] CONDÉ, 2004, p. 15.

nosso principal foco foi a *descrição* e o exame das mobilizações de jogos de linguagem praticados em contextos de hibridação de atividade humana a fim de se pôr em evidência significações distintas que podem ser produzidas e que podem coexistir entre a *escola do estado* e a forma de educação da comunidade indígena Gunadule.

LW – "Para nós, é como se tivéssemos que ver através dos fenômenos: nossa investigação, no entanto, não se dirige aos fenômenos, senão, como se poderia dizer, às *'possibilidades'* dos *fenômenos*. Quer dizer, nós repensamos o tipo de enunciados que fazemos sobre os fenômenos. [...] Nossa consideração é, por isso, gramatical. E essa consideração traz luz para o nosso problema ao remover os mal-entendidos. *Mal-entendidos* concernentes ao uso de palavras; *evocados*, entre outras coisas, *por certas analogias* entre as formas de expressão em diferentes regiões da nossa linguagem. – Algumas delas deixam-se afastar pela *substituição de uma forma de expressão por outra*; isso pode ser chamado de "analisar" nossas formas de expressão, porque o processo tem às vezes semelhança com uma decomposição"[236]. "E, para enfrentar as confusões, a linguagem é um labirinto de caminhos. Você chega de um lado e conhece todo o caminho; você chega de um outro lado para o mesmo local e já não reconhece mais nada"[237]. "Como foi dito: não pense, veja!"[238].

OW – Sinto, na sua fala, que há uma necessidade, nesta perspectiva pós-colonial, de descolonizar também os modos em que se faz a pesquisa, não só no mundo indígena, mas também nas instituições acadêmicas.

CT – Isso é verdade. Os modos de se praticar a pesquisa requerem ser descolonializados. Isso exige transformações para que ditos modos de se praticar a investigação estejam engajados na lógica da *inversão* e do *deslocamento*, descompactando os problemas de desigualdade, preconceitos e discriminações de todo tipo. Esta ideia também é ressaltada na introdução ao livro *Decolonizing Methodologies*, de Linda Tuhiwai Smith[239], que apresenta um amplo cenário de uma extensa crítica aos paradigmas ocidentais de pesquisa, convidando-os à descolonização das metodologias e à proposição de

---

[236] WITTGENSTEIN 2009a, I.F. §90.

[237] WITTGENSTEIN 2009a, I.F. §203

[238] WITTGENSTEIN 2009a, I.F. §66

[239] SMITH, 2012.

CAROLINA TAMAYO OSORIO

uma nova agenda relativa à pesquisa indígena. Eu ampliaria este convite de modo a para toda a comunidade acadêmica. De acordo com Linda Tuhiwai Smith (ST), dita *decolonização*[101]

ST – "[...] tem a ver com um entendimento mais crítico dos pressupostos subjacentes, motivações e valores que fundamentam as práticas de pesquisa com povos indígenas"[240]. Pois, "apesar da extensa literatura a respeito da vida e dos costumes dos povos indígenas, há poucos textos críticos que adotam termos indígenas ou seus sinônimos locais quando se trata de metodologias de pesquisa"[241].

CT – Acredito que dita mudança deve estender-se para qualquer forma cultural de vida em que os pesquisadores se tornam estrangeiros para qualquer tipo de comunidade envolvida com suas atividades cotidianas. É preciso que as formas de indagação sejam colocadas em questão, sejam feitos modos diferentes, bem como a definição das prioridades e dos problemas a serem foco de pesquisa. Assim, foi como durante todo este processo de pesquisa fomos juntos, os Guna, e nós pesquisadores não indígenas, redefinindo as prioridades da investigação de modo a pesquisar aquilo que era de interesse da comunidade de Alto Caimán, demarcando um problema que tanto para eles como para nós, era importante de ser investigado: o desejo de escolarizar o mundo, desejo moderno/colonial. Descolonizar nosso olhar é questionar todo olhar etnocêntrico – que se pretende referencial e universal – como único parâmetro para descrever e entender os jogos de linguagem de outras formas de vida. Há aqui uma forte relação com as críticas desenvolvidas por Edward Said às pesquisas sobre *orientalismo*, retomadas por Linda Tuhiwai Smith para mostrar como os expedicionários e observadores construíram, de forma autoritária, uma 'representação do outro' com base em discursos ocidentais, demostrando com 'regímenes de verdade' conhecimentos que não pertenciam ao *sistema cultural de referência* particular daquelas formas de vida. A pesquisa ocidental, do modo em que é tradicionalmente feita na academia, traz consigo um conjunto particular de conceptualizações de tempo, espaço, subjetividade, relações de gênero, raça e conhecimento codificados em discursos imperiais e colonialistas que influenciam o olhar do pesquisador. Entendemos isto como modos 'dominantes' de se praticar a pesquisa, os quais tensionamos inclusive ao problematizar a universalidade e neutralidade da epistemologia europeia ocidental que imperou e impera ainda nas instituições modernas como efeito do colonialismo. Nas palavras de Linda Tuhiwai Smith,

---

[240] SMITH, 2012, p. 12.
[241] SMITH, 2012, p. 9.

UMA TERAPIA DO DESEJO DE ESCOLARIZAÇÃO MODERNA:
VENÍ, VAMOS HAMACAR EL MUNDO, HASTA QUE TE ASUSTES

ST[242] – "Esta memória coletiva do imperialismo tem sido perpetuada por meio da maneira como o conhecimento sobre os povos indígenas foi coletado, "classificado" e depois representado de várias maneiras de volta para o ocidente, e depois, por meio dos olhos do ocidente, de volta àqueles que foram Colonizados. Edward Said refere-se a esse processo como um discurso ocidental sobre o Outro que é apoiado por "instituições, vocabulário, Erudição, imagens, doutrinas, até mesmo burocracias e estilos coloniais". De acordo com Said, este processo tem funcionado em parte devido ao constante intercâmbio entre o erudito e o imaginado na construção de idéias sobre o Oriente. A construção acadêmica, argumenta ele, é apoiada por uma instituição empresarial que "faz declarações sobre ele [o Oriente], autorizando visões dele, descrevendo-o, ensinando sobre ele, estabelecendo-o, governando sobre ele". Nesses atos, tanto as pesquisas acadêmicas formais do conhecimento como as construções informais, imaginativas e anedóticas do Outro estão entrelaçadas entre si e com a atividade de pesquisa".

CT – A pesquisa aparece, então, como terreno de luta entre os intresses e as formas de conhecer do ocidente e os interesses e modos de resistir do Outro. No exemplo de Said, esse Outro é construído como um nome, um rosto, uma identidade particular. As potências europeias estabeleceram, no século XIX, sistemas de governo e formas de relações sociais que governavam a interação com os povos indígenas por elas colonizados. Essas relações eram hierárquicas e apoiadas por regras, algumas explícitas e outras mascaradas ou ocultas.

ST[243] – Eu me lembrei de uma fala de Stuart Hall explica que: o Ocidente é uma ideia, um conceito, uma linguagem usada para imaginar um conjunto complexo de histórias, ideias, eventos históricos e relações sociais. Hall sugere que o conceito de Ocidente atua de modo a: (1) nos permitir caracterizar a sociedade em categorias; (2) condensar imagens complexas de outras sociedades por meio de um sistema de representação; (3) estabelecer modelo de comparação e padrão; e (4) estabelecer um critério de avaliação para ranquear outras sociedades.

CT – Linda isso que você diz, me faz refletir sobre iniciativas decoloniais para pensar a educação (matemática) que nascem na interação entre os povos indígenas, negros, camponeses e acadêmicos não indígenas, que

---

[242] SMITH, 2012, p. 2.
[243] SMITH, 2012, p. 58.

questionam essas categorias raciais, de gênero e de trabalho moderno/coloniais procurando mostrar outras formas de se viver, de educar de se organizar a vida.

WO[244] – Perdón por interrumpir, quiero decir algo que me parece importante. En muchos casos dicen que, por reivindicar nuestra forma de vida, nuestros conocimientos y prácticas estamos queriendo negar la cultura de los *waga*. Para nosotros no significa el rechazo total de la teoría o el conocimiento occidental dominante, por ejemplo, la Matemática o la Medicina occidental, sino que es más bien un proceso para colocar las voces, epistemologías, ontologías y cosmologías indígenas como parte del conocimiento de la humanidad, en los libros de historia, en los currículos de las escuelas públicas, en las universidades, porque este conocimiento queda relegado a las escuelas indígenas. Todos deberían aprender de nuestros conocimientos, así como los indígenas aprendemos de los conocimientos de los *waga*. Los indígenas podemos investigar también sobre la epistemología de los *waga* no solo los *waga* investigando con nosotros sobre las prácticas de nosotros. Todos los pueblos deberían ser foco de los procesos de investigación antropológicos. Pero es que uno ve lo contrario.

Nosotros hemos hecho todo juntos, la orientamos a usted Carolina para que investigara algo que nos interesaba a todos y usted se deja orientar, no viene aquí a decirnos como debemos enseñarle, que pasos seguir. Cuando usted aprende nosotros también, nos beneficiamos mutuamente, nosotros vamos sumados instrumentos para nuestra caja de herramientas que nos aportan para pensar la educación escolar indígena, los Proyectos Educativos Propios, nuestras luchas por una educación más adecuada, dialogamos con otras formas de ver que tienen su origen en epistemologías no indígenas. Nuestra actitud es cuestionar el establecimiento de una posibilidad única de producir, compartir y actualizar conocimientos.

CT – Olo Witinyape, você diz algo que ao meu modo de ver é fundamental sobre o modo em que todos nós estamos encarando esta pesquisa, esta conversa, todos os nossos diálogos. Todos nós entendemos cada encontro como uma oportunidade de "*aprender a desaprender para reaprender*". Walter Mignolo[245], no prefácio de um dos volumes da coleção "*El Desprendimiento*" defende a importância do pensar e fazer decolonial, que tem como

---

[244] Segmento de fala extraído de gravação de encontro coletivo em Alto Caimán de Olo Witinyape em julho de 2015.

[245] MIGNOLO, 2014.

princípio essa premissa, como uma forma de nos desconstruir na busca por outras maneiras de viver que reconheçam e valorizem a alteridade epistemológica, ontológica e cosmológica dos povos originários. A cada novo (des)encontro, a cada novo diálogo entre indígenas e não indígenas, nós todos fomos resignificando e desnaturalizando algumas das dicotomias do pensamento ocidental – forma/conteudo, humanos/natureza, masculino/feminino .... – impostas pela modernidade/colonialidade para instituir forma de viver.

O exercício de *"aprender a desaprender para reaprender"* nos permite guiar e reorientar constantemente nossas escolhas, nossas ações, nosso olhar e nossa escuta, um movimento atento, em que nos desconstroímos num contruir constante, movimento de "desprendimento" em que aprendemos que despojarnos dos olhares e julgamentos coloniais, isto é uma tarefa necessária para se pensar a educação (indígena) contemporânea de forma indisciplinar. A expressão de Mignolo: *"aprender a desaprender para reaprender"* cria margens para processos em que as feridas produzidas pela colonização se cicatrizam, no caminho do "refazer-se" livre dos padrões modernos. No jogo de linguagem gráfico-visual de Carlos Jacanamijoy intitulado *'el outro, é como se'* o contraste entre o vermelho do sangre e, o cinza do outro reduzido a cinzas, traduzisse a violência das invasões europeias e seus projetos de colonização:

Figura 32 – "El otro", de Carlos Jacanamijoy (2013)

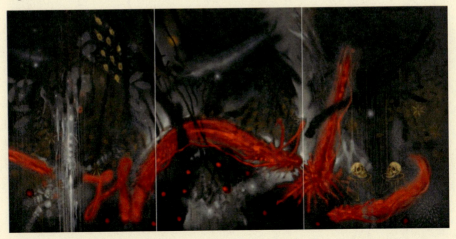

Fonte: Jacanamijoy (2016, p. 79)

CT –

Traços vermelhos, sangue derramado?...

Ossos,

morte,

medo...

escuridão...

Destruição!

Esses são alguns dos efeitos que esta pintura de Carlos Jacanamijoy[102] produzem em mim...

Esses efeitos me remetem a um **"outro"** que **chega**, que **destrói, que explora**... **que impõe... que...**

Ensina o "correto"... **Ensina como esquecer.**

E esses que já estavam ali, desde o **além** do **além**... tornam-se os diferentes entre os diferentes... tornam-se entre os "outros" os "outros"...

Há cinco anos, propomo-nos, dentre outras coisas, ... **Eles, elas, eu... Nós...**

Transgressão... e

Deslocamento...

Compreendendo, como afirma Abadio Green Stocel (SGA),

SGA[246] - "Ir al otro y volver del otro, no es un problema intelectual, es un problema del corazón, claro que uno puede estudiar al otro, es más, es su deber hacerlo, *pero comprenderlo es algo distinto*; conocer la vida de los pueblos, hacer la pregunta necesaria que conduzca al saber, no sale del conocimiento de los científicos sino del corazón del hermano o de la hermana. Sólo así es posible que las personas puedan *salir* de su mundo y *entrar* en los otros mundos; de lo contrario, *es posible que vayan y regresen, pero sin comprender, pisando las hierbas que dan vida, porque imaginan que son malezas,* profanando la tierra porque la ven como negocio, violando el agua con su indiferencia, *se podrá ir a muchos mundos, pero si no se tiene el corazón preparado, no veremos nada.* Triste forma de conocer... Pero ésta es una forma de ir y venir, la de uno que se vuelve todos".

JC[247] - El curador de la exposición, escribió sobre la pintura de gran formato en el libro-catálogo que acompañó la exposición: "Ejemplo claro de pintura autobiográfica, este lienzo pintado en tres paneles evoca la

---

[246]   GREEN, 2012, p. 1 itálicos nossos.

[247]   JACANAMIJOY, 2016, p. 79

UMA TERAPIA DO DESEJO DE ESCOLARIZAÇÃO MODERNA:
VENÍ, VAMOS HAMACAR EL MUNDO, HASTA QUE TE ASUSTES

segregación de que fue víctima en Londres por parte de las autoridades de inmigración. Los motivos de la composición retoman el tema de la savia, al que recurrió en otros cuadros. Como un incontenible torrente, la sangre fluye y deja caer gotas parecidas a semillas que se esparcen al modo del polen. La cascada cenicienta de la izquierda remite al nacimiento del pintor cerca del fuego como costumbre atávica de los ingas. Detrás de esa cascada, apenas visible, se distingue el tejido de la estera indicadora del lecho u origen. Su contraparte, en el lado opuesto, lo condensan las calaveras o sea el ser humano sin piel ni nombre, ni historia, sometido a ser él mismo pero entronizado en sillas chamánicas. Las contingencias de la vida, como la experimentada en el aeropuerto de Londres, a la larga frágil, darán lugar al surgimiento de hombres y mujeres diferentes, libres de los prejuicios que han dado lugar a la segregación racial (Medina 2013, p. 133)".

CT – O racismo escancarado e estrutural esse do qual você nos fala. E como inSURgência a essas práticas vejo a fala do professor Abadio, que nos assim como Ailton Krenak nos convocam a contar outras histórias como prática decolonial. Vejo um convite para que vamos e voltemos, voltemos e vamos... Ir e vir... Vir e ir... Descompactar, (des)ordenar e questionar e lutar contra o racismo estrutural ... São os elementos que caracterizam a atitude terapêutico-desconstrucionista, pois desde ali dispomo-nos, a ir a e a vir de outros mundos, indisciplinados, disciplinados, insubordinados e(ou) subordinados... Vamos deitar na rede *Gunadule*, nos deixar levar pelos seus movimentos de ir e vir e pelos seus efeitos...

Cuidado! A incerteza e a incompletude serão nossas companheiras...

Entremos em outros mundos...

IB – Já estamos entrando e saindo de outros mundos, de outras formas de vida, *nosso mundo está assustado,* impactado. Esses balanços da rede estão descompactando a colonialidade que nos foi imposta e nos habita, como possibilidade do impossível. Uma descompactação de dentro para fora e de fora para dentro do desejo de escolarização moderna.

CT – Decolonizar, então, é por um lado, articular as impossibilidades de estar plenamente dentro ou inteiramente fora das formas de vida ao se fazer pesquisa... Questionar as instabilidades das impostas *fronteiras* que separam um dentro de um fora, já que, como diz Derrida (JD),

JD[248] – "[...] o fora mantém com o dentro uma relação que, como sempre, não é nada menos do que simples exterioridade. O sentido do fora sempre foi no dentro, prisioneiro fora do fora, e reciprocamente".

CT – Derrida você está me remetendo a crítica desenvolvida por alguns estudos decoloniais[103] como uma perspectiva epistêmica que parte do outro lado da linha, dos conhecimentos, práticas e discursos que foram subalternizados pela imposição unilateral de valores produzida pela modernidade/colonialidade. Neste sentido, entendemos a *terapia desconstrucionista* como uma alternativa decolonial para desenvolver pesquisa, entendendo que "[...] a responsabilidade dos pesquisadores e acadêmicos não é somente compartilhar informações superficiais, mas também compartilhar teorias e as análises que influenciam na estrutura e na representação desses saberes e conhecimentos"[249]. Esta atitude nos permite produzir uma educação indisciplinar com base nos *diálogos de sabres* com base nas *semelhanças de família*, como diria Wittgenstein, como possibilidades de trocas interculturais. Deste modo, é preciso encarar que para cada problema uma terapia desconstrucionista diferente[104].

MA – Mas, que atitude terapêutica você está aqui praticando? Quais os aspectos *decoloniais* você está querendo ver nessa atitude?

WH[250] – Falo dessa maneira, porque é claro que estamos cientes de que Ludwig Wittgenstein, em seus escritos confidenciais esparsos como, por exemplo, aqueles que foram postumamente reunidos em Cultura e valor, embora se mostrasse profundamente preocupado com questões políticas, éticas, estéticas, morais e religiosas, a ponto de muitos seus comentadores verem tais questões como o real pano de fundo sob o qual toda a obra do filósofo devesse ser lida, elas não são propriamente investigadas, nem sequer tematizadas naquelas que geralmente são consideradas as suas principais obras. Não estaríamos, então, sendo, pelo menos, imprudentes em querer ver um aspecto decolonial em sua atitude terapêutica? Será que Wittgenstein estaria nos convocando à desobediência epistêmica? [...] *Estamos vendo* e querendo explorar aqui um aspecto *decolonial* nessa atitude, não apenas porque ela está sendo aqui por nós praticada para se desconstruir discursos e práticas que o discurso decolonial contemporâneo *vê* como colonizadoras. Mas também, porque *estamos vendo* o seu aspecto decolonizador como

---

[248] DERRIDA, 2004b, p. 43.

[249] SMITH, 2012, p. 29.

[250] MIGUEL; TAMAYO, 2020, p. 5-6.

UMA TERAPIA DO DESEJO DE ESCOLARIZAÇÃO MODERNA:
VENÍ, VAMOS HAMACAR EL MUNDO, HASTA QUE TE ASUSTES

sendo o propósito que orienta o nosso modo de praticá-la, não apenas na consideração do problema da *colonialidade estrutural da educação escolar que* nos foi imposta pelas práticas e pelo discurso europeu moderno, mas de qualquer outro que nos proponhamos a levar ao *divã*. O nosso modo singular de praticá-la será o de fazê-la contracenar, sobretudo, com o modo singular como Ludwig Wittgenstein a prática na *desconstrução* da obra de Frazer, mas também nas *Investigações filosóficas*. Não nos referenciaremos aqui em textos que *falaram sobre* a terapia de LW, mas tão somente, nos modos como o próprio LW a praticou em seus textos.

CT – WH, você me fez perceber que um dos aspectos decoloniais da terapia desconstrucionista está no questionamento ao negligenciamento ao que são submetidos os conhecimentos das epistemologias não ocidentais que, com a ciência moderna passaram a serem concebidos como conhecimentos práticos ou empíricos que não conseguem o *status* de 'científicos' por não seguirem as regras dos jogos científico/acadêmicos/ocidentais/burgueses de linguagem o que, de certa maneira, tem levado as pesquisas em Etnomatemática a privilegiar um olhar Matemático pelos conteúdos nas práticas socioculturais de outros povos – entendendo aqui a Matemática como conteúdos –. A *terapia desconstrucionista* se afasta de atitudes metodológicas que operam através da *'imposição do olhar'*, pois a imagem de Matemática que temos alimentado, muitas vezes, captura esses saberes outros, dando-lhes nome como eco e reflexo das sociedades colonizadoras, que subalternizam outros saberes, que constroem políticas de nomeação e discursos de verdade para a usurpação da enunciação dos povos submetidos à colonialidade.

PA[251] – Esa actitud no es nada más que la lucha por "distintas *políticas del nombrar*, como forma de combatir la *colonialidad del saber*; y por ello hablamos desde el potencial insurgente de Abya-Yala como ese locus otro de enunciación no sólo político, sino sobre todo de posibilidades de un horizonte diferente de existencia".

EL[252] – Reivindicar, la racionalidad de otras aritméticas, la legitimidad de otras matemáticas parece, implicar también, por tanto, la racionalidad y legitimidad de otras formas de gobierno que no pasen por las votaciones que suman individuos, la racionalidad y legitimidad de otras formas de gestión

---

[251] ARIAS, 2010, p. 483.

[252] LIZCANO, 2002, p. 4.

y organización que no pasen por las oficinas y despachos. Lo decisivo es la forma en que tanto la aritmética, como la democracia censitaria, como la racionalidad abstracta burocrática han llegado a percibirse en buena parte del planeta como ideales, como las únicas maneras legítimas de contar, de tomar decisiones colectivas y de organizar los asuntos comunes"35 [...] Por ejemplo, la que hemos llamado aritmética *yoruba* revela con especial nitidez la excepcionalidad de la 'aritmética democrática', aunque de esa excepción haya hecho regla el poder expansivo de la ideología ilustrada. Para quienes hablan *yoruba* (unos 30 millones de personas, contadas democráticamente, una a una), la unidad usada para contar no es ese 'uno' *indivisible* que se corresponde con el *individuo* que cuentan los censos a partir de Napoleón. La unidad aritmética se corresponde más bien con la unidad social, la cual, en un régimen comunal como el suyo, es una unidad colectiva. Los números *yoruba* no son adjetivos o adjetivos sustantivizados, como los nuestros (hijos del sustancialismo griego), sino verbos. Verbos cuya actividad proyecta lo comunitario sobre los objetos a contar. Así, su sistema numeral tampoco comienza por el uno, pero por razones bien distintas a las chinas o las platónicas. Su sistema numeral comienza con agregados, en los que sólo después, por un proceso de desagregación o sustracción, se van produciendo fracturas, mediante el uso concurrente de las bases veinte, diez y cinco. Nada que ver, pues, con el proceso conjuntista-identitario de construcción de la serie numérica de los números naturales: 1, 1+1, 1+1+1, ... Los que, desde pequeños, hemos llamado 'números naturales' son tan poco naturales como el individuo, el mercado o la e-vidente salida del sol cada mañana. Es decir, su naturalidad es el refinado producto de una construcción social muy determinada.

CT – Concordo com você. Veja a *terapia desconstrucionista* como opção decolonial se contrapõe a atitudes empírico-verificacionistas que sustentam não só, o binarismo 'forma vs. conteúdo', se não também, a epistemologia eurocêntrica da qual a Matemática disciplinarmente organizada participa, e ainda mais se sustenta na dicotomia humanos-não humanos. A Matemática, uma disciplina que opera pelos objetos de conhecimento formatados em conteúdos disciplinares. Esta lógica disciplinar nos apresenta como 'o modo de ver', e com vocês os *Gunadule* a gente tem aprendido que este modo de olhar cria um tipo de cegueira herdada pelo colonialismo e a colonialidade imposta há anos, o que acaba limitando nosso olhar, nos fixando uma *imagem* de conhecimento que participa do padrão de poder que a modernidade/colonialidade procura manter. Aníbal Quijano (QA) nos ajuda a compreender esse padrão de poder da seguinte maneira:

UMA TERAPIA DO DESEJO DE ESCOLARIZAÇÃO MODERNA:
VENÍ, VAMOS HAMACAR EL MUNDO, HASTA QUE TE ASUSTES

QA[253] – "Um dos eixos fundamentais desse padrão de poder é a classificação social da população mundial de acordo com a ideia de raça, uma construção mental que expressa a experiência básica da dominação colonial e que desde então permeia as dimensões mais importantes do poder mundial, incluindo sua racionalidade específica, o eurocentrismo. Esse eixo tem, portanto, origem e caráter colonial, mas provou ser mais duradouro e estável que o colonialismo em cuja matriz foi estabelecido. Implica, consequentemente, num elemento de colonialidade no padrão de poder hoje hegemônico".

CT – Então, isso quer dizer que a modernidade está imbricada na colonialidade e nas suas diferentes manifestações no mundo contemporâneo latino-americano?

QA – Isso mesmo. Vale a pena notar que ainda que vinculados, o conceito de *colonialidade* é um conceito diferente do de colonialismo. "Esse último refere-se estritamente a uma estrutura de dominação/exploração em que o controle político dos recursos de produção e do trabalho de uma determinada população é exercido por outra população de diferente identidade e cuja sede central está, além disso, localizada em uma outra jurisdição territorial. Contudo, nem sempre – e nem necessariamente – tal controle político implica relações racistas de poder. O colonialismo é, obviamente, mais antigo, enquanto a *colonialidade*, nos últimos 500 anos, tem provado ser mais profunda e duradoura que o colonialismo. [...] Por *colonialidade* compreende-se a continuidade de um padrão de poder articulado em representações binárias e hierárquicas de construção de sentido"[254].

CT – Podemos observar, nesta fala de Quijano, como os povos indígenas e outros não indígenas foram e estão sendo submetidos a padrões de poder que operam por meio da naturalização de hierarquias territoriais, raciais, culturais e epistêmicas, possibilitando as relações de dominação e garantindo a subalternação de conhecimentos e experiências, como Edward Said esforçou-se em mostrar no caso do orientalismo. Tais padrões se mostram homogeneizadores de condutas e de crenças. Mesmo que as lutas contra o colonialismo tenham conseguido interferir nas formas administrativas da ordem colonial, não conseguiram transformar as relações de poder nas quais dita ordem se sustentava. Pelo contrário, possibilitaram a continuidade da

---

[253] QUIJANO, 2005, p. 107.
[254] QUIJANO, 2007, p. 73.

colonialidade do poder que foi herdada pelas elites locais das elites espanholas, mantendo a dominação, por exemplo, sobre as populações indígenas e afrodescendentes, além do que lhes foram arrebatadas suas terras e lhes foram impostas formas de ser e conhecer. Descolonizar significa, então, estudar essas redes discursivas, esses *sistemas culturais de referências*, não é trocá-lo por algo novo, mas problematizar o que parece natural para evidenciar que há outras *racionalidades*, outras ordens ou outras epistemologias. Edward Said (SE) diz que isso pode ser feito com perguntas que tratam de problemas da experiência humana:

SE[255] – "¿cómo se *representan* otras culturas?; ¿Qué es *otra* cultura? El concepto de una cultura distinta (raza, religión o civilización) ¿es útil o siempre implica una autosatisfacción (cuando se habla de la propia cultura) o una hostilidad y una agresividad (cuando se trata de la «otra»)?; ¿Qué cuenta más, las diferencias culturales, religiosas y raciales o las categorías socioeconómicas y político-históricas?; ¿Cómo adquieren las ideas autoridad, «normalidad» e incluso la categoría de verdades «naturales»?; ¿Cuál es el papel del intelectual?, ¿Será el de dar validez a la cultura y al Estado del que forma parte?; ¿Qué importancia debe él dar a una conciencia crítica e independiente, a una conciencia crítica de *oposición?*".

CT – Claramente essas questões colocam em tela de juízo não só a possibilidade de que exista uma erudição que não seja política, mas também, a possibilidade de existir uma única linguagem. No panorama da investigação de pedagogias outras desde o Sul, acredito que tem emergido diversos movimentos decoloniais que estão questionando esses discursos sob os pontos de vista intelectuais, ideológicos e políticos, de modo que procuram deslocar e inverter as ordens dessa submissão e discriminação que se mantêm até hoje, pois, segundo Quijano (QA),

QA[256] – "[...] no capitalismo mundial, a questão do trabalho, da 'raça' e do 'gênero' são as três instâncias centrais a respeito das quais se ordenam as relações de exploração/dominação/conflito. Portanto, os processos de classificação social consistirão, necessariamente, em processos em que essas três instâncias se associam ou se dissociam".

---

[255] SAID, 2002, p. 428.

[256] QUIJANO, 2007, p. 104.

CT – Nessa fala de Quijano, podemos observar como a reprodução social dessas três instâncias têm sido indissociavelmente manipuladas segundo os interesses do capitalismo, com o propósito de se estabelecer limites para a ação política e para a emancipação social e econômica dos povos. Desse modo, em uma primeira instância, a *colonialidade* remete-nos a relações de *poder*, especificamente àquelas que se estabelecem no âmbito dos aspectos sistêmicos e estruturais das instituições e de seus aparelhos de controle que possibilitam a naturalização dos padrões. Esse padrão consiste na articulação entre: (1) uso da ideia de 'raça' como fundamento da classificação social; (2) uso do Estado como instituição de controle da autoridade coletiva; (3) promoção do eurocentrismo como forma hegemônica de controle da subjetividade/intersubjetividade, em particular no modo de se produzir conhecimento. A voz espectral de Idón Chivi Vargas[257] (CI), representante presidencial da Assembleia Constituinte boliviana, nos faz refletir a esse respeito.

CI – "La colonialidad [del poder] es la forma en que unos se miran superiores sobre otros y eso genera múltiples aristas de discriminación racial, y que en Bolivia se muestra como la superioridad de lo blanqueado frente a lo indio, campesino o indígena, unos son llamados a manejar el poder y otros a ser destinatarios de tal manejo, unos destinados a conocer y otros a ser destinatarios de ese conocimiento, unos son la rémora al progreso y los otros el desarrollo".

CT – Nos países latino-americanos, estes processos de dominação e suas manifestações ou efeitos, mostram-se semelhantes, uma vez que tais processos também se sustentam no controle da espiritualidade dos povos e, sobretudo, no controle dos processos de subjetivação, dos imaginários, dos corpos e das afetividades. Assim, os colonizados devem se espelhar nas visões de 'realidade', 'corpo', 'espírito', 'racionalidade' e mundo dos *estrangeiros*. A meu modo de ver, o que se coloca em jogo é a *colonialidade do saber* que, operando mediante a hegemonia da concepção de conhecimento do europeu, visto como o "sujeito racional", teve como efeito um processo de dominação epistemológica. Tal *totalitarismo epistêmico* negou e nega ainda outras formas de conhecer diferentes daquelas em conformidade a tal concepção hegemônica de conhecimento. A subalternização e o apagamento dos conhecimentos e experiências dos colonizados reforçam

---

[257] Referenciado por Walsh (2008, p. 6).

a re-produção das relações de dominação. Essa atitude pode ser descrita como violência epistêmica ou como *"epistemicida"*. Descolonizar este projeto intelectual/civilizatório de caráter disciplinar e de inspiração metafísica implica não só compreender a *palavra*, as linguagens, em suas diferentes manifestações performáticas e performativas, mas também uma revolução "em pensamento", "no pensamento", uma *descolonização do pensamento*. "Tal descompactação, implica perguntar-se, qual é o papel de toda a concepção moderna de conhecimento (Matemático) acumulado nas maneiras em que organizamos a vida? Este questionamento se coloca para repensar criticamente o modelo de racionalidade que preside a ciência moderna e, que se tornou, ao longo da história, um modelo global como efeito da *colonialidade do saber* mediante usos da escolarização"[258]. Nesse sentido, Eduardo Viveiros de Castro (VC) acrescenta que:

VC[259] - "[...] uma *descolonização do pensamento* permanente é assumir o estatuto integral do pensamento alheio enquanto pensamento e descolonizar o próprio pensamento. Deixar de ser o colonialista de si mesmo, subordinado às ideias mestras, às ideias-chave de sujeito, autoridade, origem, verdade. A descolonização envolve esse duplo movimento, o reconhecimento da descolonização histórica, sociopolítica do mundo e os efeitos que isso tem sobre a descolonização do pensamento. Nenhum dos dois processos jamais estará completo e terminado, nem a descolonização do mundo, nem a do pensamento. Por essa razão, o adjetivo "permanente" significa que o pensamento tem uma tendência natural ao colonialismo; a inércia do pensamento conduz o pensamento a se acomodar em soluções milagrosas, em esquemas fáceis, mecânicos, rígidos, um certo colonialismo [*nesta pesquisa, é o que entendemos por colonialidade do saber*] intrínseco de todo pensamento. Evita-se, assim, transformar o pensamento em doutrina, em igreja, seita. Resiste-se à padronização, à normatização, à paradigmatização do pensamento mesmo".

CT – Assim, para Viveiros de Castro, na condução de nossas investigações acadêmicas, deveríamos resistir à força de se querer ver o *Mesmo no Outro*[105], autorreafirmando, por extensão, no *Outro*, as crenças do *Mesmo* diante da popularidade do projeto intelectual/civilizatório. Re-intervenções que

---

[258] TAMAYO, 2017, p. 41.

[259] Segmento de fala de Viveiros de Castro em entrevista concedida a Lambert & Barcellos (2012, p. 253). As anotações entre chaves são nossas.

UMA TERAPIA DO DESEJO DE ESCOLARIZAÇÃO MODERNA:
VENÍ, VAMOS HAMACAR EL MUNDO, HASTA QUE TE ASUSTES

denunciam a supressão dos saberes levada a cabo, ao longo dos últimos séculos, pela norma epistemológica dominante e que valorizam os saberes que resistiram às condições de um diálogo horizontal entre conhecimentos. Processos de insurgência para dar voz à exterioridade negada de determinadas populações, que não só foram e são tornadas invisíveis na estrutura do sistema capitalista, mas também na sua exterioridade mediante a ação de suas instituições, tais como escolas, universidades, bancos, ONGs, igrejas, dentre outras, que regulam os processos de subjetivação, os imaginários, as sexualidades, os corpos... Manipula-se desde o mais íntimo das pessoas para se constituir subjetividades alienadas, sujeitos assujeitados, o que se expressa na ausência do outro, ao qual não é dada visibilidade. *Descolonização do pensamento* também é a descompactação das dicotomias e polaridades que têm sido promovidas ou reforçadas por pesquisas com olhares metafísicos e cientificistas relativos a problemas, tais como linguagem/pensamento, alma/logos, interior/exterior.... A esse respeito, Walter Mignolo (MW) se coloca do seguinte modo:

MW[260] – "A 'ciência' (conhecimento e sabedoria) não pode ser separada da linguagem; as línguas não são apenas fenômenos 'culturais' em que as pessoas encontraram a sua 'identidade'; elas também são o lugar onde se inscreve o conhecimento. E, dado que as línguas não são algo que os seres humanos têm, mas algo que os seres humanos são. A colonialidade do poder e a colonialidade do conhecimento engendraram a colonialidade do ser".

CT – Desse modo, o *"ser-colonizado"* emerge quando o poder e o pensamento se tornam mecanismos de exclusão. Contudo, com a pretensa 'superioridade' do ser europeu nos diversos campos de atividade humana, os saberes subalternos, as subjetividades e as identidades que foram excluídos, omitidos, silenciados e/ou ignorados estão sendo colocados em discussão pelas e para as próprias populações, colocando-os na interação com o que está 'fora' deles, se é que estão fora. Nas palavras de Angélica Walsh (WA),

WA[261] - "[...] un proyecto *decolonial* nos permite reflexionar más allá del contexto moderno occidental en el cual surgió, en este caso, la recuperación colectiva de la historia, para advertir que la modernidad en América Latina haría parte de una experiencia de carácter no sólo moderna — en

---

[260] MIGNOLO, 2003, p. 633
[261] WALSH, 2013, p. 70.

los términos trazados desde la interpretación eurocéntrica — sino también colonial. [...] Proyecto que busca recorrer las memorias colectivas indígenas e afrodescendentes".

CT – Desse modo, para esta nossa pesquisa com os Gunadule, de Alto Caimán, a recuperação das memórias coletivas faz parte desse movimento decolonial de desestabilização da hegemonia acadêmica e cientificista sobre as práticas socioculturais dos povos. Memórias que, enquanto portadoras de conhecimentos, foram excluídas e tornadas invisíveis a partir da implementação da ordem moderno-colonial. Nesse sentido, procuramos não só ouvir os *saglamala* narrarem e performarem suas histórias cantadas, mas aproximamo-nos também de outros coletivos, com o objetivo de entrar em (e sair de) outros mundos, nos quais fazer a pergunta correta e no momento certo torna-se fundamental para compreender os efeitos de significação que são mobilizados no coletivo/individual. O *sagla* Jaime Melendres (MJ) nos faz refletir, a esse respeito.

MJ[262] – Há um canto que continuamente é cantado na '*casa del congreso*'. Usamos esse canto para mostrar acontecimentos relacionados às injustiças, à iniquidade e à desigualdade entre os povos indígenas. Por meio dele, trazemos eventos do passado para pensar nossa atualidade. Também refletimos sobre as relações de poder e sobre como há perdas, com a finalidade de manter o domínio de uns sobre os outros, mas notamos que há pessoas prestes a questionar. Além disso, este cântico também indica que devemos refletir para que, no interior da comunidade, não aconteça inequidade e desigualdade, que é o que já temos no nosso exterior. Eu canto para que nossos jovens e crianças compreendam que a dominação ainda está presente, mas de outras formas.

CT – O canto[106] que Jaime encenou após este comentário foi o seguinte:

MJ – *No começo do* mundo, tudo era justo, todos os seres viviam em harmonia. Havia equilíbrio entre o cosmos, a humanidade e a Mãe Terra.
Ao longo do tempo, Bilel e sua família e Oloulgunalilele e sua família queriam se apoderar da Mãe Terra.

---

[262] Segmento de fala extraído de entrevista a mim concedida para esta pesquisa pelo Sagla Jaime Melendres, em 17 de janeiro de 2014.

UMA TERAPIA DO DESEJO DE ESCOLARIZAÇÃO MODERNA:
VENÍ, VAMOS HAMACAR EL MUNDO, HASTA QUE TE ASUSTES

A partir da copa de uma árvore, dedicaram-se a destruir o mundo, produzindo tempestades, provocando furacões e violando os recintos sagrados.

Ibelele e seus irmãos, representantes do bem, analisaram o problema e se retiraram para descobrir, em sonhos, a raiz do mal.

Por meio de um espião animal, Ibelele e seus irmãos aprenderam que...

Na copa da árvore estava a opulência, a riqueza e o poder para uns poucos...

E que eram eles a causa do pânico e do terror **dos outros**.

Depois de um tempo, decidem derrubar essa árvore, mas tudo o que cortavam durante o dia, com a ajuda de outros seres, aparecia intacto na manhã seguinte.

A cobra, o sapo e o cervo lambiam à noite as feridas da árvore, curando-a.

Ibelele e todos os seus aliados conseguiram se organizar com outros seres.

Os pássaros pequenos, teriam que ouvir as estratégias de Bilel e Oloulgunalilele.

Entre todos os seres de **diversas camadas da terra**[107] conseguiram derrubar a árvore e a calma voltou a reinar.

CT – Vemos aqui seres que chegam sem avisar interrompendo, criando algo que não estava ali, reafirmando as diferenças e abrindo mão das semelhanças. O jogo de linguagem do canto é contextualmente encenado de forma coletiva e comunitária na *Onmaggednega*. Essa encenação reinventa a tradição, constituindo-se em um exercício estratégico de memória. Para os *Gunadulemala*, tal jogo ritualístico de linguagem reivindica a importância de compreendermos que *todos os seres que habitam o cosmos são irmãos*. Entretanto, participa também de tal reivindicação o rastro memorialista de que o controle das relações assimétricas de poder relativas à gestão territorial, política e econômica, bem como sobre as formas de se conhecer e se validar conhecimentos, não se faz sem luta. Manifesta-se na encenação deste jogo de linguagem a possibilidade do impossível, assim como de um porvir em si mesmo que está sempre no movimento do passado, do presente e do futuro. Enquanto jogos de linguagem performativos e performáticos mobilizadores de memórias coletivas, os cantos dos *saglamala*, em Alto Caimán, ao deslocarem por semelhanças de família, significações de um contexto para outros, permitem problematizar os efeitos dos acontecimentos contemporâneos sobre a própria comunidade. A problematização desses efeitos de sentido manifesta-se no marco da reivindicação indígena do *Bem Viver*[108], vista como uma prática histórica de resistência, de acordo com a qual a *descolonialidade* dos seres e dos conhecimentos é uma condição necessária para (re)criar uma ordem material e simbólica que leve a considerar que os jogos de linguagens variam de uma *forma de vida* para outra. Entretanto, não devemos esquecer de que muitos dos cantos encenados em *Onmaggednega* orientam as ações coletivas e individuais da comunidade. Pelo fato de ditos jogos de linguagem serem encenados usando uma linguagem alegórica, do lado de cada *sagla* que está deitado se balançando em uma rede, um *argal* está sentado em uma cadeira especial feita para ele, com a finalidade de produzir outros jogos de linguagem – agora exclusivamente narrativos –, que tornem as significações dos cantos dos *saglamala* acessíveis para os demais Gunadulemala. Martínez Montoya (MM) esclarece o papel desempenhado pelo *argal* enquanto intermediador dos efeitos de sentido dos cantos dos *saglamala*:

Figura 33 - *Sagla* e *argal* do lado

Fonte: fotografia do *arquivo* da pesquisadora

MM[263] – [...] el *argal* es como un traductor, estudio mucho de nuestra cultura para poder estar ahí sentado. Él utiliza un lenguaje con muchos ejemplos, haciendo comparaciones de la vida pasada con la actual.

---
[263] Segmento de fala extraído de entrevista a mim concedida para esta pesquisa por Martínez Montoya, em 27 de julho de 2011.

UMA TERAPIA DO DESEJO DE ESCOLARIZAÇÃO MODERNA:
VENÍ, VAMOS HAMACAR EL MUNDO, HASTA QUE TE ASUSTES

CT – Abadio Green Stocel (AS) amplia o esclarecimento acerca do papel do *argal* com base em um exemplo:

AS[264] – "[...] cuando el Sagla canta sobre la historia de los siete hermanos y su hermana Olowagli, hacen referencia a las madres ranas que ocultaron la verdadera historia de la madre de los ocho hermanos, que fue devorada por los hijos de las ranas; y ellas pasaron a ser como las verdaderas madres de los ocho hermanos. Los ocho hermanos no conocieron esa historia en la boca de sus abuelas tutoras, sino que supieron la verdad de la historia por medio de los cantos de los pájaros. El *Argal* con su oratoria transforma este relato en la realidad de nuestras comunidades, refiriéndose a las *envidias*[265] y las mentiras. El *Argal* evoca todo el tiempo la responsabilidad que tenemos con nuestras familias a las que no debemos engañar; no debemos mentir a nuestros hijos e hijas; que no podemos traicionar a nuestras compañeras y compañeros; debemos ser rectos, diciéndonos la verdad a nuestra gente. También nuestras autoridades han utilizado esta historia con la realidad política que vivimos con nuestros gobiernos, porque estos se parecen a las madres ranas, porque todo el tiempo está mintiendo al pueblo, a la sociedad y sobre todo robando el bien de la sociedad; así mismo se han referido a la actitud que tienen nuestros gobernantes, igual a los hijos de las ranas que devoraron a la Madre de los ocho hermanos; como nuestros gobernantes están devorando a la Madre Tierra con diferentes megaproyectos que dan muerte a miles de especies y culturas que viven en la faz de la tierra, y encima nos dicen que ellos son nuestras madres que nos defienden la vida, como dijeron las madres ranas a los ocho hermanos".

MM[266] – Isso significa que o *argal* vai "traduzindo". Ele coloca os sentidos e significados das palavras, dos gestos, dos movimentos e do ritmo do cântico em palavras que sejam mais familiares para todos os demais *Gundulemala* que participam da encenação do canto. Sem essa ação do *argal*, outras atividades que são desenvolvidas paralelamente aos cânticos e à tradução não seriam feitas corretamente.

CT – Observo, neste esclarecimento, que Martinez Montoya chama de "tradução" deslocamentos de significações por diversos jogos de linguagem que produzem efeitos variáveis de significação. Os efeitos de sentido

---

[264] GREEN, 2012, p. 53.

[265] Em português, significa "inveja".

[266] Segmento de fala extraído de entrevista a mim concedida para esta pesquisa por Martínez Montoya, em 22 de setembro de 2014.

da encenação do *argal*, tal como a do *sagla* – ambas por mim consideradas jogos de encenações corporais de linguagem –, se produzem não só pelos usos performados das palavras enunciadas de um jogo de linguagem para outro, mas também pelos ritmos da entonação e pelos movimentos de seus corpos como um todo. O *sagla* que canta, ao iterar os cantos tradicionais da comunidade, está se remetendo a rastros memorialistas de linguagem cujas significações mantêm semelhanças de família com as encenações precedentes. Contudo, ao mesmo tempo, ao balançar-se na rede enquanto canta, produz uma quantidade de movimentos diferentes dos que são produzidos, tanto pelo *argal* quanto por outros participantes do ritual que realizam simultaneamente – em função dos efeitos diversos de sentido produzidos em cada jogo – outras práticas culturais, tais como o dançar, o tecer as roupas tradicionais das mulheres, o tecer redes, o tecer cestos, dentre outros. Percebe-se, portanto, que o ritual, no seu conjunto, encena coordenadamente diferentes práticas culturais que podem ser vistas como jogos de linguagem. Embora cumpram propósitos diferentes, mantêm entre si relações de dependência entre as ações neles realizadas de modo que os artefatos culturais a serem produzidos em cada um deles, mantenham determinadas caraterísticas praxiológicas e artístico visuais desejadas.

WO[267] – Na verdade, os movimentos de cada sujeito são tão importantes quanto as palavras.

CT – Desse modo, os cânticos, enquanto jogos de linguagem, remetem alegoricamente a *rastros* de *rastros* de outros jogos de linguagem. No canto do *sagla, Ibelele*[268]*,* ao se colocar em oposição às famílias de *Bilel* e de *Oloulgunalilele,* transforma o impossível em possibilidade mesma do acontecimento. Como efeito dessa oposição, ditas famílias foram castigadas pelos deuses. Nas palavras do *sagla* Jaime,

MJ[269] – [...] eles [*Bilel* e *Oloulgunalilele*] foram enviados a distintas camadas da Terra. Como um exemplo para a humanidade, o castigo por eles recebido foi o de permanecerem vivos, isto é, o de não morrerem.

---

[267] Segmento de fala extraído de entrevista a mim concedida para esta pesquisa por Olo Wintiyape (WO), em 22 setembro de 2014. As chaves são inserção minha.

[268] Uma dentre os sete irmãos.

[269] Segmento de fala extraído de entrevista a mim concedida para esta pesquisa pelo sagla Jaime Melendres, em 17 de janeiro de 2014, rastros do passado para nossa atualidade.

AS[270] – Não é por acaso que, frequentemente, é narrada a história de Olobilibelele, um dos aliados das duas famílias que, no início, tinham por tarefa cuidar da terra. Isso porque, posteriormente, tais famílias descumpriram essa tarefa, tornando-se donos de tudo que estava nela. Como castigo, Olobilibelele, foi enviado à sexta camada da terra para converter-se no pai dos tremores, dos terremotos, para que, mediante os seus movimentos, *a humanidade tivesse conhecimento de sua prepotência.* Agora, devemos aprender, com essa traição, que não podemos seguir os passos de Olobilibelele. A palavra *Olobilibelele*[109] passa, então, a significar o comportamento que este homem teve com a Mãe terra, ele achava-se proprietário de tudo que nela existia, incluindo as diversas camadas, o que significa ser dono de todos os minerais que existem dentro das entranhas da mãe: *olo (ouro), mani (prata), esnun (alumínio), esgorro (ferro), gwingwa (chumbo), olgolo (cobre), gwalludi (petróleo), sogun (carvão), dentre outros.*

AS[271] – O canto de *Olobilibelele* permite-nos compreender os efeitos das grandes empresas multinacionais que se consideram proprietárias de todos os nossos recursos, impondo-nos megaprojetos que não respeitam a vida, assim como aconteceu, na primeira geração Guna, com *Olobilibelele* e *Bilel.*

CT – Então, significações contemporâneas são produzidas com base nas semelhanças que elas estabelecem com jogos memorialistas de linguagem precedentes, dando sentido a outros jogos de linguagem nos quais *palavras maiores, palavras vivas* são encenadas. A linguagem como um todo corporal se *itera.* Segundo Miguel Rocha Vivas (VRM), *palavras maiores, palavras vivas,*

VRM[272] – "Son las palabras que encuentran su orientación en la común referencia a los sentidos de origen, sentidos que se actualizan [...] palabras que están vivas y que pueden asumir diferentes formas [...]".

CT – Porém, para mim, há nos sentidos das *palavras maiores, palavras vivas,* uma ausência de um referente originário ou "primário". Há, simplesmente, palavras que são repetidas e alteradas de geração para geração, jogos de linguagem que são reencenados de adultos para adultos, e de adultos para crianças. Há aqui uma aprendizagem compreendida como *mimética*[110] que Christoph Wulf (WC) esclarece da seguinte maneira:

---

[270] GREEN, 2012, p. 149, p. 98.

[271] GREEN, 2012, p. 98.

[272] ROCHA VIVAS, 2012, p. 68.

WC[273] – "Son procesos miméticos corporales los que producen diferentes «culturas del performativo», en referencia a las cuales es importante subrayar tres aspectos. En primer lugar, las diferentes formas de realización de lo social; el segundo aspecto se refiere al carácter performativo del lenguaje, es decir, el hecho de que una expresión sea al mismo tiempo una acción, como por ejemplo el «sí» en una boda; el tercer aspecto alude al lado estético, vinculado a la escenificación y realización corporales".

CT – Nesse sentido, cantar, tecer roupas, tecer cestos, tecer redes etc., podem ser vistos como jogos de encenações miméticas de linguagens ou de práticas culturais que, com base na memória coletiva da comunidade, são mimeticamente iteradas de uma geração para outra. Nas palavras do *sagla* Jaime Melendres,

MJ[274] – [...] al cantar esperamos que quienes nos escuchan aprendan nuestra tradición. Los eventos del pasado podemos traerlos y reinterpretarlos para ver nuestra actualidad y desde allí actuar en la comunidad. La educación se hace en nuestra cultura con los cantos. Desde el *embarazo*[275], la mamá se acuesta en la hamaca y le canta al bebe, en la medida en la que se desarrolla la niñez también se canta en la hamaca y en la casa del congreso nosotros los sagla cantamos. Pero también se aprende en las prácticas, solo que ahora como los niños van a 'hacer escuela' no están aprendiendo la educación como siempre fue en nuestra cultura.

CT – Esta fala de *sagla* Jaime me fez lembrar desta pintura de Carlos Jacanamijoy, que estou mostrando para vocês, intitulada *"corona de flores y plumas"* e, a qual foi produzida a partir dos efeitos de sentido gerados pela fala de um *xamã*[111] sobre o pintor. Assim, a pintura é produzida com base no deslocamento dos efeitos de sentido de um jogo de linguagem para outro. O propósito que orientou Jacanamijoy na produção desse seu jogo de linguagem gráfico-visual foi, segundo ele próprio, fazer um tributo a todos os predecessores indígenas que tinham compreensão do conhecimento da natureza, isto é, que estabeleciam com ela uma relação umbilical-espiritual. Nas palavras dos *Gunadulemala, todos os seres que habitam a Mãe Terra são seus filhos.*

---

[273] WULF, 2008, p. 17

[274] Segmento de fala extraído de entrevista a mim concedida para esta pesquisa pelo sagla Jaime Melendres, em 27 de julho de 2011, rastros do passado para nossa atualidade.

[275] Em português, significa "gravidez".

Figura 34 - Pintura *"Corona de flores y plumas"*

Fonte: Jacanamijoy (2004)

CT – Álvaro Medina (MA) esclarece do seguinte modo a produção desse jogo de linguagem gráfico-visual:

MA[276] – "Tributo a quienes nos precedieron en el conocimiento de la naturaleza, me escribe Jaca[277], y explica: «un día encontré en la casa de un chamán en la selva un plumaje de estos, que tenía cerca de un siglo, y sentí una fuerte presencia». La idea de tributo u homenaje se repite. En cuanto a la presentida y fuerte presencia, aunque no es visible físicamente, la pintó. Se expresa en el halo luminoso que sugiere la existencia de un horizonte, símbolo de salida, esperanza y meta…".

CT – De acordo com nossa perspectiva, esta linguagem gráfico-visual configura-se a partir dos *rastros* da reinvenção das significações. Na pintura, há uma rede de sentidos que expressam a sabedoria indígena no campo da não presença. Nas palavras de Jacques Derrida (DJ),

DJ[278] – "[...] uma vez que o rastro não é uma presença, mas o simulacro que se desloca, se transfere, se reenvia, ele não tem propriamente lugar".

---
[276] MEDINA, 2013, p. 77.
[277] Se referindo a Jacanamijoy.
[278] DERRIDA, 1991, p. 95.

TU[279] – Nossa, quanta coisa! Eu queria falar que nunca foi evidente essa semelhança na forma de se ver a 'escola'. Quando nós, Dule, escutamos ou usamos a palavra 'escola' ou 'fazer escola', nós as relacionamos com as matérias que vamos aprender em um lugar ou espaço físico. Desde quando esse espaço foi construído em nossas comunidades, as crianças passaram a ficar mais tempo lá do que em casa, onde aprendiam os conhecimentos de nossos rituais e nossas práticas socioculturais. Desse modo, começamos a perder conhecimentos.

CT – Como você chegou a essa sua conclusão?

TU[280] – O período de tempo em que são realizadas a maioria das práticas socioculturais que as nossas crianças podem aprender fora da escola (cultivar, cantar, cozinhar...) é o mesmo no qual transcorrem as práticas de 'fazer escola': das 8 da manhã às 2 horas da tarde.

CT – Por que ditas atividades só podem ser desenvolvidas nesses horários?

TU[281] – Isso tem a ver com o clima desta região [*referindo-se ao Urabá Antioquienho*]. Sempre é quente e úmido, moramos na floresta mesmo. O tempo que levamos para sairmos da zona rural e chegarmos ao *resguardo* é de aproximadamente três a quatro horas de caminhada. Então, as atividades de trabalho aqui iniciam umas quatro horas da manhã e terminam às duas ou três horas da tarde, no máximo. Depois das cinco horas, fazemos algumas coisas, como cuidar dos animais. Há atividades noturnas, mas são específicas de ensino e aprendizado dos rituais para adultos e que as crianças não podem aprender. Como você pode observar, os horários das atividades da cultura cruzam-se com os das atividades de escolarização, e muitos conhecimentos não estão passando de uma geração para outra.

MM[282] – Por outro lado, a respeito da primeira tentativa curricular, noto nela alguns problemas: (1) falta de formação dos professores, o que afetou as concepções do que deveria ser ensinado ou não e como deveria sê-lo; (2) a participação dos professores no desenvolvimento da proposta foi muito pouca; (3) tentar encaixar nossas práticas socioculturais no sis-

---

[279] Segmento de fala extraído de entrevista a mim concedida para esta pesquisa por Tulia Espitia, em 26 de julho de 2011.

[280] *Ibid.*

[281] *Ibid.*

[282] Segmento de fala extraído de entrevista a mim concedida para esta pesquisa por Martínez Montoya, em 10 de janeiro de 2014, com base em anotações do diário de campo n. 2, da pesquisadora.

tema de escolarização. Tentamos traduzir nossos conhecimentos tendo como parâmetro de referência os conhecimentos escolares, como uma transposição. Atualmente, a respeito do primeiro ponto, consideramos que os professores das três zonas do nosso resguardo têm outro tipo de formação mais intercultural, o que de alguma forma está colocando de forma evidente a reivindicação da nossa cultura sem ter como referência a cultura do outro. A formação em nível de graduação dos professores de Alto Caimán foi, na *Licenciatura em Pedagogia da Mãe Terra*, da Universidade de Antioquia, um fator importante, uma vez que o foco da formação foi feito de forma conjunta com a comunidade. A respeito do segundo ponto, os professores têm participado ativamente de todos os processos de discussão relacionados à educação, mas ainda estamos presos ao sistema. E, finalmente, hoje vemos que foi um equívoco a transposição de um currículo escolar estrangeiro para se pensar a formação dos *Gunadulemala*. Isso nos levou para o caminho errado, como mostra o exemplo do plano curricular da segunda série:

Figura 35 - Plano curricular proposto para segunda série no currículo Dule (1995)

Currículo Tule
Segundo Grado: Matemática

Matemática Unidades	Propósito	Contenido	Metodología	Evaluación	Investigación de Aula
I. El sistema matemático Tule.	Construir el sistema matemático Tule desde los números procedimientos y relaciones usando los clasificadores.	Clasificadores, sistema de mano, Procedimientos y relaciones. Suma . Resta . Multiplicación Sistema Tule (20), Suma, resta, multiplicación, y división.	Sistema de colección. Dedos de las manos, dedos de los pies. Otras colecciones.	. Contar: adelante atrás. . Sumar . Restar . Multiplicar . Separar por partes dividir.	Sistema matemático Tule. Sistema 5 Sistema 20 y sus operaciones. Su manejo simbólico.
II. Hilera, tule y mano en el sistema matemático Tule.	Recrear en Hilera: los sistemas "mano", "Tule" y acercarse al sistema "decimal".	Sistema 1 hilera (100) . Mano-hilera . Tule- hilera Sistema 2 hileras Sistema 3 hileras .Conservación de mano, Tule, hilera, y sus operaciones.	Sistema de colección: chapas frutos hojas conchas de mar	. Formar inclusiones o categorías. . de 5 en 5 . de 20 en 20 . de 10 en 10 Inclusiones . Disyunciones Relaciones.	Sistema 1 hilera Sistema 2 hilera Sistema 3 hilera Sistema Puerco Manao y sus operaciones, su representación simbólica y conceptual.
III. Sistema matemático decimal	Componer y descomponer, recomponer los números en las relaciones parte a parte, todo a todo, parte a todo, todo a parte.	Suma y resta . Números . Sistemas 10-20... 100 Multiplicaciones y división: particiones, jerarquías o inclusiones.	Sistema de colección . Tapas . Manejo de dinero	. Formar inclusiones y particiones de 2 en 2 3 en 3 9 en 9 Sumar, restar, multiplicar, dividir.	Sistema decimal y sus operaciones su representación y manejo simbólico y arcaico.

Fonte: Stocel *et al.* (1995)

CT – Isso que você chama de *"ter feito uma tradução ou transposição"* pode ser visto como a necessidade de *explicar* as próprias práticas culturais com as lentes do estrangeiro. Esse desejo de *explicar* é criticado por Wittgenstein na leitura que ele faz da obra de Frazer[112], pelo fato deste antropólogo pretender *fornecer uma explicação* científica da magia. Vemos que, tanto na proposta curricular de primeira série quanto na de segunda série, mesmo que haja tentativas de *explicação* das práticas socioculturais dos *Gunadulemala* com as lentes do currículo disciplinar da escola republicana, há uma tentativa de se dar valor ao estudo dos conhecimentos Dule, procurando diferenciar entre 'matemática ocidental' e 'matemática Tule (*Guna*)'. Apesar disso, dita diferenciação não foi feita para todas as séries. Por exemplo,

Figura 36 - Plano curricular proposto para segunda série no currículo Dule (1995)

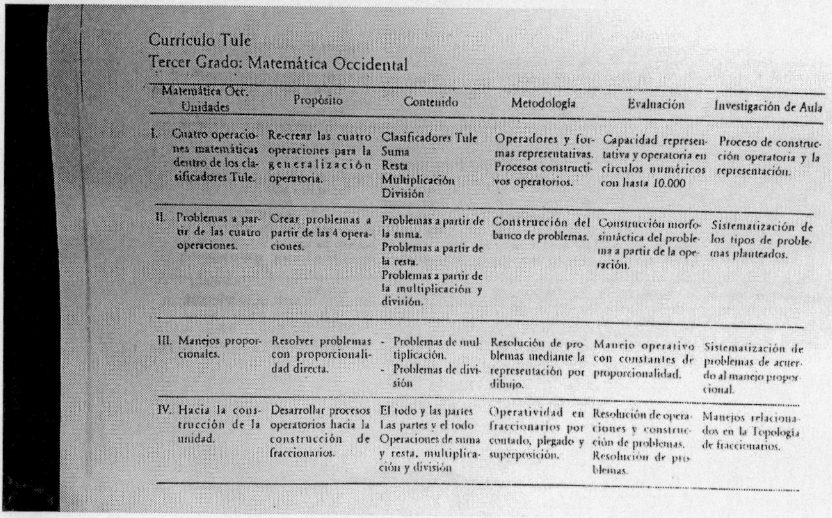

Currículo Tule
Tercer Grado: Matemática Occidental

Matemática Occ. Unidades	Propósito	Contenido	Metodología	Evaluación	Investigación de Aula
I. Cuatro operaciones matemáticas dentro de los clasificadores Tule.	Re-crear las cuatro operaciones para la generalización operatoria.	Clasificadores Tule Suma Resta Multiplicación División	Operadores y formas representativas. Procesos constructivos operatorios.	Capacidad representativa y operatoria en círculos numéricos con hasta 10.000	Proceso de construcción operatoria y la representación.
II. Problemas a partir de las cuatro operaciones.	Crear problemas a partir de las 4 operaciones.	Problemas a partir de la suma. Problemas a partir de la resta. Problemas a partir de la multiplicación y división.	Construcción del banco de problemas.	Construcción morfosintáctica del problema a partir de la operación.	Sistematización de los tipos de problemas planteados.
III. Manejos proporcionales.	Resolver problemas con proporcionalidad directa.	- Problemas de multiplicación. - Problemas de división	Resolución de problemas mediante la representación por dibujo.	Manejo operativo con constantes de proporcionalidad.	Sistematización de problemas de acuerdo al manejo proporcional.
IV. Hacia la construcción de la unidad.	Desarrollar procesos operatorios hacia la construcción de fraccionarios.	El todo y las partes Las partes y el todo Operaciones de suma y resta, multiplicación y división	Operatividad en fraccionarios por contado, plegado y superposición.	Resolución de operaciones y construcción de problemas. Resolución de problemas.	Manejos relacionados en la Topología de fraccionarios.

Fonte: Stocel *et al.* (1995)

MM[283] – Essa proposta curricular feita por pesquisadores contratados pela *Organização Indígena de Antioquia* (OIA), a meu ver, foi mais uma tentativa de resposta para as nossas reivindicações políticas que colocava para o Ministério de Educação que também nós produzíamos conhecimento. Naquele momento, os esforços para se encaixar e traduzir os nossos conhecimentos para os formatos da escola, possibilitaram que nossas vozes fossem ouvidas. Ainda que hoje estejamos reavaliando tudo o que foi feito, temos também ciência de que continuamos presos ao sistema.

283 Segmento de fala extraído de entrevista a mim concedida para esta pesquisa por Martínez Montoya, em 19 de janeiro de 2014, e anotadas no diário de campo n. 2 da pesquisadora.

CT – Observo, nessa sua fala, que dita tradução ou transposição de critérios de racionalidade está ancorada na necessidade da *explicação* das práticas socioculturais orientada por propósitos teórico-analíticos, visando reivindicar que os conhecimentos da própria comunidade Guna sejam também mobilizados no e legitimados pelo sistema escolar republicano. Quando vocês, em diversos momentos, têm falado que procuram uma educação que se fundamente nas próprias práticas socioculturais, estão se colocando no movimento da *inversão* e do *deslocamento*, da transgressão da atitude cientificista na qual a epistemologia é o centro. Nas palavras de Antonio Miguel (MA),

MA[284] – "Trata-se, na verdade, de uma crítica à própria atitude cientificista, qualquer que seja o campo científico em que ela se exerça. E aqui criticar a atitude cientificista significa criticar todas as pesquisas que se pautem pelo modelo dicotômico teoria versus prática, pois não se trata mais de ir da teoria à prática ou da prática à teoria, ou mesmo de se falar em relação dialética entre teoria e prática, mas simplesmente de se abandonar o desejo de *explicar*, o desejo de teorizar, o desejo de se preencher as lacunas do sem sentido que se manifestam em nossas investigações e nas narrativas de nossas investigações – sejam elas historiográficas ou não –, com algum sentido que supomos poder torná-las coerentes ou racionalmente sustentáveis. Trata-se, então, de nos mantermos exclusivamente no solo firme das próprias práticas culturais – entendidas como encenações simbólico-corporais de jogos de linguagem – e de nos contentarmos em descrevê-las, bem como dissolver as estratégias retóricas que tentam preencher as lacunas do sem sentido de nossas narrativas descritivas, ou ainda que tentam ressignificar conexões semânticas gramaticalmente estabelecidas, substituindo-as por outras que não aquelas manifestas nas próprias práticas".

OW[285] – Quando prestamos atenção nesta proposta curricular de 1995 para 'fazer escola', há uma procura pela 'sistematização' e 'organização' das práticas de contagem e numeração usadas na nossa comunidade. Tais práticas, segundo os cânones manifestados no currículo, estariam mobilizando desordenadamente os conhecimentos matemáticos. Por essa razão, tal proposta acaba ordenando artificialmente conhecimentos matemáti-

---

[284] MIGUEL, 2016, p. 501, itálicos nossos.

[285] Fala ficcional construída om base em anotações de 29 de novembro de 2014, presentes no diário de campo da pesquisadora.

cos, que supostamente estariam também sendo mobilizados em práticas culturais extraescolares, mas de um modo desordenado. Por exemplo, na segunda série, é proposto o ensino do 'sistema' de numeração Dule. Sempre me pergunto o que estavam querendo dizer com a expressão *sistema de numeração?* Porque aqui, a gente não tem isso não. Acho que procuravam ver semelhanças entre os conhecimentos das práticas de numeração que se ensinam na escola do estado com os nossos, o que, no fim das contas, acaba sendo olhar o Outro com as lentes do Mesmo. De fato, nas práticas de contagem e numeração Guna, manifesta-se uma classificação qualitativa, mas não há procedimentos estruturados de relações que caracterizem um sistema do modo como se fala em sistema de numeração na escola republicana. Desse modo, ao se tentar valorizar nossos próprios conhecimentos, acabamos descaracterizando-os e passando uma visão artificial e falsa dos mesmos para nossas próprias crianças. Por outro lado, notamos que a proposta considera também o ensino do sistema métrico decimal e seus componentes. Entretanto, embora esse conhecimento faça sentido quando pensamos na matemática vista como uma disciplina escolar *waga,* ele nada significa para nós, uma vez que nossas práticas de medição operam com unidades de medida distintas daquelas presentes no sistema de numeração decimal dos *waga,* visto como efeito da adoção do ideal de padronização métrica vindo da revolução francesa e traduzido pelo lema "igualdade, liberdade e fraternidade".

Vale a pena notar que, lamentavelmente, esta proposta não chegou a ser colocada em funcionamento. Caso tivesse sido, estaríamos hoje em melhores condições de avaliar os seus efeitos. O principal desafio, atualmente, está colocado em pensar outro tipo de educação que tenha como foco o estudo das próprias práticas em relação com as práticas de outras formas de vida. Isso significaria pensar outra 'escola' ou, melhor ainda, como sair dela. Nesse e no último[286] projeto curricular, leva-se em consideração o ensino da prática do tecer *molas* e da 'geometria'. Pelo fato dos bordados estampados nas *molas,* aos olhos dos pesquisadores desses projetos curriculares, assemelharem-se a figuras e a formas que são estudadas na geometria euclidiana escolar, tais pesquisadores acabaram significando a prática cultural do tecer *molas* com base nessa geometria.

---

[286] O último projeto orientado para refletir sobre a ressignificação da escola partindo da pergunta "o que, como, para quem e por que ensinar?" foi o projeto *Ibgigundiwala* – MEM (2010a, 2012), financiado pelo Ministério de Educação Nacional da Colômbia.

CT- Alguém poderia explicar para mim o que são as *molas*? E professor, pode esclarecer para mim quem que falou para você que as significações das formas e figuras nas molas não podem ser entendidas como geometria euclidiana?

SA[287] – La palabra mola significa mariposa, esto por los colores tan variados que ella posee; son tejidos construidos por las mujeres Guna, las formas diseñadas en los tejidos dependen de la finalidad, si es para protección o para venta. Esta escritura que nuestras abuelas y nuestras madres han elaborado, nos indica la evolución que ha tenido la cultura Dule con distintas culturas y el conocimiento que nuestros mayores sabios y sabias han recreado con relación con la naturaleza. También nos enseña que cuando alguien se muere, el difunto al despertar en la casa del cementerio encontrará una mola grande, donde estará escrita la historia de cada hombre y de cada mujer.

Figura 37 - Mola elaborada por Tulia Espitia

Fonte: *arquivo* fotográfico da pesquisadora.

---
[287] GREEN, 2012, p. 217.

WO – A respeito dessa sua pergunta, pretendo retomar alguns acontecimentos vivenciados. No dia 26 outubro de 2011, eu participei com outras pessoas, de dentro e de fora da comunidade, de um encontro na escola com o propósito de aprender a prática da cestaria. Nesse encontro, os professores que nos ensinaram a construir cestos foram o *sagla* Jaime Melendres, as senhoras Felicia Martínez e Tulia Espitia. Houve um momento em que o *sagla* construiu um tipo de cesto (*galba*) que tem por nome *imiadale*.

Figura 38 - Cesto *imiadale*.

Fonte: *arquivo* fotográfico da pesquisadora.

SM[288] – Les debo recordar que nosotros los Dule utilizamos la palabra '*galba*' para referirnos a 'canasto'. Y '*galba*' significa, para nosotros, la reconstrucción de los huesos de los ancestros: ga(la) es hueso y baba (nana) son nuestros creadores. Es decir, cada vez que una persona está construyendo un canasto, está reconstruyendo la historia del pueblo Dule.

---

[288] Segmento da entrevista a mim concedida para esta pesquisa, em 20 de novembro de 2011, por Milton Santacruz Aguilar.

CT – Nossa! Me lembro daquele encontro e da conversa que tivemos naquele momento.

WO – É isso mesmo! Você estava junto com a gente. Lembro-me de que você perguntou sobre os nomes das formas que iam se formando no processo de construção do cesto *imiadale*. Eu rapidamente respondi que essa forma era um hexágono, mas não acreditava que você, enquanto professora de matemática, pudesse estar fazendo tal tipo de pergunta. Desse modo, eu fui descrevendo para você as significações em uso dessa figura geométrica: as que eu havia aprendido na escola e na universidade *waga*. Um hexágono é uma figura com seis lados:

Figura 39 - Arquivo fotográfico da problematização indisciplinar da prática da cestaria

Fonte: *arquivo* fotográfico da pesquisadora.

CT – E então, eu, naquele momento, perguntei para você quais eram os significados que o *sagla* Jaime atribuía a essa forma. Você novamente reiterou essa sua *descrição*.

WO – Agora, as rememorações desses momentos estão vindo de novo a você. De repente, Jaime começou a rir da gente, e ali, naquele momento, ele se colocou:

MJ – En la construcción del canasto se evidencia la formación política de la comunidad. Las formas que se van construyendo depende del uso que le daremos al canasto, en este caso sirve para guardar alimentos. Para construir el *galba imiadale*, el primer cruce de las *ramas de iraca*[289] significa el centro

---

[289] Planta Herbácea originária do Peru, do Equador e da Colômbia. Planta conhecida como Carludovica palmata. A palavra 'ramas' está sendo usada pelo *sagla* para se referir a tiras cortadas das folhas dessa planta. Ver figura 41, 42 e 43.

de la comunidad, los *saglamala*, las autoridades. Cuando ponemos las otras dos iracas, reconocemos a los botánicos, y en esa medida vamos ubicando posteriormente a los *argal*...y, finalmente, ubicamos a toda la comunidad. Pero cuando estamos haciendo un canasto, también pensamos mantener una secuencia, porque si no se hace así, no sale el canasto que uno quiere, pero esa secuencia está relacionada con estos significados. En este canasto (*imiadale*) es importante siempre saber que todos los lados no pueden ser iguales, porque no sale el canasto... se debe ser un cruce de tiras asi: -1-5-4-4-4-5-. Tiene que ser así para poder cuadrar la figura del canasto:

Figura 40 - Planta *Carludovica palmata* (*iraca*)

Fonte: *arquivo* fotográfico da pesquisadora.

Figura 41 - *Passo a passo da construção da cesta Imiadale*

Fonte: *arquivo* fotográfico da pesquisadora.

Figura 42 - Base do *galba imidale*

Fonte: *arquivo* fotográfico da pesquisadora.

MJ – Os pontos onde duas fitas da *iraca* cortam-se são chamados de 'Mugwa', tal que 'Mu' significa "velinha" e *'wua'* significa "coração". Logo, é na sabedoria dos avôs que moram os conhecimentos da cultura. A base do cesto vai ficar cheia das formas 'Mugwa Nelgwa' que significa *'nel(e)'*, 'pessoa com sabedoria' e *'gwa'* significa coração, centro, importante. Assim, quando usamos a palavra *'Mugwa Nelgwa'* nos remetemos à memória do nosso povo com o propósito de conhecê-la em profundidade. Ao construirmos um cesto com base nesta forma, estamos tecendo as memórias de nossos avôs e de nossos sábios. A base do cesto fica cheia *Mugwa Nelgwa,* isto é, de estrelas (*niscua*) que são guerreiros que cuidam da gente, que nos protegem.

WO – Com sua fala, Jaime, percebi a importância da pergunta de Carolina relacionada à forma do cesto. Não se tratava de um hexágono na perspectiva da geometria euclidiana, mesmo que eu tenha estabelecido semelhanças entre a forma das figuras presentes no cesto e a forma geométrica euclidiana chamada hexágono. Contudo, quando observamos as formas que aparecem no processo de produção dos cestos ou das *molas*, na perspectiva da nossa cultura, os efeitos de sentido são outros.

CT – Essa sua fala, Jaime, me deixa bastante surpresa. Isso porque todas as leituras que já fiz e o que ouvi falar sobre as práticas de tecer *molas* e construir cestos, tanto por parte dos próprios Gunadulemala quanto por parte de pessoas de outras comunidades, veem tais práticas como processos geométricos, isto é, eles as veem *como se* os próprios Guna agissem com base em proposições e conceitos da geometria dos *waga*. Por exemplo, *é como se* os Guna precisassem saber previamente os princípios e proposições da geometria euclidiana para construir e cesto e a mola. *É como se* saber esses conhecimentos previamente permitisse aperfeiçoar essas práticas. A meu modo de ver, vocês, os Guna, atuam em consonância com sua cosmogonia, já que desenvolver a prática de tecer *molas* ou de construir cestos é uma forma de materializar os rituais e os efeitos de sentido das crenças a eles associados. As crenças dos Guna são o conjunto de tudo aquilo que eles sabem com um grau de certeza indubitável, e o que me parece estranho é tentar fornecer *explicações* para as formas de agir Guna, tendo como referência a lógica clássica, na qual uma 'certeza' nos permitiria estabelecer uma cadeia de causas e efeitos para as formas de agir. Da mesma forma, podemos compreender que o que possibilita que Euclides formule axiomaticamente a geometria são as crenças utilizadas como princípios na construção argumentativa por ele feita. Todos os primeiros princípios – definições, postulados e axiomas – nos quais se baseiam os teoremas ou proposições dos *Elementos* de Euclides constituem, a meu ver, a *cosmogonia* euclidiana.

O que nos interessa aqui são os elementos que estruturam os rituais, isto é, os efeitos de sentidos por eles gerados. Certamente, as formas de agir para se construir, por um lado, um cesto ou uma *mola* na cultura Guna ou para, por outro lado, se demonstrar um teorema da geometria euclidiana fazem parte de diferentes rituais que se satisfazem por si mesmos, ou seja, não podem ser explicados. Seria melhor vê-los como efeitos sem causas. Isso não significa que a gente não possa estabelecer relações de causa e efeito entre aquilo em que eu creio e aquilo que eu sei ou faço, porque, para mim, saber é sempre um saber fazer. O que Euclides fez foi, mediante as regras de inferência da lógica aristotélica ou clássica, construir uma teoria que estabelece relações de causa e efeito entre os primeiros princípios e os teoremas. Em contrapartida, quando os Guna constroem um cesto ou tecem uma *mola*, não estão estabelecendo relações de causa e efeito entre as suas ações corporais – o *eu faço* ou o *eu sei* – e a sua cosmogonia, isto é, *eu creio*, mas mimeticamente iterando e performando as práticas de tecer *molas* e construir cestos. Nas palavras de João José R. L. de Almeida (AJJ), as crenças ritualísticas de qualquer comunidade,

AJJ[290] – "[...] são convicções tão ancoradas em nossas maneiras de fazer perguntas e dar respostas que nem sequer as levamos em consideração. Simplesmente não duvidamos, por exemplo, na prática de medir, da rigidez de nossas réguas, e, no ensino de história, de que é certo que Napoleão foi um rei da França, ou de que, diante de mim, há um computador no qual digito a palavra "letra", que tem, de fato, cinco letras. Essas proposições não fazem parte das linhas de nenhum raciocínio, não são tocadas, permanecem em nossos arrazoados de uma maneira tácita (I.F., § 103) e nada mais são do que *trivialidades*. Há uma relação entre imagens de mundo e proposições testáveis na medida em que distinguir o verdadeiro do falso pressupõe uma série dessas certezas indubitáveis (I.F., § 94). A lógica da mitologia comporta, portanto, seu sentido, que, claro, não é o mesmo sentido da lógica clássica. Que sentido, então? Em qualquer caso de proferimento linguístico devemos procurar os acordos tácitos associados ao emprego dos conceitos envolvidos nas sentenças e descrever essas formas: o sentido estará ligado ao uso".

---

[290] ALMEIDA, 2012, p. 111.

CT – Essas outras lógicas constituem, outros *regimes de racionalidade*[291] ou, em outras palavras, *metafísicas canibais*[292]. Esta última expressão permite-nos, por um lado, censurar a *colonialidade* incorporada nos discursos das pesquisas acadêmicas sobre o Outro com o propósito de chamar a atenção para a necessidade de *descolonializarmos* os nossos modos de conduzir a pesquisa acadêmica e em diversos campos: o da antropologia, o da filosofia, o da educação (matemática) dentre outros. Por outro lado, compreender que um ritual não visa à sua verdade, visa à sua satisfação. Embora muitas de nossas práticas sejam orientadas por propósitos definidos, há elementos inexplicáveis que interferem em nossas ações, que estão ancorados na linguagem e nos contextos nos quais são produzidas as significações em uso. Wittgenstein (LW) desenvolve este nosso posicionamento a partir da crítica que faz ao trabalho do antropólogo Frazer, o qual atribui aos indígenas um pensamento mágico, uma maneira ingênua de articular as relações entre causa e efeito:

WL[293] – "Já a ideia de *querer explicar os costumes* – talvez a morte do rei sacerdote – me parece equivocada. *Tudo o que Frazer faz é torná-los plausíveis para homens que pensam de modo semelhante a ele.* É muito singular que todos esses costumes terminem, por assim dizer, sendo apresentados como estupidez. Jamais seria plausível, porém, que as pessoas fizessem tudo isso por pura estupidez. Quando ele nos explica, por exemplo, que o rei tinha que ser morto no seu auge, porque caso contrário, segundo as concepções dos selvagens, a sua alma não se conservaria fresca; logo, só se pode dizer: onde estes costumes e concepções andam juntos, então o costume não se origina da concepção, mas ambos já estão de fato ali. Pode bem ser, e ocorre muito hoje em dia, que uma pessoa abandone um costume depois que reconheceu um erro sobre o qual ele se ampara. Mas este caso só se dá onde chamar a atenção de uma pessoa sobre o seu erro for suficiente para demovê-la do seu modo de agir. Mas este, não é o caso dos costumes religiosos de um povo, e, por isso, não se trata aqui de um erro".

JJA[294]– Não se trata de princípios, fatos ou provas: nosso autor busca, ao contrário de Frazer, a armação simbólica mediante a qual um juízo pode ser formulado ou em conformidade com a qual uma crença pode se organizar.

---

[291] Nas palavras de Condé (2004).

[292] Nas palavras de Viveiros de Castro (2015).

[293] WITTGENSTEIN, 2007, p. 193, itálicos nossos.

[294] ALMEIDA, 2009, p. 373, itálico nosso.

UMA TERAPIA DO DESEJO DE ESCOLARIZAÇÃO MODERNA:
VENÍ, VAMOS HAMACAR EL MUNDO, HASTA QUE TE ASUSTES

JJA[295] – Quando o antropólogo Frazer olha para a dança da chuva desses selvagens como uma estupidez, é porque seus critérios de racionalidade, ou de finalidade de uma dança, ou de cientificidade, ou de meteorologia, não são satisfeitos por essa prática. Por isso, o modelo explicativo de Frazer confunde regimes gramaticais, lançando um modelo hipotético em que só caberia uma descrição. O metafísico, o gramatical é a linguagem em ação, no solo da sua prática e, portanto, merecedor de intervenções terapêuticas quando se trata, por exemplo, do uso da metafísica como magia: [que é] o caso de Frazer, por exemplo, que trata [os hábitos gramaticais da magia] de modo metafísico e com desdém. [...] O fato é que Wittgenstein não critica as explicações de Frazer por serem elas falsas ou verdadeiras, mas porque elas são *explicações*. [...] *A filosofia deve deixar tudo como está* (*cf.* IF §124). Ela não descobre nada, nem nada fundamenta, faz apenas "descrições". A terapia gramatical não visa propor novas teses sobre metafísica ou sobre a magia, sua finalidade é apenas solucionar os problemas causados pelas ilusões gramaticais. Descrever, no caso de nosso autor, significa fazer uma terapia de [nossa tendência a] agir dogmaticamente. Através da terapia, porém, a profundidade da gramática deve ser mantida; eliminar a magia é reincidir na magia. [...] A gramática deve ser encarada como um ritual, não como uma hipótese científica nem como uma racionalidade lógica. Nós temos também os nossos próprios rituais (saudações, celebrações, venerações, votos), assim como os selvagens têm os deles. É como se o homem fosse um animal cerimonial, e ser um investigador científico ou empírico fosse apenas uma parte menor, menos significativa, em relação ao conjunto de todas as suas atividades [...]. É para libertar o pensamento de qualquer tendência dogmática que o ritual terapêutico é proposto. A grande lição é, portanto, a de que nós, civilizados, podemos ser mais selvagens do que os selvagens: *Nós quando filosofamos, somos como homens selvagens, primitivos, que ouvem os modos de expressão dos homens civilizados, interpreta-os equivocadamente e tiram as conclusões mais estranhas dessa interpretação* (I.F §194).

CT – Devemos começar, então, por reivindicar os lugares dos rituais, das práticas socioculturais, defendendo a ideia que elas *têm sentido* nos contextos em que se originam. Nesse sentido, *não* há uma lógica externa que se imponha às práticas para que elas sejam desenvolvidas sem ambiguidade, e nem que *explique* os seus efeitos, sejam eles materiais ou simbólicos, sobre as pessoas que as praticam ou sobre as pessoas que as veem praticar. Nessa nossa perspectiva, diferentemente do ponto de vista do antropólogo Frazer,

---

[295] Almeida, prefácio e notas em Wittgenstein (2007, p. 214-217, p. 189-190).

as práticas culturais de nenhuma comunidade humana estão em conformidade a um padrão evolutivo, determinista e, portanto, não podem ser investigadas com base em uma racionalidade cientificista quer de natureza lógico-racional, quer empírico verificacionista. Qualquer comunidade humana' e, portanto, também comunidades científicas, convive com suas formas próprias de superstição, de magia e de religião, ainda que, na maior parte das vezes, as próprias comunidades científicas não admitam isso.

LW[296] – "[...] é uma luta contra o enfeitiçamento do nosso entendimento pelos meios da nossa linguagem".

MM – Vamos deixar esse tema que estamos tratando aqui para aprofundarmos em outro momento. Eu gostaria de voltar a falar, mais detidamente, das *molas*, considerando a nossa cosmogonia, pois já Milton Santacruz e Virginia Castaño[297] mostraram como o que está escondido nelas são outros conhecimentos. Embora a prática de tecer *molas* possa ser utilizada com fins pedagógicos para se mostrar semelhanças com outros conhecimentos escolares, sejam eles geométricos ou não. Vamos observar as seguintes molas que trouxe para discutir:

Figura 43 - Mola com desenhos de animais, do que se enxerga.

Fonte: *arquivo* fotográfico da pesquisadora.

---

[296] WITTGENSTEIN, 2017, §109.
[297] SANTACRUZ; CASTAÑO, 2012.

Figura 44 - Mola de proteção

Fonte: *arquivo* fotográfico da pesquisadora.

CT – Para quem nunca viu um tecido como esse, se colocá-lo sobre uma mesa, inicialmente poderia falar que apresenta cores lindas e figuras da natureza, como animais, ou figuras abstratas semelhantes a labirintos, que poderia ser usado como tapete, ou para se fazer uma almofada, ou como um pano utilizado para limpar.

PN[298] – Em uma gama de fenômenos diferentes, Wittgenstein sugere podermos estabelecer entre eles, em certos casos, não uma essência comum, mas sim, *semelhanças de família* que se sobrepõem e se entrecruzam.

CT – Mas, então, eu quero colocar também outra situação. Se olharmos para esta mulher indígena, que está usando uma blusa com uma *mola*, o que poderíamos pensar? Os efeitos de sentido serão os mesmos que olhar para as *molas* fora do contexto de uso e de produção?

---
[298] PLEASANTS, 1999, p. 9.

Figura 45 - Fotografia de Diana em 18 de janeiro de 2014

Fonte: *arquivo* fotográfico da pesquisadora.

CT - Acredito que não continuaríamos pensando que é um pano de limpeza ou um tapete [*todos dão risadas*].

[Agora está tão escuro na *casa del congresso*, que foram colocadas duas velas para conseguir olhar um pouco as caras de todos].

AF – Penso que este estranhamento ocorre porque ver a mulher usando uma *mola* como blusa, coloca a *mola* em outro contexto de uso e significação, em um outro contexto de produção de efeitos de sentido. E se colocássemos, por exemplo, esta *blusa-mola* na frente de um matemático ou na frente de uma costureira *waga*? Penso que o matemático poderia ver na blusa figuras geométricas, linhas perpendiculares, triângulos semelhantes etc. Seria isto certo ou errado? Com esses exemplos, estou querendo pontuar como os efeitos de sentido sobre as *molas* podem variar segundo os contextos de uso nos quais as colocamos. O fato de que uma *mola* possa gerar, em sujeitos diversos, efeitos de sentido diversos não significa que um ou mais desses efeitos sejam mais 'verdadeiros' do que outros. Além disso, não são os efeitos de sentido gerados pela prática do tecer *molas* sobre aqueles que a observam que permitem a produção do artefato cultural denominado *mola*. O fato de significarmos as formas de maneira diferente, de modo que o contexto de atividade humana no qual praticamos, está relacionado com a ideia de que não há uma função essencial na linguagem, mas sim, semelhanças de família entre jogos de linguagem diferentes, que possibilitam incorporar tanto semelhança quanto diferença em uma complicada rede de semelhanças que se sobrepõem e entrecruzam.

WO – É isso mesmo, a significação está no contexto de uso, e, ao deslocar uma prática sociocultural para um outro contexto, essa prática já não é mais a mesma. A significação muda, isto é, por exemplo, quando uma mulher e um homem Dule olham para uma *mola,* os sentidos produzidos são diferentes dos produzidos sobre um matemático ou uma costureira *waga*.

TU – Nas molas que você mostrou para a gente, assim como em outras que nós tecemos, são por nós vistas como *escrituras.* Nelas, estão incorporados conhecimentos da nossa cultura, além de serem por nós consideradas elementos de proteção.

FA – Algumas *molas* – tal como, por exemplo, a *Mola Naga* – são elaboradas para a proteção das mulheres e do território indígena. Outras *molas* – tal como, a *Mola Goaniggadi* – são molas do que se vê e são usualmente vendidas. As formas e os significados das *Molas Naga* estão associados com cantos e histórias Gunadule. Também são chamadas de *molgoaniggad*, molas de vários colores do que se enxerga.

CT – Nessa sua fala, eu vejo que o conjunto das ações que são desenvolvidas para se produzir uma *mola* estão relacionadas com os propósitos socioculturais da sua produção. Desse modo, por um lado, o canto do *sagla* cumpre propósitos inequívocos em relação à produção da *mola*. Por outro lado, as ações corporais que uma mulher Guna realiza para tecer uma mola são também orientadas por propósitos inequívocos, uma vez que os efeitos de sentido produzidos por uma *mola* sobre os demais integrantes da comunidade *devem* ser os mesmos.

MA[299] – A ação da mão é governada por regras que indicam como funciona esse jogo específico, ali surge a ideia de que uma prática sociocultural é cultural porque é sempre um conjunto corporalmente regrado de ações simbólicas individuais ou coletivas que se realizam em um tempo-espaço determinado e que podem ser significativamente compartilhadas por integrantes de uma ou mais comunidades de prática que a realizam com base em propósitos compartilhados. Por outro lado, uma prática sociocultural

---

[299] MIGUEL, 2009, 2013b, 2014a.

é social porque, mesmo quando puder ser efetivamente realizada por uma única pessoa, ela se realiza com base em propósitos e condicionamentos normativos – determinados, porém, variáveis – de um ou mais contextos de um campo de atividade humana, visto como uma forma aberta e historicamente situada de organização socialmente instituída de interações humanas: uma *forma de vida*, em termos wittgensteinianos.

CT – A meu modo de dizer, o movimento das mãos da mulher que tece uma *mola* remete à *tradução* ou *esclarecimento* daquilo que está manifestado no canto do *sagla* pelo *argal*. Assim, não só o canto do *sagla*, mas também a tradução *oral narrativa* desse canto feita pelo *argal* e a prática *muda* de tecer *molas* realizada por uma Guna, podem todos serem vistos como jogos de linguagem, desde que os vejamos não estritamente como jogos linguísticos de linguagem, mas como jogos de encenação simbólico corporal. Antonio Miguel (MA) esclarece isso com base na noção de jogos de linguagem de Wittgenstein:

MA[300] – "[...] a linguagem – gostaria de o dizer – é um aperfeiçoamento, no princípio, era a ação" (WITTGENSTEIN, 2000, p. 53), como Wittgenstein nos esclarece de diversas formas. Esse modo de Wittgenstein falar da linguagem vem logo após um exemplo de jogo de linguagem no qual cada palavra enunciada por um pedreiro é seguida de uma ação do seu ajudante que lhe passa o material de construção solicitado: "Na práxis do uso da linguagem, um parceiro enuncia as palavras, o outro age de acordo com elas[...]"[301].

CT – Eu vejo que a prática de tecer uma *mola* poderia ser vista como um jogo de linguagem, que pode ser realizado em diferentes contextos de atividade da própria comunidade Dule. Acho interessante que vocês nos deem alguns exemplos.

AF – Eu posso falar mais um pouco aqui de um exemplo que já foi dado. Vimos que, a partir dos cantos do *sagla* na *casa del congreso* e da tradução do *argal,* as mulheres vão tecendo *molas*. A palavra viva se torna forma, a linguagem usada funciona como uma *escritura* que se transforma performaticamente em outra *escritura* com outras ações. Há, neste ponto, dois jogos interdependentes de linguagem que são praticados simultaneamente. Ao mesmo tempo em que o sagla canta, o *argal* 'traduz' o que é dito no canto, e as mulheres, ao bordarem o que é narrado pelo *argal* nos tecidos com agulha e linha, transformam os

---

[300] MIGUEL, 2014.

[301] Wittgenstein (2009, IF-7, p. 8e).

cantos em *molas*. Como as mulheres conseguem transformar a fala em formas? Como sabem qual forma fazer? O poder palavra falada na língua Gunadule está na sua riqueza de usos, pois cada palavra é um texto e as narrativas produzem multiplicidade de significados. Para facilitar a *escritura* da *mola*, a partir dos cantos dos caciques, o *argal* atua como tradutor, aproximando as mulheres dos sentidos das palavras. Ao mesmo tempo, as mulheres vão tecendo e sobrepondo, uns sobre outros, tecidos de diversas cores, cortando-os e costurando-os com agulha e linha. Assim, elas *escrevem* e *inscrevem* os jogos de linguagem cantados e narrados pelos *saglamala* e *argal* nos tecidos, que bordados, performam as histórias de origem dos Guna em formas nos tecidos.

OW – Quero dar um outro exemplo. Em vez de cantar, o cacique pode também desenhar com lápis sobre o tecido ou sobre o papel os próprios desenhos que as mulheres deverão bordar com linhas e agulhas. Posteriormente, ele, mediante cânticos ou narrativas, esclarece os significados dos desenhos que serão bordados. Em seguida, as mulheres começam a cortar, sobrepor e costurar tecidos, neles tecendo a palavra viva.

CT – Tenho a impressão de que as *molas* serão, diferentemente de todos os elementos produzidos imaterialmente, um elemento tangível que pode ser visto e compreendido de forma compartilhada pelos *Gunadulemala*, e os *waga* que não compartilham tais significações, ao tentarem significá-las por meio de suas explicações e teorias acabam gerando confusões e mal-entendidos. Com base em Wittgenstein, poderíamos recorrer ao seguinte comentário de João Jose R. L de Almeida (JJA) para esclarecer como tanto a mola quanto a doença, a cura e a magia poderiam ser vistas como gramáticas:

AJJ[302] – "[...] os fatos apenas as confirmam, porque há uma relação interna entre a empiria e o pensamento que se organizam em uma forma de apresentação da realidade. *A dificuldade só aparece para quem está de fora, para quem não participa da atividade, para quem não tem com ela um envolvimento especial. Este vê os fatos de outra forma, com outro arranjo, organizado de maneira distinta pelas lentes de outra gramática.* Não vê o que há de semelhante entre nós e os primitivos, por exemplo. Vê que os assim chamados primitivos seriam menos evoluídos. E nessa atitude existe a possibilidade de se cometer uma injustiça: entre a gramática e o fato, escolhe-se sempre a gramática; porém, esta escolha não deveria ser um juízo de valores (cf. CV, p. 8). Aqui está a

---

[302] Comentário de Almeida em Wittgenstein (2007, p. 220).

dificuldade de ser justo diante dos fatos e todo o sentido da investigação gramatical do filósofo. Revela-se, portanto, a preponderância da ética na atitude filosófica de Wittgenstein".

CT – Nesse sentido, o que a gente deve evitar é a *explicação*.

OW – Há outro momento da prática do tecer *molas* que gostaria de explicitar. Quando uma mãe Guna ensina para sua filha a prática do tecer molas em casa, ela vai encenando, com o seu corpo todo e os materiais envolvidos, o processo de tecê-las. A filha, ao lado da mãe, ao mesmo tempo em que observa atentamente o que ela faz, itera mimeticamente os seus movimentos, sem que a mãe se preocupe em esclarecer para a filha os significados das formas que ensina a tecer e sem que a filha se preocupe em sabê-los. À medida em que a filha vai crescendo, sua mãe vai esclarecendo gradativamente os significados envolvidos nas escrituras das molas nos tecidos, pois, para os Guna, nem todos os segredos podem ser ensinados em qualquer idade.

SMCV[303] – Quando a menina se machuca com a agulha, o significado desse ferimento é que ela estaria combatendo doenças, uma vez que para os Guna um ferimento com a tesoura significa cortar as doenças.

Figura 46 - Meninas aprendendo com a mãe a prática de tecer molas

Fonte: *arquivo* fotográfico da pesquisadora.

---
[303] SANTACRUZ; CASTAÑO, 2012.

Figura 47 - Menina tecendo mola, após o ensino da mãe

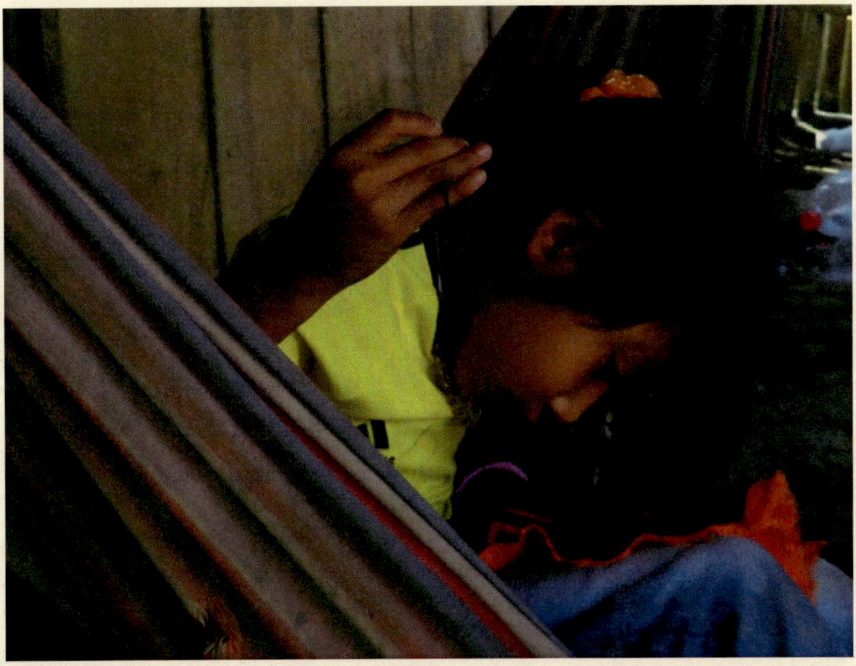

Fonte: *arquivo* fotográfico da pesquisadora.

EU[304] – O aprendizado dessa prática sociocultural sempre passou de geração para geração, iniciando em casa. Quando vamos ouvir os cantos, nem sempre as meninas menores conhecem ou compreendem as indicações. É um processo de aprendizado longo, durante o qual os segredos dos sentidos vão sendo usados e contados lentamente. Por exemplo, minhas filhas, com seis anos, não sabem que sentidos têm em muitas dessas figuras, mas, com o tempo, vou lhes contando-cantando.

SS[305] – No meu caso, eu sou filha de um Gunadule e uma mulher camponesa. Quando era pequena, eu vim morar aqui em Alto Caimán com meus avós. Entretanto, quase não falava a língua Guna. Aprendi muito pouco sobre a prática de tecer mola, faço algumas, mas não entendo muito sobre os conhecimentos que nela estão inseridos.

---

[304] Segmento de fala extraído de entrevista a mim concedida para esta pesquisa por Emilsen, em 17 de janeiro de 2014.

[305] Para efeitos do TLC, chamaremos essa mulher de Sandra. Este segmento de sua fala foi extraído de sua entrevista a mim concedida para esta pesquisa, em 18 de janeiro de 2014.

MM – Eu quero falar sobre um outro contexto no qual a *mola* pode ser feita. A *mola* pode ser tecida em colaboração entre mulheres reunidas em um espaço qualquer para preparação dos rituais, proteção dos espíritos inquietos que alteram as casas e os corpos:

Figura 48 - Molas confeccionadas por diversas mulheres para a festa de encerramento

Fonte: *arquivo* fotográfico da pesquisadora.

CT - Quando a palavra *mola* é usada no contexto da comunidade indígena em Alto Caimán, tal uso nos remete não só a ações corporais, mas também nos convida a participar de um jogo de linguagem, isto é, a participar diretamente de uma encenação mimético-simbólica. Para Antonio Miguel (MM),

MM[306] – "[...] sempre praticamos a linguagem com o corpo todo, e não apenas com a vibração culturalmente regrada de sons emitidos por nossas cordas vocais. Nesse sentido, no parágrafo 23 das *Investigações*, Wittgenstein remete a verbos indicadores de ações simbólico-corporais diretas, o que também

---
[306] MIGUEL, 2015, no prelo.

UMA TERAPIA DO DESEJO DE ESCOLARIZAÇÃO MODERNA:
VENÍ, VAMOS HAMACAR EL MUNDO, HASTA QUE TE ASUSTES

nos sugere que a linguagem não é usada de modo unitário e uniforme, mas de modos ilimitadamente heterogêneos e nem sempre regrados, os quais indicam (sem prescrever ou necessariamente determinar), em cada situação contextual em que são praticados, os sentidos variáveis de palavras, objetos e das próprias ações corporais envolvidos em cada jogo".

CT – Nesse sentido, encenar uma prática é o mesmo que encenar um jogo regrado de linguagem, isto é, disciplinar o corpo no sentido de fazê-lo seguir as regras desse jogo. Seguir as regras de um jogo de linguagem não é o mesmo que interpretá-las. É por isso que os diversos intentos de colocar as molas em função dos jogos de linguagem da geometria têm gerado desconfortos e *explicações* fora dos próprios sentidos produzidos no ato de tecer e posteriormente de usar as *molas*. São ações *"pautadas por maneiras de agir comuns aos homens, isto é, em formas de organização instituídas por comunidades humanas que compartilham propósitos e maneiras de ver o mundo, isto é, em formas de vida"*[307]. Essa perspectiva indica-nos caminhos para ir além da própria concepção de 'matemática', vista como disciplina acadêmica ou escolar, para pensar e descrever, como já estamos fazendo nesta nossa discussão, os campos e contextos extra-acadêmicos da atividade humana (as próprias práticas) sobre a finalidade de levar essas descompactações para o ensino na 'escola' e desconstruir as formas como ali são estudados os conhecimentos, como já em outras pesquisas[308] temos apontado.

MM[309] – O fato de nós já termos pesquisado sobre as práticas de tecer mola, construir cestos, festejar a entrada das meninas na puberdade, cozinhar e fazer comércios, tem nós levado ao estudo das práticas de contar, quantificar, medir, calcular, aproximar, com efeitos de sentido outros que não correspondem aos temas que a secretaria de educação está exigindo nos currículos do 'fazer escola'. Mesmo assim, estamos tentando não só romper com as barreiras disciplinares que a escola tem nos colocado, mas compreender como, nesse movimento, tem emergido na interação entre culturas.

---

[307] MIGUEL; VILELA; MOURA, 2010, p. 152-153.

[308] TAMAYO-OSORIO, 2012.

[309] Anotações presentes no diário de campo da pesquisadora, feitas em 28 de novembro de 2014.

Figura 49 - Felicia Martínez, Tulia Espitia e o *sagla* Jaime Melendres tecendo cestos

Fonte: *arquivo* fotográfico da pesquisadora.

Figura 50 - A pesquisadora em uma cena de problematização escolar da prática de tecer cestos junto a crianças Guna

Fonte: *arquivo* fotográfico da pesquisadora.

Figura 51 - Cenas da problematização escolar da prática de construção de casas tradicionais

Fonte: *arquivo* fotográfico da pesquisadora.

WO – Nesse estudo das práticas indisciplinares dentro da escola com as crianças e os caciques, a gente tem encontrado outras possibilidades de desenvolver o ensino, não necessariamente focado nas disciplinas, mas trazendo as nossas práticas para serem problematizadas juntamente com práticas semelhantes de outras culturas.

MSMCV – *Yala Burba Mola* é uma mola de proteção que expressa a história de origem dos Guna:

Figura 52 - *Yala Burba Mola*

Fonte: *arquivo* fotográfico da pesquisadora.

MSMCV[310] – O canto do cacique com base no qual esta mola é tecida é o seguinte:

> *Pai-mãe gestou a Terra,*
> *Dispôs*
> *A proteção ao nascer,*

---
[310] SANTACRUZ; CASTAÑO, 2012, p. 70.

Está ai vigilante,
Por onde sai o sol,
Por onde se põe o sol,
De costela para costela
Chegou ali para protegê-la...

MSMCV – As cores dos tecidos das *Mola Naga*[113] são três, predominantemente: vermelho, azul e preto. O vermelho significa o poder e serve para afastar as energias ruins; o azul representa a profundidade e a pureza; e o preto é o que pode estar oculto e afasta os espíritos e as doenças. A forma desta mola, por exemplo, significa que a pessoa que a usa está cortando as doenças. Quando a gente encontra uma mulher com uma *mola* que só tem esta figura, fazemos uma leitura dessa escritura e, com base nela, sabemos que a mulher está se protegendo de alguma doença que quer entrar no seu corpo:

Figura 53 - Formas presentes numa mola

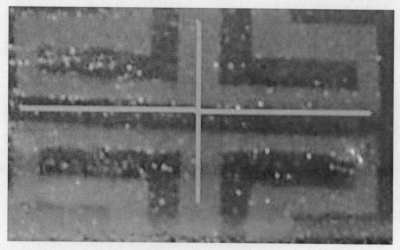

Fonte: *arquivo* fotográfico da pesquisadora

CT – Gente, vocês sabiam que em 1965, no *"Museum of Contemporary Crafts"* que fica em Portland, Estados Unidos, foi desenvolvida uma exibição chamada *"Fabric Collage*[311]*"*. A exposição apresentou tapeçarias contemporâneas de cinco artistas dos Estados Unidos, uma coleção de tecidos americanos,

---

[311] Tipo de arte feita com base em composição de retalhos de tecidos diversos.

junto com uma seleção das ilhas de San Blás, de mulheres *Gunadulemala*. Paul Smith descreveu eloquentemente a conexão entre as partes da exposição na introdução do catálogo:

SP[312] – "Uma técnica comum a todos os tecidos é a costura feita com sobre-posição de tecidos, uma forma de arte praticada por muitas civilizações do passado. É possível ver outras afinidades entre arte popular e arte contemporânea da colagem de tecidos: edredons americanos eram frequentemente compostos de pedaços antigos vestidos de casamento, uniformes e outros fragmentos que lembram o passado. Trata-se de um dispositivo empregado em aplique contemporâneo, que, muitas vezes, utiliza pedaços de tecido que têm sido usados, ou de outras formas utilizados, evocando memórias de um contexto anterior e o calor da associação humana. Observamos, nessa sobre-posição, uma relação entre o passado e o presente, intrinsecamente expressa na colagem, que se refere simultaneamente a duas experiências diferentes: a arte e a realidade. Na arte popular, no entanto, a montagem de retalhos de tecidos para constituir formas identificáveis estava relacionada secundariamente com as suas funções imediatas como objetos de uso. [...] A atração dessa exposição são as roupas feitas pelos Guna, que são povos indígenas do Panamá e da Colômbia, que agora ocupam principalmente as ilhas de San Blás. Sua sociedade é matriarcal, e os tecidos que recebem o nome de Molas desempenham um grande papel na sustentação da sua economia e da sua proteção.... Não se sabe como exatamente essa técnica única entrou em uso na sua concepção... A estrutura do aplique inverso utiliza muitas camadas e muitos pontos. Originalmente, os Guna pintavam seus corpos como uma forma de expressão. Após o afluxo de missionários, foram incentivados a usar vestuário (final de 1800) para cobrir seus corpos. Então, as mulheres mantiveram as cores e padrões de seus projetos de pintura corporal; bordando-os, porém, sobre tecidos como provindos da cultura ocidental. Dessa maneira, ao longo dos anos, transformaram as suas práticas socioculturais a fim de não perder os sentidos e significados associados a formas e cores utilizadas".

CT — Alguns exemplos de Molas que foram exibidas nesta exposição retratam: embalagens de cigarro Winston, escoteiros, rótulos de garrafas de cerveja, foguetes, moinhos de vento de General Electric. Tenho algumas imagens para mostrar para vocês...

---

[312] Em *"Fabric Collage: Contemporary Hangings, American Quilts, San Blas Appliques"*. Em Smith (1965). Comentários extraídos do endereço eletrônico http://craftcouncil.org/post/exploring-kuna-fabric-collage#. Acesso em: 7 set. 2015.

Figura 54 - Winston Cigarettes Mola by unnamed Kuna Indian.

Fonte: Fabric Collage, 1965.

Figura 55 - Two Kuna reading Vogue.

Fonte: Fabric Collage, 1965

Figura 56 - The appliqués of San Blas

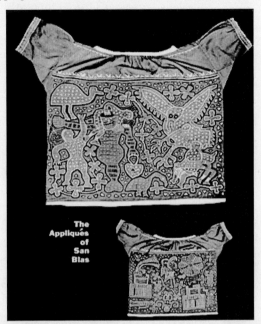

Fonte: Fabric Collage, 1965

Figura 57 - Aplique de mola com a figura feminina no centro, reflexo de figura de madeira

Fonte: Fabric Collage, 1965

CT – A gente não imagina quantos rastros investigativos têm sido produzidos sobre a prática do tecer das molas, mas cada pesquisa é feita com propósitos diferentes. Fiquei assustada, pois encontrei mais *arquivos* mobilizadores de molas:

Figura 58 - Mulher Guna tecendo mola, em 1922.

Fonte: in Lady Richmond Brown collection at the British Museum.

Figura 59 - Fotografia antiga de um grupo de indígenas Guna tirada na ilha San Blas de San Jose de Nargana no final 1911[313]

Fonte: Photographer: I. N. De Long. Disponivel em: Marks (2014, p. 21)

---

[313] Esta fotografia está registrada pela primeria vez no estudo de J. Dyneley Prince intitulado *"Prolegomena to the study of the San Blas Language of Panama"* publicado na American Anthroppologist 14, n. 1 (1912), pl. VIII.

Figura 61 - Mulher Guna usando mola

Fonte: foto de 1942, Luis Hurtado. Disponível em: Marks (2014, p. 28)

MM[314] – Nossa, eu sempre pensei que poucas pessoas tivessem feito estudos sobre a prática do tecer *molas* e nem imaginava que o interesse waga pelas *molas* já existisse há tanto tempo. Realmente, as *molas* são elementos fundamentais[315]. Lamentavelmente, quando a gente fez esse trabalho de problematizar, dentro da escola, dita prática tradicional, a gente não tinha tantas informações. Mesmo assim, percebemos a importância que essa problematização teria para pensarmos o porvir da educação indígena. Não se tratava mais de identificar onde estava a 'matemática' ou a 'geometria', nesta ou em outras práticas de nossa comunidade, ou então de adjetivar nossos conhecimentos usando palavras identificadoras das disciplinas escolares do *waga* que nem existem na nossa língua.

---

[314] Segmento de entrevista a mim concedida para esta pesquisa por Martínez Montoya, em 26 de fevereiro de 2012.
[315] Ver a fotografia que segue, a senhora Tulia costurando molas.

Figura 62 - Problematização da prática da mola e da cestaria. Senhora Tulia tecendo molas.

Fonte: *arquivo* fotográfico da pesquisadora.

MJ[316] – É isso mesmo! Pode parecer estranho, mas a palavra 'matemática' não existe em nossa língua. Pensamos nas práticas como ações corporais: contar, medir, calcular, aproximar... Mas, serão sempre ações que mobilizam conhecimentos capazes de orientar corretamente essas ações no sentido daquilo que se pretende atingir. Por exemplo, na construção da casa tradicional, um Dule não vai dizer que para construir uma casa ele precisaria usar 'matemática' nem veria algo que os waga chamam 'matemática' no processo da construção da casa.

CT – Acho que poderíamos ir ainda mais longe. Os *Gunadulemala* nem chegam a fazer uma distinção entre conhecimento e ação, entre saber e saber fazer, pois não possuem, tal como os *waga*, nem mesmo uma palavra genérica para se referir a conhecimento. Vocês simplesmente agem e não fazem uma distinção entre forma e conhecimento. Por essa razão, não é necessária a constituição de categorias epistemológicas para tipificar as suas práticas.

JM[317] – Voltando à prática de construção de casas, a estrutura tem no meio dois grandes troncos de madeira – chamados *puar* – que representam a união dos caciques. No contorno, são colocados, em cada esquina, troncos

---

[316] Segmento de fala extraído de entrevista a mim concedida para esta pesquisa pelo sagla Jaime Melendres, em 2 de fevereiro de 2014. O sagla reitera uma fala que fiz no dia 20 de abril de 2012.

[317] Segmento de fala extraído de entrevista a mim concedida para esta pesquisa pelo sagla Jaime Melendres, em 27 de setembro de 2014.

de madeira – chamados de *tior* – que representam os *argal*, um conjunto de pessoas que sustenta a comunidade e os caciques, já que quando forramos o teto com as folhas de palma, todas essas folhas representam os integrantes da comunidade. Se olharmos para toda a casa, veremos que, embora todas as peças sejam cortadas com precisão, isto é, calculadas e medidas corretamente, as práticas de contar e medir envolvidas na construção da casa são diferentes daquelas ensinadas no 'fazer escola'.

Figura 63 - Casa tradicional Gunadule

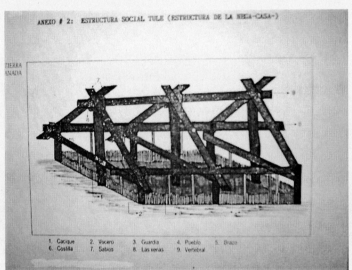

Fonte: *arquivo* fotográfico cedido na pesquisa pelo professor Olo Wintiyape.

CT – Eu gostaria que vocês dois [referindo-se aos professores] falassem um pouco da experiência de problematizar, na sala da aula, a prática da construção de casas tracionais. Como foi essa experiência?

WO[318] – Nos dias 23 e 25 de setembro de 2014, a problematização da prática de construção de casas tradicionais foi uma dentre muitas outras que realizamos na escola. Usualmente, isso não costuma ser feito. Assim como ocorreu com outras práticas, a problematização da prática de construção de casas tradicionais na escola foi bastante polemizada pela comunidade. Alguns pais concordaram e acharam muito pertinente, enquanto outros

---

[318] Segmento de fala extraído de entrevista a mim concedida para esta pesquisa por Olo Wintiyape, em 27 de setembro de 2014.

reclamaram. Mesmo assim, não vamos parar de fazer atividades como essas, pois, nesse trabalho, a gente percebeu que as crianças estavam interessadas em aprender sobre a nossa forma de ver o mundo.

CT – Como assim?

MM – Em Alto Caimán, por um lado, alguns pais pedem para ensinarmos só matemática e espanhol. Eles não querem que seus filhos, no futuro, sejam enganados e não consigam defender os seus direitos. Outro grupo de pais querem que o ensino seja feito 50% baseado em conhecimentos Guna e 50% de conhecimentos *waga*. E, finalmente, há outro grupo que não envia seus filhos para 'fazer escola', mas sempre os levam na *casa del congreso*. Então, quando problematizamos as práticas socioculturais a partir de nossa cultura, porém relacionando-as com a cultura dos *waga*, sem ser o foco do ensino, nós nos colocamos em um outro lugar que não responde aos desejos dos pais, uma vez que o nosso propósito não é, de modo algum, o ensino de conteúdos; é um ensino outro, indisciplinar. Nossas práticas não estão fragmentadas por conteúdos, são indisciplinares.

OW – Estamos cientes de que, ao deslocarmos uma prática sociocultural de seu contexto para o da escola, esta prática transforma-se, uma vez que nós a realizamos em um outro território, visando a outros propósitos. Estávamos preocupados com a reação que as meninas teriam visto que a prática de construção de casas tradicionais é realizada por homens. Inquietou-nos saber quais seriam os efeitos de sentido que seriam produzidos ao problematizá-la tanto com meninos quanto com meninas. Apesar disso, tentamos e aprendemos muito.

CT – Vocês poderiam descrever esse trabalho feito e nos falar um pouco a respeito dos efeitos que isso teve nas crianças?

MM – Em primeiro lugar, fizemos uma pesquisa sobre a prática de construção de casas tradicionais. Mesmo sendo homens, nós não sabemos todos os significados que ali são mobilizados. Desse modo, resolvemos recorrer aos *saglamala* Jaime e Faustino. Visitamo-nos diversas vezes e fizemos perguntas, tais como: por que, na construção da casa, há 'duas' colunas de troncos no centro? Que significados podemos dar para esse 'dois', ali?; depois, levantamos mais quatro colunas, há algum significado associado com isso?; A gente faz diversos nós para amarrar as colunas que são de varas de madeira, conhecemos o significado de alguns, não de todos, vocês poderiam falar um pouco a respeito disso? A gente vê que sempre é par o número de colunas. Isso é necessário?; por que é importante construir a vivenda tradicional deste modo e com esses materiais?; por que sempre construímos duas casas por família? Quando estávamos conversando foram aparecendo mais perguntas. Guardamos os registros de áudio e, quando começamos a planejar o trabalho que faríamos na escola, nós os ouvimos com a finalidade de pensar como faríamos o trabalho. Estávamos preocupados em saber como puxar ou forçar a situação para que isso pudesse nos levar a falar sobre medidas e cálculos da 'matemática' na escola.

WO – Sabíamos que apareceriam questões relacionadas a *'ebised'* – contar –; *'wilubsae'* – medir –; *'wilubdagge'* – calcular –; o armagge' – aproximar. Pesquisamos e planejamos a aula para que, em primeiro lugar, pudéssemos incluir todas as crianças, pois nossas salas de aula são multisseriadas. Em segundo lugar, para saber como incluir as meninas, dado que essa prática sociocultural na comunidade é realizada apenas por homens a partir de 12 anos, e não pelas mulheres. Planejamos, finalmente, para saber como conseguir estabelecer com as crianças semelhanças entre os conhecimentos envolvidos na realização dessa prática na comunidade e aqueles requeridos pelas práticas escolares:

Figura 64 - Planejamento de aula sobre a prática de construção de casas tradicionais.

Fonte: *arquivo* fotográfico da pesquisadora.

MM - Sabíamos que para aprender os conhecimentos e significados envolvidos nessa prática, tínhamos que praticá-la. Contudo, uma vez que não poderíamos levar as crianças para realizarem diretamente tal prática, isto é, para construírem efetivamente uma casa da comunidade, pensamos em construir, com elas, maquetes usando materiais da própria selva.

CT – E por que é que vocês não poderiam levar as crianças para uma atividade coletiva de construção efetiva e direta de uma casa tradicional?

MM – Em primeiro lugar, porque devemos prestar contas para a secretaria de que as crianças estão o dia todo aqui na escola. Em segundo lugar, como essa prática é desenvolvida apenas pelos homens, não poderíamos levar as mulheres que também estão matriculadas na escola.

OW[319] – Eu gostaria de esclarecer isso, porque nós só aprendemos mesmo praticando. Para nós, os Guna, a aprendizagem de alguma prática só é possível quando a realizamos, quando a praticamos. A gente não desconecta o saber, do fazer e do crer. Por causa disso, para as crianças Guna, é difícil aprender a matemática ou o espanhol na escola, porque esses conhecimentos funcionam como *teorias* ou conhecimentos prévios que a gente precisa aprender antes de podermos praticá-los:

Figura 65 - Planejamento da aula sobre a construção da casa tradicional

Fonte: *arquivo* fotográfico da pesquisadora.

---

[319] Segmento de fala extraído de entrevista a mim concedida para esta pesquisa por Olo Wintiyape, em 26 de setembro de 2014.

OW[320] – Voltando ao planejamento da aula, quero contar para vocês que decidimos também partir da pergunta: do que necessitamos para sobreviver? Algumas das respostas que as crianças nos deram foram: "aprender a caçar, para conseguir alimentos", "aprender a pescar", "ter um lugar para nos proteger do sol, da chuva, do frio.... uma casa". Depois, nós perguntamos para eles se eles sabiam como se construía uma casa e que conhecimentos deveria uma pessoa saber para construir uma. Um menino posicionou-se a respeito, pois já tinha participado da construção coletiva de duas casas, mas esclareceu que só conseguiria contar como construir uma casa tradicional construindo uma. Desse modo, esse menino tornou-se o nosso ajudante para o estudo que começaríamos. Em seguida, falamos que construiríamos uma maquete de casa tradicional em equipes e que aprenderíamos muita coisa. As crianças se empolgaram, todas se reuniram em equipes; crianças menores e maiores se juntaram e falaram que dividiriam o trabalho entre todas elas.

WO – Antes de começarmos a construção da maquete, fizemos uma outra pergunta às crianças: quantas casas vocês têm no terreno de suas famílias? Todos responderam que, no terreno de cada família há sempre duas casas. Perguntamos, em seguida, para as crianças se sabiam por que "duas casas"? Nesse momento, sentimos que havíamos começado a problematizar essa prática sociocultural na escola:

Figura 66 - Cena da problematização da prática da construção de casas tradicionais na escola

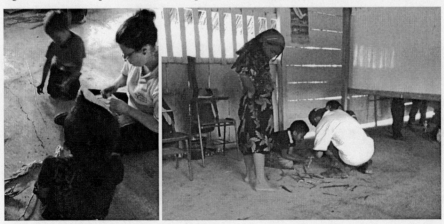

Fonte: *arquivo* fotográfico da pesquisadora.

---

[320] Segmento de fala extraído de entrevista a mim concedida para esta pesquisa por Olo Wintiyape, em 26 de setembro de 2014.

WO[321] – E, então, começamos a contar para as crianças tudo o que nós tínhamos aprendido com os *sagalamal*. Há diversos tipos de casas: *Nega machere* (casa macho ou casa para dormir); *Nega Ome* (casa feminina ou casa da comida); Inanega (casa da chicha, para fazer festas); *Onmagenega* (casa del congreso); *Uannega* (casa dos mortos: quando uma pessoa morre é enterrada em uma casa desse tipo). Cada casa tem elementos. Neste caso, estudaríamos a *Nega machere* e a *Nega Ome*, considerando as indicações do *sagla* Jaime. Aprender sobre os outros tipos de casas estaria relacionado com conhecimentos que ainda não podiam ser aprendidos pelas crianças, pois todo aprendizado é visto como participando de um certo nível de segredos e relacionado a um certo nível de temporalidade. Nossas casas são como *escrituras* que nossos ancestrais deixaram. No Alto Caimán, ainda construímos casas tradicionais, mas, no Bajo Caimán, não tanto; lá, há mais casas de alvenaria ou de concreto do que de madeira e de "iracas".

OW[322] – Como estávamos na sede da escola de Martínez Montoya, pedimos para as crianças observarem quantas colunas a casa tinha no total, com a finalidade de sair fora da escola e procurar os materiais. Vimos que eram doze e esclarecemos que, dependendo do tamanho da casa, ela poderia ter mais ou menos colunas, mas que a menor quantidade era oito. A gente aprendeu, com o trabalho que o professor Abadio Green fez, que esses números são completos:

Figura 67 - Fachada da Sede dois da instituição de Alto Caimán e de seu interior.

Fonte: *arquivo* fotográfico da pesquisadora.

---

[321] Segmento de fala extraído de entrevista a mim concedida para esta pesquisa por Olo Wintiyape, em 26 de setembro de 2014.

[322] Segmento de fala extraído de entrevista a mim concedida para esta pesquisa por Olo Wintiyape, em 26 de setembro de 2014

SA[323] – El ocho y el doce están cargados de significación: el hombre en el universo se encuentra en el cuarto nivel; son cuatro los días del encierro de la niña en la primera menstruación; son cuatro los troncos para el fuego que son imprescindibles para el casamiento; son cuatro días de acercamiento que debe darse en los recién casados, antes de la unión real; son cuatro las etapas de prueba que ha pasado la Madre Tierra y cuatro los nombres que ha recibido el continente de *Abya Yala: Gwalagun Yala, Dagargun Yala, Yaladingua Yala, Abya Yala*; ocho los hermanos que lucharon contra el mal; *Ibeorgun* enseña doce tipos de *gammdur igar* (flautas); según el Sagla *Igwanabiginya*, son doce los grandes *nergan* que bajaron después de *Orgun*.

MM[324] – À medida em que fomos construindo as maquetes, fomos descrevendo e entregando os conhecimentos que tínhamos pesquisado para o planejamento das aulas. As crianças foram construindo a maquete com o auxílio de nossos especialistas, que podemos chamar de arquitetos. Fomos organizando as crianças e dando-lhes indicações. Elas saíam da sala de aula para procurar lá fora o que precisávamos para a construção das maquetes:

Figura 68 - Cena da prática de construção da casa tradicional na sala de aula

Fonte: *arquivo* fotográfico da pesquisadora.

---

[323] GREEN, 2011, p. 167 *apud* WAGUA; GREEN, 2005.
[324] Segmento de fala extraído de entrevista a mim concedida para esta pesquisa por Olo Wintiyape, em 26 de setembro de 2014.

OW[325] – As crianças precisaram amarrar as 'varas' de madeira que tinham coletado, além de terem precisado cortá-las de tal forma que ficassem aproximadamente com a mesma medida. Nesse momento, perguntamos-lhes como iriam fazer para que as varas ficassem com a mesma medida. As crianças se lembraram de um outro trabalho de problematização[326] relativo à prática do cultivo de 24 variedades de banana. Na problematização dessa prática de cultivo de bananas, havíamos aprendido, dentre muitas outras coisas, que uma unidade de medida usada pelos Guna são as *quartas da mão*[114] para coisas pequenas. Cada grupo selecionou de quem seria a mão para que as varas fossem cortadas segundo um padrão de duas *quartas*. Também recordamos que, para desenvolver atividades que implicassem medição de terras ou elementos maiores, a unidade de medida é a *vara*. Uma *vara* é duas braçadas de uma pessoa mais uma quarta, o que equivale aproximadamente a 3 metros e 20 centímetros.

Figura 69 - Registro fotográfico da construção de uma *vara* para medir

Fonte: *arquivo* fotográfico da pesquisadora.

CT – Nessa sua fala, eu notei que, na realização de certas práticas socioculturais, como, por exemplo, práticas de medição, não apenas termos específicos são utilizados, mas também um conjunto de significados são mobilizados e transmitidos de uma geração para outra no próprio processo de realização da atividade, isto é, das ações corporais requeridas para a realização de uma prática orientada para a contemplação de propósitos definidos. Uma ampla variedade de fenômenos significativos, ações, gestos e rituais manifestam-se

---

[325] Segmento de fala extraído de entrevista a mim concedida para esta pesquisa por Olo Wintiyape, em 26 de setembro de 2014.
[326] CUELLAR-LEMOS; MARTÍNEZ, 2013.

em ditos jogos de linguagem, de modo que cada um deles pode ser visto como uma linguagem completa. Por outro lado, é possível também perceber como uma prática quotidiana requerida para a realização de certas atividades contextuais específicas da comunidade, ao ser deslocada para um outro campo de atividade humana da própria comunidade – no caso, a escola –, passa a ser encenada por meio de novos jogos de linguagem que mantêm com os primeiros, semelhanças de família. Isso porque devemos ter presente que é inevitável que tal prática se desconecte de seus condicionamentos 'originais' e passe a ser realizada segundo os condicionamentos de uma nova atividade – o ensino na escola –, de modo que, neste novo contexto, não estamos mais, a rigor, diante da 'mesma' prática. Por sua vez, também as práticas escolares não permanecem mais as mesmas.

MM[327] – Na verdade não estamos a rigor diante das mesmas práticas, porém na escola a gente procura que saberes dialoguem, partimos do que é da nossa cultura para ir ao encontro do outro, ou dos outros, porém sempre voltando a nossa forma de ver o mundo. Por exemplo, nestas atividades as crianças perguntaram por que o mínimo de colunas deveria ser oito e não outro? Isso é importante, porque o *Babag*[328] é o número da perfeição na cultura Gunadule. Foram oito os filhos de *Nana Gabayay,* são oito dias durante o ritual do matrimônio, o confinamento da menina púbere para os rituais da sua primeira festa dura o mesmo, na festa da puberdade quando se faz a repartição da chicha todos tomamos oito vezes a cada rodada, oito dias para desenvolver as práticas funerárias assim como o luto pela morte de uma pessoa querida também dura oito dias. A casa tem oito colunas que distribuídas de forma adequada representam os *saglamala*, *argal* e a comunidade. Nesta ação pedagógica, um dos grupos perguntou se eles poderiam utilizar uma régua graduada. Perguntamos, então, às crianças desse grupo por que queriam usá-la? Elas disseram que viam que esse instrumento, usando em práticas de medição e de origem *waga*, cumpria a mesma função da *vara*, ainda que com unidades de medida diferentes. Não foi necessário puxar assuntos da 'matemática escolar', de forma intencional no nosso planejamento, e nem ter como propósito o ensino desses conhecimentos para que, na atividade pedagógica em foco, aparecesse a necessidade de se estabelecer semelhanças entre práticas de medição dos Guna e dos *waga*. As próprias crianças foram

---

[327] Segmento de fala extraído de entrevista a mim concedida para esta pesquisa por Olo Wintiyape, em 26 de setembro de 2014.

[328] Palavra *Guna* para número oito.

fazendo perguntas relacionadas com conhecimentos escolares e vi que, nesse momento, estavam sendo produzidos outros jogos de linguagem que não eram mais idênticos àqueles que estavam inicialmente sendo encenados na sala de aula. Isso pareceu-me interessante, uma vez que a gente não esperava que aparecessem essas pontes, essas semelhanças. No entanto, as próprias crianças foram cruzando espontaneamente essas semelhanças entre esses conhecimentos, como se fosse natural que práticas de medição fossem realizadas de modos diferentes em formas de vida diferentes.

Figura 70 - Maquete da casa tradicional construída pelas crianças da escola

Fonte: *arquivo* fotográfico da pesquisadora.

Figura 71 - Maquetes em processo de construção pelas crianças na escola

Fonte: *arquivo* fotográfico da pesquisadora.

WO[329] – Foi assim mesmo que ocorreu! Sem que a gente tivesse como propósito o ensino de conteúdos escolares, eles foram aparecendo, dado que, na verdade, a régua já é usada na nossa cotidianidade em práticas de medição. A prática de medir foi, entretanto, tomando formas diversas quando realizadas em contextos e com propósitos diversos. Foi assim possível trabalharmos comparativamente as unidades estandardizadas de medida e suas semelhanças e diferenças com a *quarta* e a *vara*.

AF[330] – Os arquitetos Guna e os especialistas em construção de casas tradicionais têm muito conhecimento sobre práticas de medição, e, antes de conhecermos o metro e a régua, as medidas eram feitas utilizando como unidades de medida partes de nossos próprios corpos. Assim, nasceram a vara, a quarta... A nossa unidade de medida quarta funciona tão bem quanto uma régua *waga*.

---

[329] Segmento de fala extraído de entrevista a mim concedida para esta pesquisa por Olo Wintiyape, em 26 de setembro de 2014.

[330] Segmento de fala extraído de entrevista a mim concedida para esta pesquisa por sagla Faustino, em 29 de setembro de 2014.

OW[331] – Neste livro, encontramos mais claramente os classificadores qualitativos de longitude que usamos nas práticas de medição. Alguns deles foram usados com as crianças na problematização da construção de casas:

Figura 72 – Exemplos de classificadores qualitativos Guna de Longitude.

A.2. CLASIFICADORES DE LONGITUDES			
CLASIFICADOR (kuna)	ESPAÑOL	DIBUJO	USO
Assa	Una cuarta: Medida desde el pulgar hasta el meñique de la mano extendida.	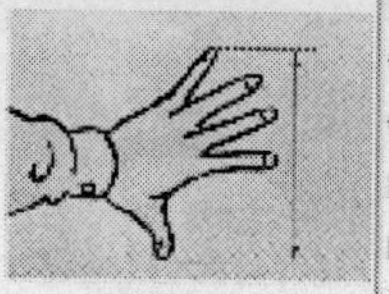	Mide el ancho del cayuco, maderas. En general se utiliza para medir pequeñas distancias.
Nai	Jeme: distancia entre la punta del pulgar hasta el índice de la mano extendida.	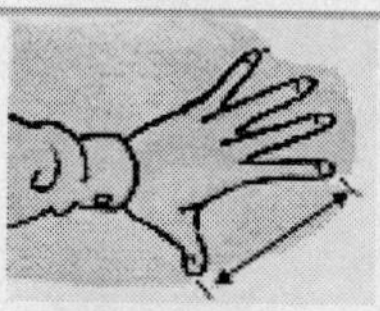	En general se utiliza para medir distancias pequeñas.
Sinni	Tres cuartos (3/4) de jeme	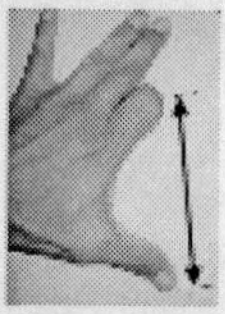	Mide distancias más pequeñas.
Bisggi	Codo: distancia entre el codo y el final de la mano abierta.	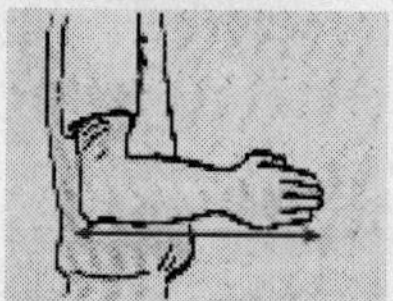	Mide distancias grandes, como largos de madera.
Dali	Braza: distancia entre ambos brazos extendidos.		Mide distancias grandes, como profundidad del mar.

Fonte: Ayarza (2010a, p. 17)

CT – Então, medir com uma *vara* ou com *quartas* é também "matemática", né?

---

[331] Segmento de fala extraído de entrevista a mim concedida para esta pesquisa por Olo Wintiyape, em 26 de setembro de 2014.

MM[332] – O que? Você está perguntando se isso é "matemática"? Não é não! Onde está a matemática? A gente age, constrói as maquetes e vamos usando conhecimentos que devem ser desenvolvidos passo a passo para que a casa fique bem construída. O fato de vermos semelhanças entre unidades de medida diversas, não significa que o que fazemos é "matemática" da escola. Para nós, a prática de medir é *"walubsae"*. Quando falamos de 'matemática Guna', isso está relacionado com um posicionamento político e simbólico que se coloca como oposição às propostas da cultura dominante, neste caso, a cultura dos *waga*.

CT – Sem dúvida, trata-se de uma ideia ancorada em uma luta histórica por parte dos povos indígenas, em diferentes partes do mundo, para mostrar, de diversos modos, que sua sabedoria pode ser também chamada, neste caso, de matemática Guna. Em outros casos, por sua vez, de matemática ancestral ou de matemática indígena, tal como também o fazemos quando falamos em ciência indígena, história indígena, medicina indígena... Aparecem aqui diversos efeitos de sentido que são produzidos quando usamos a palavra 'escola' junto com a palavra 'matemática' em contextos indígenas. Tanto para os povos indígenas, em geral, quanto para os não indígenas, a escola está ao serviço exclusivo das demandas provenientes das culturas disciplinares, de comunidades de especialistas em campos específicos do saber.

OW[333] – Vimos que as crianças se aproximaram de diversos modos de conhecer, ser e crer, estabelecendo semelhanças. A pergunta sobre a existência de outros tipos de casas também apareceu. As casas dos *waga* também foram problematizadas como outras práticas de construção nas quais são empregados outros tipos de conhecimento. *A gente percebeu que as crianças estavam inquietas.* Percebemos que elas sabem que convivemos com outras formas culturais de vida e que, para que isso seja possível, devemos investigar e problematizar as semelhanças e diferenças entre a gente e os que pensamos serem os outros. Quando vimos que elas começaram a fazer perguntas a respeito disso, dividimos o quadro negro em duas partes e fomos registrando todas as opiniões. A matemática da escola também apareceu dentre outros temas que inquietavam as crianças, sem que ocupasse o nosso foco principal, sendo considerada apenas um elemento a mais.

---

[332] Segmento de fala extraído de entrevista a mim concedida para esta pesquisa por Martínez Montoya, em 26 de setembro de 2014.

[333] Segmento de fala extraído de entrevista a mim concedida para esta pesquisa por Olo Wintiyape, em 26 de setembro de 2014.

Figura 73 - Foto do quadro contendo comentários feitos ao longo da problematização comparativa de práticas de construção de casa tradicional e da casa *waga*.

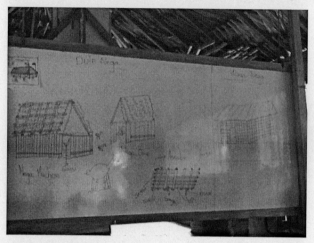

Fonte: *arquivo* fotográfico da pesquisadora.

OW[334] – E as crianças transpuseram os registros do quadro para seus cadernos de anotação:

Figura 74 - Registros de desenhos e palavras feitos por uma criança acerca da problematização da prática da construção da casa tradicional.

Fonte: *arquivo* fotográfico da pesquisadora.

---

[334] Segmento de fala extraído de entrevista a mim concedida para esta pesquisa por Olo Wintiyape, em 26 de setembro de 2014.

UMA TERAPIA DO DESEJO DE ESCOLARIZAÇÃO MODERNA:
VENÍ, VAMOS HAMACAR EL MUNDO, HASTA QUE TE ASUSTES

MM[335] – Os nós que devemos fazer para amarrar as colunas da estrutura da casa tradicional também foram estudados. Dentre eles, está o nó de tigre. Ele é o mais forte e é feito duplamente em todos os pontos de encontro das varas que sustentam o teto da casa. O nó duplo significa a perfeição de *Baba e Nana*, a perfeição que está nos números pares, daí que muitos de nossos rituais são desenvolvidos também em dias pares: 2, 4, 8, 12, 18, 24.... Os significados dos números não são mobilizados pelos símbolos que, no Ocidente, utilizamos para representar os números pares, mas sim, nas palavras que usamos para nos referirmos a eles:

Figura 75 - Nós feitos na construção da casa tradicional

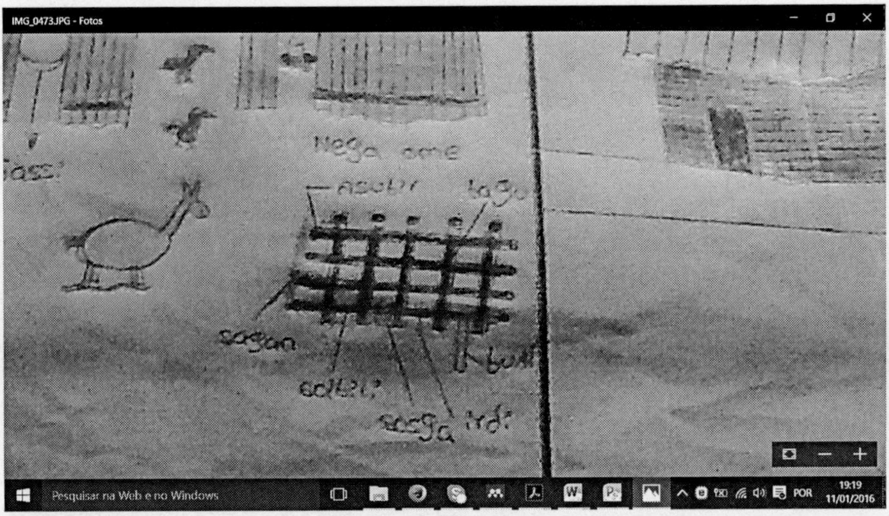

Fonte: *arquivo* fotográfico da pesquisadora.

AS[336] – Os usos das palavras que temos em Guna estão ligados à linguagem que permite expressar o tempo e o espaço com sentido e coerência. Além disso, tais usos expressam as formas de vida, as regras e concepções que a comunidade tem sobre a normatividade do saber ético e moral. Por exemplo, *'Ebisede'* – contar – aparece como a capacidade de ver a realidade social, política e econômica dentro da cosmogonia. A forma de medir ou de fazer outro tipo de contas compromete o corpo de quem as faz, bem como

---

[335] Segmento de fala extraído de entrevista a mim concedida para esta pesquisa por Martínez Montoya, em 26 de setembro de 2014.

[336] Segmento de fala extraído de entrevista a mim concedida para esta pesquisa por Abadio Green, em 8 de julho de 2015.

o da comunidade. Por causa disso, é importante ensinar para as crianças os significados e usos das palavras dos números para saber a grandeza da linguagem que encerra a sabedoria Guna. Bogwa, "número dois (2), significa a paz do coração"[115].

MM[337] – Há alguns livros que foram feitos no Panamá sobre a construção de casas tradicionais Guna. Um desses livros foi pensado para que o professor Guna o utilizasse. Tal livro apresenta ilustrações para os estudantes. Vejo, nele, um aporte muito interessante no sentido de estar produzindo material de uso didático mais apropriado para nossas crianças, mas, ao mesmo tempo, vejo que apresenta uma leitura ocidentalizada de nossa prática de construção de casas. Com esse comentário, estou chamando a atenção de vocês para revermos os materiais que já foram produzidos para as nossas escolas, já que se diferenciam do que estamos fazendo aqui em Alto Caimán. Aqui, alguns exemplos do que estou dizendo:

Figura 76 - Sumario do livro "La Geometría y el arte Kuna"

CONTENIDO

AGRADECIMIENTO
INTRODUCCIÓN
    SITUACIÓN DE LA MATEMÁTICA KUNA EN LA COMARCA KUNA YALA
    PROGRAMA DE ACCIÓN DIRECTA
A. LAS LÍNEAS EN EL ARTE GUNA
    ♦LÍNEA RECTA
    ♦LINEA CURVA
    ♦LÍNEA HORIZONTAL
    ♦LINEA VERTICAL
    ♦LÍNEA INCLINADA
    ♦LÍNEAS PARALELAS
    ♦LÍNEAS PERPENDICULARES
B. LOS POLÍGONOS EN LA MOLAS
    ♦TRIANGULOS
    ♦CUADRILÁTEROS
    ♦PENTÁGONO Y OTROS
C. LOS ÁNGULOS EN LAS CASAS KUNAS
    ♦ÁNGULO AGUDO
    ♦ÁNGULO RECTO
    ♦ÁNGULO OBTUSO
    ♦ÁNGULO LLANO

Fonte: Ayarza (2010, p. 3).

---

[337] Segmento de fala extraído de entrevista a mim concedida para esta pesquisa por Olo Wintiyape, em 19 de setembro de 2014.

Figura 77 - Página 27 do livro "La Geometría y el arte Kuna".

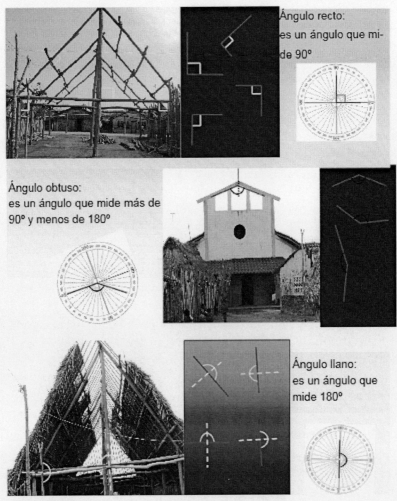

Fonte: Ayarza (2010, p. 27)

OW[338] – Eu concordo com essa sua percepção. Esse material ainda impõe uma única forma de ver nossos conhecimentos. Mesmo que as explicações do texto sejam interessantes, os esclarecimentos que o livro apresenta são uma mistura entre o ocidental e a cultura Guna. No objetivo do texto, na página 1, é apontado claramente que o que se pretende é esclarecer a geometria: *"el objetivo es que el estudiante se oriente por sí mismo desde la casa y en la escuela con*

---

[338] Segmento de fala extraído de entrevista a mim concedida para esta pesquisa por Olo Wintiyape, em 19 de setembro de 2014.

los términos básicos de la geometría. Es un aporte del Programa de Acción Directa sobre la erradicación de trabajo infantil en Niños, niñas y adolescentes (NNA) kunas ejecutado en la Comunidad de Ukupseni financiado por la Oficina Internacional del Trabajo (OIT) y el Programa Internacional para la Erradicación del Trabajo Infantil (IPEC). Es una herramienta para facilitar el proceso de aprendizaje de los NNA para mantener el interés en las áreas científicas"[339].

CT – Esta sua remissão é muito interessante. É possível notar a diferença no modo como vocês estão tentando problematizar as práticas socioculturais e o modo como outros pesquisadores estão fazendo. Acredito que sejam duas formas diferentes de se fazer isso. Por outro lado, vejo que, o tempo todo, vocês ressaltam que os usos das palavras estão em íntima conexão com as ações. O mesmo parece não ocorrer com os usos dessas palavras no contexto da matemática escolar. Porém, manifestam-se semelhanças entre tais usos e aqueles que delas são feitos em outros jogos de linguagem que se apresentam no ensino escolar. Vou me referir a esses jogos por meio da expressão *jogos híbridos de linguagem*. Tais jogos resultam da mestiçagem performática e performativa de formas de vida. Nas problematizações desses *jogos híbridos de linguagem* com as crianças, manifesta-se, para mim, toda uma reivindicação político-simbólica, um movimento de resistência à cultura dominante. Sem dúvida, trata-se de uma luta histórica, na qual se trata de evidenciar que não há 'verdades' 'absolutas' e únicas, como muitas teorias têm se proposto a formular e espalhar pelo mundo por meio do dispositivo chamado 'escola'. Trata-se não só de identificar as semelhanças de família entre os diversos jogos de linguagem que transcorrem nas duas formas de vida diferentes, mas também de identificar os tipos de transformação que têem sido produzidos nesse duplo movimento que se dá tanto na escola como fora dela. Não se trata mais de ver o Mesmo no Outro, nem o Outro no Mesmo, mas sim de pensarmos o movimento das semelhanças sempre com base no movimento das diferenças. Wittgenstein exemplifica:

WL[340] – "Na identificação dos próprios deuses com os deuses de outros povos, convencemo-nos de que os nomes têm o mesmo significado [...]. Contudo, não é a mesma coisa: um deus de outro povo evoca usos e costumes completamente distintos. A mesma palavra, "neve", por exemplo, não tem o mesmo sentido para o esquimó e o siberiano".

---

[339] AYARZA, 2010b, p. 1.

[340] WITTGENSTEIN, 2007, p. 200.

UMA TERAPIA DO DESEJO DE ESCOLARIZAÇÃO MODERNA:
VENÍ, VAMOS HAMACAR EL MUNDO, HASTA QUE TE ASUSTES

CT – Do mesmo modo, a palavra "matemática", no contexto indígena Guna, não produz os mesmos efeitos de sentido do que aqueles que se manifestam no sistema escolar dos *waga*. Pelo que soube por meio de vocês, a palavra 'matemática' nem existe em língua Guna; é uma palavra vinda de fora, proveniente da forma cultural de vida *waga* e dos jogos de linguagem que a mobilizam quase sempre de forma disciplinar. Por outro lado, todas as práticas realizadas na comunidade Guna são descritas por vocês por meio dos verbos "contar", "medir" e "calcular". Do meu ponto de vista, esses verbos expressam as denominações que a própria comunidade atribui às suas práticas culturais de contar, medir e calcular, as quais, mesmo apresentando semelhanças com domínios específicos da 'matemática' dita *ocidental*, são práticas diferentes. Dessa maneira, considero que usar a palavra "matemática" não é apropriado para descrever tais práticas, porque tal palavra não significa nada para vocês, os Dule. Ao contrário, essa palavra revela o modo como *nós*, os *estrangeiros*, vemos o mundo, revela a *nossa forma de vida*, e não a de vocês. Neste nosso encontro, percebo que a gente se colocou na atitude de *descrever* as ações e as práticas, o que tem exigido de todos nós, aqui presentes, em primeiro lugar, uma atitude ética e de abertura para nos escutarmos mutuamente a partir dos lugares que ocupamos em nossas formas de vida diferentes. Além disso, os usos *ocidentais* da palavra '*matemáticas*' não devem ser vistos como padrão de referência quando se trata de aproximarmos de outras formas de significar e de compreender as práticas que apresentam semelhanças de família com as que se realizam em *formas modernas* de vida. O meu interesse levou-me não mais para procurar adjetivos para tipificar e *descrever* as práticas que vocês realizam, mas para compreendê-las e significá-las do modo como vocês as compreendem e as significam. Assim, quando usamos a palavra 'matemática' ou '*ebised*', tendendo a concebê-las como um conjunto de jogos de linguagem que são realizados para se atingir propósitos normativos. Quando tanto vocês – para satisfazerem as suas necessidades de contato com os waga pelas mais diferentes razões – quanto eu, para realizar a pesquisa que venho realizando com vocês, tentamos entender e significar comparativamente as práticas que realizamos na escola ou fora dela, acabamos produzindo *jogos híbridos de linguagens*, sendo aqui fundamental que a gente veja as práticas culturais que vocês realizam como jogos de linguagem indisciplinares. Quero colocar o seguinte exemplo[341] para mostrar de forma tensional como coexistem jogos de linguagens e formas de vida:

---

[341] TAMAYO-OSORIO; CUELLAR-LEMOS, 2016, p. 60.

Martínez Montoya:	Caro, [silencio] ¿cómo te digo para que me entiendas? [silencio]…es que nuestra forma de contar es clasificatoria por la forma o el tamaño. Cuando pensamos en un intercambio comercial, es decir, la negociación de un producto, eso *implica el uso del dinero*, y en nuestra cultura el valor del dinero no es como en occidente. Nosotros comercializamos, pero no entendemos muy bien el valor del dinero, *ni tenemos en Dule palabras para referirnos al valor del dinero*. O sea, *para contar* el dinero. Las palabras para expresar esas cantidades las usamos de acuerdo con lo que hemos incorporado en la interacción con los *waga* y fundamentalmente desde la enseñanza en la *escuela del estado*. Entonces, el *uso de las palabras* que designan los valores de las monedas y los billetes, lo incorporamos en las prácticas nuestras según las necesidades.
Carolina:	Quiero darte un ejemplo para entender un poco mejor eso *del uso de las palabras y de la transformación en acción*. En la casa de la señora Tulia escuché como hacían la venta de unos productos, la escena fue esta,
Dule[342]:	Tulia degide? Nuedi. an abege aros nibirgwen *(1 kilo de arroz, siendo <u>nibir el calisificador</u> e <u>gwen cuantificador</u>)* a uggin imal gualu walgwen *(1 botella de aceite, siendo <u>wala el clasificador</u> y <u>gwen cuantificador</u>)*. Igi manide?
Tulia:	Gargegue 2000 mili.
Dule:	igi mani gargegue gwensag gwensag?
Tulia:	Arroz 900 pesos, imal gualu 1.100 pesos.

¿A cosas como estas son a las que te refieres como incorporación de conocimientos de otras prácticas de contar en las prácticas culturales de la comunidad?

---

[342] Transcrição para o português: senhora Tulia: Como você está? Quero um quilo de arroz e uma garrafa de óleo? Quanto custa? Tulia: Bem. São 2000 mil pesos. Senhor X: Quanto custa cada um separadamente? Tulia: O quilo de arroz custa 900 pesos e o óleo 1.100. Diário de campo da investigadora, 23 outubro de 2014. Transcrição do Dule para o espanhol feita por Richard Nixon Cuellar-Lemos, e do espanhol para o português por Carolina Tamayo Osorio).

UMA TERAPIA DO DESEJO DE ESCOLARIZAÇÃO MODERNA:
VENÍ, VAMOS HAMACAR EL MUNDO, HASTA QUE TE ASUSTES

Martínez Montoya: Uno ahí puede ver lo que venía diciéndole, una incorporación o trasformación, como ve usamos la forma de conteo que nos enseña el sistema escolar, y ese es uno de muchos ejemplos, y que en la acción de hacer las prácticas es donde uno ve que como profesor desarrolla *prácticas educativas en 'frontera'*, entre dos conocimientos. Esto ha posibilitado la adopción de nuevas palabras para facilitar la interacción con las personas que no hablan nuestra lengua y entre nosotros mismos, en las prácticas comerciales en las que usamos dinero.

MM – Esses processos de transformação se evidenciam na nossa prática pedagógica. Quando as crianças ou nós começamos a colocar as duas formas de vida em interação e emergem outros sentidos.

WO[343] – Los niños y jóvenes que frecuentan la *escuela del estado* de Alto Caimán, hacen preguntas no solo sobre *EBISED* (práctica de contar) sino también sobre las matemáticas, por ejemplo, ¿Por qué se diferencia EBISED con el mundo occidental de los conteos o la numeración? Para mí se diferencian en el origen, los sentidos y los usos de las palabras, en la forma en que cada cultura ve su creación. Cada cultura maneja de acuerdo su pensamiento, sus generaciones y las creencias en sus dioses prácticas de conteo diferentes. En este caso la cultura Gunadule, la práctica de contar está relacionada a la clasificación.

CT – Eu queria colocar aqui um exemplo que vivenciei. Quando duas mulheres Gunadule cozinham uma comida que envolve quantidades iguais de alimentos, esses alimentos são descritos por elas de diferentes modos. Assim, o uso de palavras é feito em conformidade à natureza qualitativa dos alimentos, e, neste contexto, a prática indisciplinar de contagem dos alimentos é diferente da prática matemática de contar em contextos escolares. Entre os Gunadule, a prática cultural de contar sete bananas é diferente da prática cultural de contar sete peixes[344]:

---

[343] Segmento de fala extraído de entrevista a mim concedida para esta pesquisa por Olo Witinyape, em 26 de setembro de 2014. (TAMAYO-OSORIO & CUELLAR-LEMOS, 2016, p. 61).

[344] Transcrição para o português: Tulia: filha, para a sopa você deve por 7 bananas da terra, 7 peixes, 3 cebolas e três tomates. Uma pisca de *achote* (fruta da qual é extraída a pimenta). Um quilo de arroz para cozinhar na panela. Filha: Mãe e a agua da sola? Tulia: Como iremos a comer oito pessoas, a panela é grande, deve enchê-la com quatro dedos a menos da borda. (Diário de campo da investigadora, 23 outubro de 2014. Transcrição do Dule para o espanhol feita por Richard Nixon Cuellar-Lemos, e do espanhol para o português por Carolina Tamayo Osorio).

Tulia:	bunagua be masgine saelgebe *mas wala gugle (7 bananas), ua Ugga gugle (7 peixes), agu guabba (3 cebolas), imal wawad guabba (3 tomates), nisal isse (pisca de achote).* Aros maddagwen duega aggal (libra de arroz).
Bunagua:	nana didesun mas gal?
Tulia:	igi anmal (pessona) de mas gunude *dule walababbag* (8 pessoas), wede esmed dummagine, be enogoe di *go walabagge* (4 dedos) niga en guegala.

CT – Neste breve diálogo, vemos que, ao cozinhar, estão sendo usadas quantidades iguais de alimentos e que são descritos de modos diferentes. Os usos das palavras são normativos, isto é, orientados por propósitos inequívocos: 7 bananas (*mas* -bana-, *wala* -clasificador de forma alongada-, *gugle* - quantificador 7-) e 7 peixes (ua -peixe, *Ugga*- clasificador de animais com escamas-, *gugle*- quantificador 7). No entanto, em que essa prática Guna de contagem seria diferente da prática de contar do *waga*? Na visão dos Dule, o uso de palavras na prática de contagem refere-se às qualidades de objetos. Tal uso segue as regras da gramática de sua cultura e não as da gramática da prática de contagem da matemática escolar. As palavras que descrevem as práticas de contagem têm uma relação com as qualidades dos objetos envolvidos na contagem. De acordo com a gramática Dule, uma descrição da qualidade dos objetos contáveis é um modo de conhecer o mundo. O ato de contar é visto como cosmogônico, isto é, como base de conhecimento histórico, botânico, teológico, agrícola e artístico. Por outro lado, a prática de contagem *waga*, como se coloca na escola, refere-se à ação de contar o número de elementos de um conjunto de objetos. Em outras palavras, em diversos textos de matemática acadêmica encontraremos que a contagem se realiza fazendo *corresponder* sucessivamente a um objeto de uma coleção, um número de sucessão natural.

OW[345] **–** As palavras que descrevem as práticas de contar estão relacionadas com as qualidades dos objetos envolvidos. Desse modo, a quantificação se estabelece mediante classificadores. Há trinta classificadores documentados

---

[345] Segmento de fala extraído de entrevista a mim concedida para esta pesquisa por Olo Wintiyape, em 9 de outubro de 2016.

até agora. Por exemplo: para superfícies planas, como as tábuas de madeira, se usa *"Madda"*: *maddagwen, maddabo, maddaba. Ugga* para animais com escamas como os peixes: *uggagwen, uggabo, uggaba. Dali* significa uma braçada, um classificador para medir distância: *daligwen, dalibo, daliba; Dagga.* As terminações *gwen, bo y ba* que acompanham os classificadores significam um, dois, três... respectivamente. Por outro lado, para quantificar se usa: Guenna, que significa o *único. Pelaguaple,* significa todos. Guenna Guenna significa alguns, e *satte* corresponde a nada.

WO[346] – Por que a prática de contar é tão importante para nós? Nós, os Guna, falamos *Gwensag,* não porque o som seja assim, não porque signifique *'um'*, mas porque, quando investigamos mais a fundo, *Gwensag* significa *mãe assim como* significa *sagla,* sogro, pai. A numeração está relacionada com a forma em que estamos organizados politicamente. *Bogwa,* o número dois, por exemplo, também significa duas pessoas em um único coração, o casamento. *Bagwa,* o número três, significa a família, refere-se ao filho que une o casamento em um único coração. O número dez significa "eu e você" ou "você e eu", a complementariedade. Finalmente, o vinte, *Durgwen,* significa a pessoa completa, isto é que possui vinte dedos. Para formar outros números, vamos formando grupos de pessoas. Por exemplo: o número oitenta se diz *dulabagge,* que significa quatro pessoas juntas.

CT – Abadio, você poderia esclarecer mais um pouco, por favor?

SA[347] – El número "uno" viene de las palabras *gwe* "ser" y *n(ana)* "madre" que, al juntarlas, *gwenna,* significan "la única madre". *Sa(e)* es adverbio del tiempo pasado, "ayer" y *g(ala)* "hueso", al unirlas, *saegala,* obtenemos dos significados, "el hueso de ayer", pero también "hacer las cosas bien". El número uno, *gwensag,* nos indica entonces lo que significa ser madre, el único ser que tenemos, ya que fuimos cobijados en su vientre y allí tuvimos la oportunidad de vivir la seguridad del amor de ella cuando fuimos engendrados por nuestros padres. El significado del número *gwensag* nos denota que la madre es irrepetible, irreemplazable, venimos de los huesos de ella, pertenecemos a ella, somos hueso de ella.

---

[346] Segmento de fala extraído de entrevista a mim concedida para esta pesquisa por Olo Witinyape, em 26 de setembro de 2014.

[347] GREEN, 2012, p. 168.

CAROLINA TAMAYO OSORIO

CT – Aqui, eu vejo que a ação de contar, a prática de contar (falada/performada), tem seus fundamentos nos processos de significação que são indissociáveis da *práxis* da linguagem. Gostaria de mencionar um exemplo[116] de um grupo indígena do Brasil, espero que vocês se pronunciem a respeito:

FK[348] – Ontem à noite peguei 10 peixes. Dei 3 para meu irmão. "Quantos peixes tenho agora?" [...] qualquer resultado que não 7 seria considerado incorreto e irracional. Na escola do Diauarum, porém, Tarinu Juruna obteve resposta diferente para o problema: "Tenho 13 peixes agora", afirmou. Explicou seu raciocínio: "Fiquei com 13 peixes porque quando eu dou alguma coisa para meu irmão ele me paga de volta em dobro. Então, 3 mais 3 é igual a 6 (o que o irmão lhe pagaria de volta); 10 mais 6 é igual a dezesseis; e 16 menos 3 é igual a 13" (número total de peixes menos os 3 que Tarinu deu ao irmão).

CT – Esse exemplo é bem interessante. Com ele, podemos ver que, em cada *forma de vida*, uma mesma pergunta pode ser encarada de modos diferentes, o que está, a meu ver, relacionado com os efeitos de sentido, com os rituais e as formas de vida. Nenhum dos dois está errado. Simplesmente, trata-se de uma pergunta baseada em dois *jogos de linguagem* que transcorrem em duas *formas de vida* diferentes. Um jogo de linguagem que é plenamente satisfatório dentro de uma determinada situação ou *forma de vida* pode não ou ser em outra, pois ao serem desenvolvidos em contextos de uso diferentes, novos elementos surgem e as situações mudam, e os usos que então funcionavam – neste caso, na matemática ocidental – podem não mais ser satisfatórios na *forma de vida Gunadule.*

MJ – Os cálculos envolvidos nesse problema estariam malfeitos se eles fossem pensados a partir da prática da adição do modo como é feita na escola *waga.* Poderíamos, então, supor que o resultado apresentado pelo indígena para o problema estaria errado. Eu penso essa situação como acontece na prática Guna, sem pensar como deveria acontecer na escola. O total, em nosso modo de ver, seria 16 peixes. Observe que se você compartilha três com seu irmão, você duplica esse três e fica com seis, porque tudo o que você dá para outros se duplica para ser contado após a morte. Na outra vida, você vai receber isso de volta, em comida, e não vai passar fome na morada dos deuses, pois lá você receberá em dobro tudo o que você compartilhou com os outros. Dessa forma, dar três é receber seis, e você fica com 16 peixes.

---

[348] KAWALL-FERREIRA, 2002, p. 56.

UMA TERAPIA DO DESEJO DE ESCOLARIZAÇÃO MODERNA:
VENÍ, VAMOS HAMACAR EL MUNDO, HASTA QUE TE ASUSTES

CT – Manifesta-se aqui a possibilidade de variação de efeitos de sentido de uma *forma de vida* para outra. Aparecem três formas de agir diferentes para uma mesma situação e, quando as comparamos com base no estabelecimento de semelhanças e diferenças entre elas, sem o propósito de buscar nelas um elemento invariante, podemos ver a riqueza de cada uma, vê-las como jogos de linguagem independentes. Na escola, vocês transitam por esses três *jogos de linguagem,* porém mantendo a riqueza e autonomia de cada um deles, sem hierarquizá-los e sem apagar os rastros de um em detrimento dos rastros do outro?

WO – Esse transitar pelas práticas socioculturais de duas ou mais formas de vida, de estudar os efeitos de sentido que nelas são mobilizados, nem sempre se faz tendo como prioridade discutir as práticas socioculturais Guna para estabelecer relações de semelhança e diferença com outros campos de atividade humana não Guna. Muitas vezes, devemos seguir as cartilhas que o ministério nos envia a cada ano e estudar os conteúdos. Devemos seguir o modelo regulamentar da secretaria de educação daqui a cidade para desenvolver as atividades na sala de aula. Devemos prestar contas trimestralmente de nossas atividades por disciplinas. Não nos pedem para apresentar informes do que se refere ao ensino da educação própria que o fazemos com base nas problematizações das práticas socioculturais Guna, o que, a meu modo de ver, é contraditório com as normativas da educação indígena. Infelizmente, as leis[349] que o Estado propõe são uma coisa, mas, na prática profissional, devemos cumprir outras.

UN[350] – Praticamente temos um Estado dentro de outro Estado; aí é onde reside a dificuldade. Temos governo, economia, desenvolvimento, infraestrutura, conhecimentos, educação, esporte, música, medicina e recreação própria... Por exemplo, a gente não acredita em que *Baba e Nana* se formaram numa escola de cimento [*como a do Estado republicano*]. Não! Eles formaram-se na *casa del Congreso*. Assim, desvinculam-se as nossas crianças das nossas raízes [...]. Pedimos ao Ministério de Educação um professor que desenvolva as suas atividades contemplando as nossas perspectivas, mas não permitem [...]. Na perspectiva do Ministério, o professor sempre deve estar na escola de cimento.

---

[349] Caso dos artigos 7, 8, 9, 10 da constituição colombiana, os diversos artigos da Lei geral de educação. Além da última, sentença T-025 da corte constitucional.

[350] Fragmento da entrevista a mim concedida para esta pesquisa por Nasario Uribe, em 29 de julho de 2011.

MM[351] – O que está posto em nossas mãos não é só a questão de dar a nossas crianças uma formação baseada no conhecimento ocidental, mas dar uma formação baseada em duas formas de conhecer que se assemelham em muitos aspectos, mas que, em suas raízes cosmogônicas, são diferentes.

CT – Parece que seus alunos terão que saber ler e escrever, saber a matemática ocidental, saber pescar, caçar e construir casas tradicionais, cestos e *molas*. Os alunos terão que saber *"ebised"*, bem como às práticas de contagem e medição *waga*. Vocês conseguem desenvolver um ensino que abranja tudo isso?

WO – Nós, às vezes, desenvolvemos práticas educativas indisciplinares; outras vezes, práticas disciplinares, procurando que as crianças aprendam conhecimentos dessas duas formas de vida. Entretanto, o resultado dessa sobreposição de práticas tem como efeito o ficarmos *nem aqui* e *nem ali*.

CT – Noto, na sua fala, que aparecem outros efeitos de sentido em nossas salas de aula, outros *jogos híbridos de* linguagem que não são mais *nem* os jogos de linguagem da escola *waga nem* os de nossa própria comunidade. Contudo, isso acontece também na vida quotidiana e não apenas na escola. Na procura por formas de desenvolver o ensino, conhecemos a *Etnomatemática*[352]. Vale a pena mencioná-la, pois, enquanto um programa de pesquisa, possibilitou-nos, *durante muito tempo,* afrontar alguns desafios do ensino e da aprendizagem na perspectiva de pensarmos uma Educação [Matemática] Indígena Gunadule.

MM – Dito programa nos aproximou de nossa comunidade e dos especialistas, visando a possibilidade de aprofundar e entender nossas formas de conhecer. No entanto, com o tempo, começamos a perceber que, assim como a matemática, a Etnomatemática havia sido uma invenção do mundo acadêmico *waga*. Começamos a duvidar dessa forma de pesquisar quando descobrimos que o que orienta nossas práticas é o saber em ação e não o fato de se ter como prévio um campo disciplinar chamado 'matemática' ou Etnomatemática. E você, Carolina, como vê este trânsito de um jogo de linguagem para outro?

---

[351] Fragmento da entrevista a mim concedida para esta pesquisa por Martínez Montoya, em 15 de setembro de 2014

[352] Apontando no sentido de D'Ambrosio, 1994; 1997; 1999; 2007.

UMA TERAPIA DO DESEJO DE ESCOLARIZAÇÃO MODERNA:
VENÍ, VAMOS HAMACAR EL MUNDO, HASTA QUE TE ASUSTES

CT – Digo-lhes que um terapeuta wittgensteiniano costuma lidar com a *questão* não com o propósito de produzir consensos e, muito menos, uma nova *teoria*. Talvez, uma alternativa seja tentar ver o problema de outra maneira. Acredito que enxergar a partir da *hibridação* é interessante, pois não tomaremos partido *nem* esperaremos que a *questão* seja tranquila ou que daremos a ela uma resposta final. Vejo que compreender as práticas socioculturais no contexto em que se desenvolvem, para se pensar o ensino como ação mimética, não é uma questão só dos *Gunadulemala* ou das minorias étnicas, mas também um problema da educação em todas as formas de vida do mundo contemporâneo. Ter como propósito estudar os discursos que são produzidos nas formas de vida já híbridas, semelhanças de família e diferenças. Isso é o que estamos fazendo neste nosso encontro. Estamos tentando lidar com efeitos de sentido produzidos por diversos discursos sem deslegitimá-los, ou desvalorizá-los, entendendo-os como linguagens completas articuladas com seus rituais e com as formas de agir dos sujeitos que as praticam. Desse modo, tendo como princípios a alegria e o prazer de viver em e na diversidade étnica e cultural, a linguagem se constitui como o local em que se concretizam os discursos e é, portanto, a forma como se estruturam as práticas. Nas palavras de Abadio Green Stocel:

SA[353] – "[...] podemos dizer que sempre partimos da palavra para entender nossa cultura. Quando falamos de significados de vida, estamos falando dos sentidos que as palavras têm no contexto Guna, o que uma palavra quer dizer não é qualquer coisa. Ou seja, detrás de uma palavra de nossa cultura Gunadule, está um mundo, umas significações. Com cada palavra emitida, estamos fazendo referência à nossa história de origem. Assim, para conhecer as faces dos nossos antepassados, das nossas tradições, devo conhecer minha língua, porque cada vez que falo, minha língua remete-me ao mundo das origens, quando a Mãe Terra estava sendo criada, quando as estrelas se estavam criando. Nossas histórias estão na linguagem".

MM – Eu quero colocar outro assunto. Gostaria de sempre pôr em andamento propostas indisciplinares de ensino que nos permitissem percorrer caminhos outros de semelhança com as práticas socioculturais dos *waga*, mas o sistema sempre parece estar contra essa atitude. Por exemplo, agora

---

[353] Palavras de Abadio Green Stocel, em Cuellar e Martínez, 2013, p. 51.

estou lutando para formar um grupo de dança. Na prática de dançar, a gente vê que há muitos conhecimentos que as crianças deveriam aprender, mas não posso fazer isso sozinho, preciso de um especialista. Aqui em Alto Caimán, já não temos mais especialistas nessas práticas, o que tem dificultado muito esta minha tentativa de formar um grupo de dança. Vejo, nesta ausência dos especialistas, como os conhecimentos que têm vindo de fora, dos estrangeiros, tem submetido nossos conhecimentos ao esquecimento. Meninas e meninos de todas as idades, juntos, para aprenderem a dançar com um professor sozinho não tem sido nada fácil. Há outra dificuldade, que é a de eu não conseguir aprofundar com as crianças os conhecimentos relativos à prática de dançar, uma vez que o que eu sei é superficial. Por outro lado, depois da quinta série, os meninos vão estudar numa escola camponesa e as meninas não voltam depois da festa da puberdade, o que me impede de continuar um trabalho de pesquisa de forma conjunta com eles.

CT – Alguém poderia me falar um pouco sobre esses rituais dos quais as meninas participam?

TU – As meninas devem participar de dois rituais: o primeiro é a festa de encerramento, quando entram na puberdade, e o segundo é chamado de festa da liberdade. Na primeira festa ou ritual, a menina é encerrada num quarto especial construído durante o primeiro dia de menstruação. A menina ficará deitada numa rede até quando a construção do quarto terminar. Durante 14, 18 ou 24 dias, acontecerão diversas visitas de mulheres que darão banho na menina. A menina não poderá sair de modo algum desse quarto. Quando for combinado com os especialistas, será convocada a comunidade para a comemoração da festa. Poderão chegar de 130 a 200 convidados. O período de tempo de duração, desde o início da festa até o seu final, pode ser de 24 até 48 horas. A festa terminará no momento em que o último convidado for embora.

Figura 78 - Construção de quarto para encerramento de uma menina para comemoração da primeira festa.

Fonte: *arquivo* fotográfico da pesquisadora.

Figura 79 - Quarto terminado para encerramento de uma menina para comemoração da primeira festa.

Fonte: *arquivo* fotográfico da pesquisadora.

TU – Em diversos momentos, vocês têm falado de desenvolvimento de atividades que demoram 4, 8, 12, 16, 24 dias... Até para desenvolver a prática da cestaria, esses números sempre aparecem. Gostaria de saber se poderiam expor algo sobre isso.

SA[354] – En la lengua Dule las palabras están cargadas de efectos de sentido. Esos números son muy especiales, son la perfección, voy darle dos ejemplos. *Bagge*, "número cuatro (4), doble abstinencia". Viene de las palabras *bag(e) (ba)ge*, "doble abstinencia". Hace referencia a nuestras autoridades, pues toda comunidad Dule, aunque sea la más pequeña, siempre deberá contar como mínimo con cuatro autoridades: dos (2) *Saglamal*, un *Argal* (1) y un (1) *Sowalibedi*. Recordemos que el *Saglal* llega a ser cacique por ser conocedor a profundidad de las historias de origen o de otro saber ancestral (botánico, médico tradicional), el *Argal* es el vocero o intérprete de la palabra del *Sagla* y *Sowalibedi* es la guardia. *Babag*, "número ocho (8), doble, doble abstinencia". Número que viene de las palabras *ba(ge)*, "abstinencia", que se repite; es decir "doble abstinencia". Este número nos remite a la historia de nuestra madre *Nana Olowagli*[117] y sus siete hermanos, seres extraordinarios que buscaron estrategias para conocer verdaderamente su identidad en el espejo del *Río Isbegundiwala*. Estos hermanos tuvieron que realizar grandes sacrificios y abstinencias para poder cumplir los mandatos de los creadores, que era la defensa de la Madre Tierra. Los siete hermanos y su hermana *Olowagli* tuvieron una vida de prohibiciones para encontrar la sabiduría de la naturaleza.

TU – Por outro lado, gostaria de terminar de descrever a prática da festa da puberdade para vocês. Durante a festa, comemos, dançamos e bebemos chicha. Será lida a sorte que terá a menina pelos especialistas que fumarão tabaco e orientará as ações a serem desenvolvidas durante a festa. A menina, depois da festa, poderá sair do quarto e esperará até que seja comemorada a segunda festa, conhecida como a "festa da liberdade", a qual pode demorar até um ano para ser feita, pois os pais terão que pagar todos os gastos. Durante esse tempo, a menina não pode estar nunca sozinha; não pode conversar com homens e deve estar disposta para os aprendizados que a mãe e os avós deverão dar para ela, desde botânica básica, cozinha até o canto. Quando as meninas têm irmãos que frequentam a 'escola', os pais permitem que continuem estudando, já que esses irmãos deverão cuidar delas. Quando os irmãos ou os pais não as podem trazer, não voltarão mais e ficarão em casa para se preparar para o casamento. Quando celebramos a primeira festa, ainda as meninas estão na segunda ou terceira série e nem todas aprendem operações de 'matemática', escrever ou leem muito bem. E aquelas que nunca frequentaram a escola definitivamente não sabem nada de espanhol ou de 'matemática'. Em qualquer dos dois casos, a vida

---

[354] GREEN, 2012, p. 170.

se faz mais difícil e a discriminação passa de geração para geração, dado que ficam dependendo dos homens para se comunicar, por exemplo, em um hospital ou no cartório.

WO[355] – A escola não se adapta aos nossos rituais, uma menina volta, depois das festas, e o sistema nos obriga para que repita o ano letivo. Eu acredito que não deveria ser desse modo, uma vez que as meninas também estavam aprendendo conhecimentos da nossa cultura em casa com os pais e na comunidade. Entretanto, isso não conta para o sistema, mesmo tendo direito a organizar os tempos escolares, seguimos submetidos.

CT – Um efeito desta nossa conversa, em mim, tem me levado a pensar que devemos, hoje, problematizar todos os discursos relacionados à educação, e isso se aplica a todos os contextos nos quais a escola está presente e nos quais está sendo colocada no movimento da descons-trução. O problema da escola, atualmente, a meu ver, está colocado em territórios hibridados e transnacionais, uma 'terra de ninguém' marcada por múltiplas influências e referências culturais. Como mulher, uma mulher branca que hoje foi convidada aqui, para conversar, além de não ser indígena, sou uma pequena representante do movimento que ocorre nesses territórios de hibridação. Ao percorrer esses territórios é possível nos colocar nas semelhanças de família e nos permite problematizar os efeitos da *colonialidade* que estão ancorados na tensão entre ser, crer e saber/fazer, o que se minifesta, nas palavras de Viveiros de Castro (VC), do seguinte modo:

VC[356] – "Os europeus nunca duvidaram de que os índios tivessem corpo (os animais também os têm); os índios nunca duvidaram que os europeus tivessem alma (os animais e os espectros dos mortos também as têm). De fato, o etnocentrismo dos europeus consistia em duvidar de que os corpos dos outros contivessem uma alma formalmente semelhante às que habi-tavam os seus próprios corpos; o etnocentrismo ameríndio, ao contrário, consistiu em duvidar de que outras almas ou espíritos fossem dotados de um corpo materialmente semelhante aos corpos indígenas".

---

[355] Segmento de fala extraído de entrevista a mim concedida para esta pesquisa por Olo Wintiyape, em 27 de julho de 2011.

[356] VIVEROS DE CASTRO, 2015, p. 37.

CT – Neste ponto de nossa conversa, tem ficado claro para mim que há diferentes formas de vida que coexistem em territórios simbólicos de hibridação, transformações e efeitos de sentidos que se tornam acontecimentos. No contexto de Alto Caimán, vejo, por um lado, um contato com diversas formas de vida organizadas com base em dualismos entre corpo e alma, sensibilidade e mente, natureza e pensamento, natureza e cultura e que, por meio da escolarização, se impuseram como superiores perante os povos colonizados. Eu descreveria ditas formas de organização como mobilizadoras de jogos logocêntricos de linguagem. Em outras palavras, é a práxis europeia de 'fazer almas' sobre o exercício do imperialismo do *logos* que promoveu a crença de que os seres humanos "*tem um corpo*" visto como '*meio de comunicação com a exterioridade dos sentidos, uma tradição que procura subtrair o sentido, a verdade, o ser, a presença essencial irredutível entre o sensível e o inteligível, com tudo o que comanda, isto é, a metafísica na sua totalidade*[357]. Na instância do *logos*, parece ser possível diferenciar formas de vida mais ou menos evoluídas. Por outro lado, temos uma visão indígena, segundo a qual o "*homem é corpo*", o que foca a preocupação cultural em 'fazer corpos'. Isso significa que há uma diversidade de corpos, e a tarefa do conhecimento se desloca do foco centrado na unificação do universo das representações para o das múltiplas manifestações dos corpos dos seres que habitam a Mãe Terra. De acordo com Viveiros de Castro (VC),

VC[358] – A cultura ameríndia supõe uma unidade do espírito e uma diversidade de corpos, mas claro a semelhança dos espíritos não implica a homogeneidade ou identidade do que essas almas exprimem ou percebem, dita semelhança surge por suspensão deliberada, socialmente produzida, de uma diferença que não desaparece plenamente.

CT – É, por isso, que muitas das cosmovisões e cosmogonias indígenas estão fundamentadas na ideia de que a Mãe Terra está povoada por diversas formas de vida que performam o corpo de forma diferente?

JF[359] – Desde a primeira geração dos *Gunadulemala*, a gente já sabia que tudo o que habita a Mãe Terra são seres viventes, então, para a gente, uma pedra é também um ser, um espírito, que possui outro corpo. Todos os animais e demais componentes do cosmos são espíritos, e cada um se revela em um corpo diferente e cumpre uma função para manter o equilíbrio. Isso é algo muito potente

---

[357] DERRIDA, 2004b.

[358] Parafraseando Viveros de Castro (2015).

[359] Segmento de fala extraído de entrevista a mim concedida para esta pesquisa por Martínez Montoya, em 15 de janeiro de 2014.

UMA TERAPIA DO DESEJO DE ESCOLARIZAÇÃO MODERNA:
VENÍ, VAMOS HAMACAR EL MUNDO, HASTA QUE TE ASUSTES

na nossa cosmogonia. Atualmente, sobre a pele da Mãe Terra está habitando a sexta geração Guna que ainda acredita nesta visão. Cada ser é complexo e, na busca pela sobrevivência, desenvolveu corporeidades e hábitos diferentes de outros. Muitos espíritos tomaram também diversas formas corporais como castigo por terem atuado de forma errada. As serpentes são um exemplo.

CT – Se coloca aqui uma multiplicidade de corpos que agem de modos diversos. Não se trata mais de procurar uma *'essência'* comum a todos eles, mas de compreender as dimensões que os compõem, não como propriedades constitutivas ou critérios de classificação, mas sobre a perspectiva das semelhanças de família entre as formas de agir de todos os seres humanos e espirituais. Há, portanto, uma multiplicidade de corpos agindo performática e performativamente em territórios híbridos de atividade, em que a identidade não *'é'* algo em si, ela está no *como se* dos *jogos híbridos de linguagem* que se recriam de formas inimagináveis nos (des)encontros dos efeitos de sentidos produzidos entre formas de vida diferentes. Será esse *como se* o movimento da diferença? Quando falamos do *'como se'* a respeito das semelhanças de família, estou querendo dizer que há um movimento de força centrífuga, no qual não se trata de unificar os efeitos de sentido que são produzidos em diversas formas de vida, de teorizá-los a partir do estabelecimento de essências comuns; trata-se de problematizar justamente as 'oposições'. Por exemplo, ao se atentar para a prática da ablação do clitóris dos Embera de Risaralda, não se trata de saber quem está enganando, se os não indígenas ou os indígenas, e menos ainda quem estaria enganando quem, mas de problematizar os efeitos de sentido produzidos ao se praticar essa forma de agir sobre o corpo considerando as duas formas de vida. As confusões ao problematizar esses territórios simbólicos, em que os rituais variam de uma *forma de vida* para outra, estão ligadas ao fato de se olhar acreditando que os corpos devessem agir sempre de forma homogênea, *como se* existisse um 'algo essencial' a todos esses jogos de linguagem, com premissas ou hipóteses previamente estabelecidas que nos permitissem desenvolvê-los de forma inequívoca. A respeito dessa procura de estabelecer critérios comuns, Alfredo Veiga-Neto (VA) coloca que:

VA[360] – A diferença é o nome que damos à relação entre duas ou mais entidades – coisas, fenômenos, conceitos etc. – em um mundo cuja disposição é radicalmente anisotrópica. Desse modo, a diferença está aí. Assim, talvez

---

[360] VEIGA-NETO, 2004, p. 143.

seja o caso de tão somente usar intransitivamente o verbo ser, dizendo simplesmente: a diferença é. Com isso, desloca-se o "problema da diferença" para o "problema da identidade": o que me parece mais interessante, importante e produtivo é mudar o registro e perguntar por que sempre estamos procurando critérios que funcionem como denominadores comuns, chãos comuns, que nos permitam dizer que isso é idêntico àquilo ou, pelo menos, semelhante àquilo.

CT – Que significa, então, problematizar as práticas socioculturais tendo como propósito estudar as semelhanças de família entre os jogos de linguagem de formas de vida 'diferentes'?

VA[361] – É disso que trata a virada linguística. Neste estudo e em outros que estão sendo e foram feitos, estamos falando de identidade como, no limite, o reconhecimento por semelhanças ou, para usar a expressão cunhada pelo, segundo Wittgenstein, reconhecimento por familiaridade. Além disso, como argumentou Foucault (1987), a identidade não remete a uma permanência, mas ela só poderá ser detectada pela não-identidade.

CT – Significa pensar que o corpo não é compreensível fora dos contextos históricos, sociais e culturais. Compreender uma *forma de vida* e seus jogos de linguagem significa compreender a performatividade das práticas socioculturais, em que *o processo de pensamento do homem comum trabalha certamente com uma mistura de símbolos, dos quais os símbolos propriamente linguísticos constituem talvez apenas uma parte*[362]. Poderíamos falar, então, que um *jogo de linguagem como encenação corporal* não é só a palavra falada, como Wittgenstein destacou ao cunhar a expressão jogos de linguagem:

WL[363] – "[...] comandar e agir segundo comandos; [...] relatar um acontecimento; conjecturar sobre o acontecimento; expor uma hipótese e prová-la; [...] ler; representar teatro; cantar uma cantiga de roda; nadar; tocar um instrumento, cantar, andar de bicicleta, falar uma língua, escrever em uma língua, traduzir de uma língua para outra, resolver uma equação de segundo grau, demonstrar um teorema".

---

[361] *Ibid.*

[362] Aforismo completo em Wittgenstein (2005, O.F § 5, p. 39)

[363] WITTGENSTEIN, 2009, I.F. §7.

CT – Cada uma dessas formas de agir varia de uma *forma de vida* para outra. É sempre o nosso corpo todo que lida com conjuntos de símbolos, sendo a própria observação um jogo. A linguagem vista como práxis sugere que praticar um jogo de linguagem se assemelha a performar ou participar diretamente de uma encenação, isto é, participar diretamente de uma performance cênico-corporal. Quando estudamos as *palavras como vivas* performativas e performáticas, percebemos que dão conta dos conhecimentos da tradição milenária Gunadule em relação às formas de agir. Portanto, não existe a possibilidade de definir e caracterizar um elemento comum que perpasse todos os jogos possíveis, cada jogo de linguagem é uma linguagem completa que é *'sempre praticada com o corpo todo, e não apenas com a vibração culturalmente regrada de sons emitidos por nossas cordas vocais*[364]. As *palavras maiores, as palavras vivas,* estão além do falado, mas que estão manifestas no corpo que age participando do jogo.

SA[365] – É isso mesmo! Quando a linguagem é vista como performance corporal, a gente aprende que há muitas possibilidades para se falar das coisas, que há diversos significados para as palavras relacionados aos diversos modos de ação entre nós mesmos e os de outros.

CT – Ou seja, formas de vida semelhantes coexistem, mobilizam jogos de linguagem que podem possuir similitudes, mas não há um elemento essencial entre eles. A noção de semelhanças de família possibilita *"desconstruir a suposição de que há uma função essencial da 'linguagem', uma forma essencial na 'linguagem' que se relaciona com a 'realidade'. Assim, uma vez que a noção de semelhanças de família é um método de desafiar o pressuposto de que a 'linguagem' é essencialmente um dispositivo de nomeação"*[366]. Será que falar em *semelhanças de família* entre jogos de linguagem seria o mesmo que falar em igualdade de efeitos de sentido produzidos por esses jogos? A noção de *'semelhança de familia'* incorpora tanto semelhança quanto *diferença* em uma complicada rede de semelhanças que se sobrepõem e entrecruzam diferenças. A respeito disso, Mauro Lucio Leitão de Condé (CLM) se coloca do seguinte modo:

CLM[367] – "As semelhanças podem variar dentro de um determinado jogo de linguagem ou ainda de um jogo de linguagem para outro, isto é, essas semelhanças podem aparecer ou desaparecer completamente

---

[364] MIGUEL, 2016.

[365] GREEN, 2012, p. 40.

[366] PLEASANTS, 1999, p. 29.

[367] CONDÉ, 2004, p. 56.

dentro de um jogo de linguagem ou ainda aparecer ou desaparecer na passagem de um jogo de linguagem para outro. Portanto, quando estabelecemos analogias entre diversas características no interior de um jogo de linguagem ou entre vários jogos, seja dentro de uma forma de vida ou de formas de vida diferentes, não está propriamente buscando-se a identidade, a igualdade de um jogo para outro, *mas a diferença* que, apesar de existir, ainda permite compreender aquela atividade como um jogo de linguagem no interior do qual os usos das palavras estabelecem as significações. Em outros termos, ainda que uma semelhança de família possibilite analogias, ela também permite perceber as diferenças. E é dentro desse jogo de semelhanças e diferenças que nos situamos, estabelecendo nossa racionalidade".

MM – Quando na escola problematizamos nossas práticas, a gente percebe que as crianças, sem precisarmos forçar, vão assemelhando nossos conhecimentos com os que são vindos de fora, seja pela escola, seja por outros tipos de contatos com os *waga*. Não há, nessa nossa forma de agir na sala de aula, uma procura por compreendermos o conhecimento como se fosse algo homogêneo. Vivemos entre as práticas culturais Gunadule e as práticas culturais *waga*, e isso aparece na escola como algo natural, não como uma imposição. Estamos sempre no meio de duas culturas, os problemas iniciam quando uma forma quer se colocar como a 'verdadeira' e a outra começa a ser ameaçada. Avalio que as crianças que vão na 'escola', entram em um espaço simbólico no qual são desvalorizados os conhecimentos Guna, além de ser um espaço no qual se usa outra linguagem.

WO – O fato de *sermos* professores contratados pelo Estado, e ao mesmo tempo indígenas integrados em um projeto social e político comunitário, tem nos colocado em um lugar muito complicado. Produzir discursos, desde nossos lugares como professores indígenas, na nossa comunidade, não tem sido uma tarefa fácil, pois a *colonialidade* do saber ainda nos coloca como submissos, não estamos na condição de semelhantes. A ideia de lógica ocidental ou empírica se confrontam com a nossa concepção de ser e crer que não estão fora da linguagem.

CT – Este encontro tem nos permitido construir uma *visão panorâmica* do problema da escola, tanto dentro como fora de Alto Caimán. Ver esse problema de outras maneiras.

UMA TERAPIA DO DESEJO DE ESCOLARIZAÇÃO MODERNA:
VENÍ, VAMOS HAMACAR EL MUNDO, HASTA QUE TE ASUSTES

WO – Nós percebemos na metade... "entre" duas formas de pensar e de compreender o mundo e a educação... De um lado, há o Estado, pois somos professores em uma *escola [republicana]*, e, por outro, há a *casa del congreso*, onde nós dois não seríamos professores, segundo as nossas tradições, mas pelo fato da tarefa atual de formar as crianças e jovens Guna, temo-nos tornado professores lá.

CT – *O movimento da hibridação é caraterizado pelo não lugar*, o que seria *nem* o sistema escolar regularizado pelo Estado colombiano e *nem* a *casa del congreso*. Essa coexistência das semelhanças de família entre os discursos que vocês produzem como professores para responder a duas formas distintas de vida não é pacífica.

UN[368] – É isso mesmo! Até onde me contaram os meus avós, o meu pai e a minha mãe, praticamente, a educação do povo *Dule* era feita a partir da comunidade com os sábios, e a família reforçava essa educação em casa. Não tínhamos o que hoje se chama uma universidade, um colégio ou uma escola; essas são coisas que estão totalmente fora do povo *Dule*... Então, a educação dentro da formação do povo *Dule* era ambulante... E, para tirar a carteirinha profissional, recorriam a um sábio, por um tempo determinado, para definir o que queriam aprender: botânica, canto, medicina. As nossas crianças aprendiam a se relacionar com nossas formas de vida no contato comunitário.

WO – Ou desperdiçamos nossas vidas desenhando linhas ou paredes de demarcação, ou então podemos viver cruzando-as com as semelhanças. E a vista do outro lado pode ser também ESPETACULAR.

CT – Porém, como entender esse entrelaçamento entre formas de vida?

MM – Você vai achar que eu posso estar louco, mas, a meu ver, a ferramenta que nos ajuda a cruzar e ver, a partir do outro lado, é a *linguagem*, o que se tornou evidente em todas as problematizações que fizemos na escola com as crianças.

CT – Gostaria de compreender melhor... Vocês poderiam explicar, com um exemplo, como vocês cruzam essas trilhas entre a *escola,* caraterizada pelos jogos de linguagem disciplinares, e a *forma de educação Gunadule* que vai da *casa del congreso* até outros espaços percorrendo práticas socioculturais indisciplinares?

---

[368] Fragmento da entrevista a mim concedida para esta pesquisa por Nasario Uribe, em 29 de julho de 2011.

MM – Acredito que se trata de compreender essas formas de vida, suas interações e os efeitos de sentido que nelas são produzidos. Como já mostramos, por exemplo, a prática do *ebised* – contar – e as práticas de contar da matemática escolar, se trata de compreender cada jogo de linguagem de forma independente.

CT – Em toda esta nossa conversa, para mim, parece claro como *ebised* é um conceito, não é um objeto com vida própria, que está em algum lugar à espera de ser apreendido e descrito, não tem uma essência que se manifesta por meio de diferentes representações. Conceitos são significações que permeiam e são produzidos entre indivíduos em determinadas práticas culturais. Vejo importante, neste ponto, colocar que, quando você tenta diferenciar essas duas coisas, você faz referência a uma distinção que Wittgenstein também estabeleceu entre 'matemática' como um domínio de conhecimento proposicional e conceitual (ou disciplinar) e matemática como um conjunto diversificado e heterogêneo de práticas performativas. Neste caso, há práticas performativas Guna que não são adjetivadas com a palavra 'matemática' que se usa na escola, mas que apresentam semelhanças nas ações que são feitas (contar, calcular, medir...). Wittgenstein fez isso por meio de um conjunto de aforismos esparsos e assistemáticos, o que acabou abrindo a perspectiva de se ver matemática de um modo irreverentemente original como *matemática em ação*[369], isto é, como conjuntos heterogêneos e dinâmicos de encenações simbólicas regradas do corpo humano:

WL – "[...] 'Certamente a matemática é, em certo sentido, uma doutrina, assim como um *fazer*'[370]. [...] 'Se a matemática é um jogo, jogar um jogo é fazer matemática, e se assim é, por que dançar não é também matemática?'[371]. "Por que eu não deveria dizer que o que chamamos de matemática é uma família de atividades em conformidade a uma família de propósitos?'[372]. 'Não pergunte: "O que se passa em nós quando temos certeza...?", mas: como se manifesta "a certeza de que é assim" na ação dos homens?'[373]. "[...] Se esgotei as justificações, então, atingi a rocha dura e minha pá entortou. Estou então inclinado a dizer: "é assim que eu ajo"'!"[374]

---

[369] Referência à visão de Miguel (2015) sobre a matemática como jogo de linguagem.

[370] WITTGENSTEIN 1979, I.F- Parte II, p. 219, itálicos do autor.

[371] WITTGENSTEIN, 1987, p. 216.

[372] WITTGENSTEIN, 1987, p. 228.

[373] WITTGENSTEIN, 2005, I.F- Parte II, p. 217-218.

[374] WITTGENSTEIN, 2009, I.F-§ 217.

UMA TERAPIA DO DESEJO DE ESCOLARIZAÇÃO MODERNA:
VENÍ, VAMOS HAMACAR EL MUNDO, HASTA QUE TE ASUSTES

CT – Desse modo, Wittgenstein procurou descrever as práticas socioculturais tal como elas são feitas, sem a procura de generalizações, e faz um
chamado para que o mundo acadêmico cientificista avalie as formas como
está investigando os estudos da *práxis*.

WO – Trata-se de descompactar o disciplinar problematizando o indisciplinar [...] Nossos conhecimentos e as palavras que usamos para significar os
significantes, são ações, e ao levarmos isso para escola, as crianças começam
a perceber que nós também temos conhecimento, pois ao problematizar
práticas, devemos fazê-las e ali elas veem que não há conteúdos prévios
que permitam que as desenvolvamos... E a gente tentou isso com o último
projeto educativo que foi desenvolvido MEN-Ibgigundiwala (2012), que foi
considerado uma fase de implementação do projeto *MEN-Ibgigundiwala*[375],
uma nova tentativa de currículo escolar que considerava outros fundamentos:

Figura 80 - Fundamentos da educação Gunadule currículo MEN-*Ibgigundiwala* (2012).

	ESCUELA DEL CONGRESO		
	FUNDAMENTOS, EJES CURRICULARES Y NÚCLEOS TEMÁTICOS		
Nº	Fundamentos	Ejes	Núcleos temáticos
1	*La tierra es nuestra madre*	TERRITORIO	1. Escuela del congreso 2. Medicina ancestral 3. Economía Dule 4. Matemáticas y geometrías 5. Ciencias de la Madre Tierra
2	*Todos los seres de la naturaleza somos seres vivos*	IDENTIDAD Y CULTURA	1. Cantos terapéuticos 2. Espiritualidad Dule 3. Arte y creación lúdica 4. Tecnologías aplicadas a la información y la comunicación. Tics
3	*Como seres vivos somos hermanos*	HISTORIA Y ORGANIZACIÓN	1. Organización escolar 2. .Historia y organizaciones indígenas 3. Organización gremial 4. Organización estatal 5. Constituciones políticas Colombiana y de otros pueblos de América, fueros indígenas y legislación nacional colombiana actual 6. Geografía Dule y de otros pueblos
4	*Todos los pueblos somos hermanos.*	COMUNIDAD	1. Lengua Dule 2. Lengua Castellana 3. Otras lenguas 4.

Fonte: MEN-*Ibgigundiwala* (2012)

---
[375] MEN-*Ibgigundiwala*, 2010a.

MS[376] – Con estos dos proyectos comenzamos a repensar sobre por qué hemos separado por temas los conocimientos Dule, es decir, hicimos de algo que *no está fragmentado* en nuestra visión, un montón de contenidos fragmentados, separados con la finalidad de encajarlos en la escuela. Ahí surge la pregunta: ¿Será que escuela y educación son la misma cosa? Pero Caro, con el tiempo hemos venido comprendiendo que *esto no tiene sentido,* que, para pensar una educación para nuestro pueblo, lo que hicimos fue una traducción de nuestros conocimientos al lenguaje de la escuela, y ahí uno ve que se pierden todos los elementos propios de donde este conocimiento se ha producido. Ahora vemos que debemos pensar no una escuela, pero si una educación basada en las prácticas culturales de nuestra visión de mundo, pero sin olvidar la relación con las de otros pueblos, pues no estamos solos habitando la Madre Tierra, pero partiendo de nosotros mismo.

MM – O que me preocupa é que mesmo tentando não fragmentar os conhecimentos, novamente o fizemos. Desenhamos tabelas de conteúdos desde o ensino básico até o ensino fundamental. Houve muita pressão para que essa formatação fosse feita. A verdadeira insurgência acontece realmente nas nossas salas de aula, pois as leis e a burocracia que dominam sobre a escola não permitem ir além das disciplinas. O sistema está organizado para ser assim. O mundo não é necessariamente como nos contaram....

WO[377] – Carolina, devemos terminar este encontro. Ainda tem muita coisa para discutir, mas vamos combinar outro encontro. Já são duas horas da madrugada, e a gente tem um caminho longo para chegar até nossas casas. Antes de irmos embora, gostaria de dizer algumas coisas que eu acredito importantes antes de encerrar....

Nuestra cultura se llama Gunadule significa (gente de la superficie), nosotros somos hijos de la Luna y de la Tierra, nuestros dioses nos han heredado esta madre tierra. Habitamos en Colombia, en el departamento de Antioquia, entre los municipios de Turbo y Necocli, Caimán Nuevo, comunidad Alto Caimán. Somos una población de 454 habitantes, nuestra estructura política de cacicazgo está el *saila, el argal y sowalibed.* Nuestras tradiciones culturales o las prácticas cotidianas hemos conservado desde muchos años desde nuestra creación, hay algunos conocimientos se ha venido perdiendo poco a poco por falta de prácticas, la escuela llegó y desde entonces nues-

---

[376] Fragmento da entrevista a mim concedida para esta pesquisa por Milton Santacruz, em 17 de julho de 2015.

[377] Texto escrito por Olo Wintiyape, em 18 de setembro de 2014.

UMA TERAPIA DO DESEJO DE ESCOLARIZAÇÃO MODERNA:
VENÍ, VAMOS HAMACAR EL MUNDO, HASTA QUE TE ASUSTES

tras tensiones con los conocimientos que en ella deben ser enseñados son más y fuertes. También aquí no nos ponemos de acuerdo fácilmente sobre lidiar con ese problema. Desde el año 60 en nuestra comunidad se penetro la escuela del estado con manos de las Hermanas Madres Laura, donde se dio la enseñanza de la lengua castellana, porque como los blancos decían que los indígenas son salvajes hay que castellanizar, evangelizar. En el año 85 con la lucha de los pueblos indígenas y con la organización indígena de Antioquia hemos ganado un espacio importante en la materia de educación, territorio, salud, administración esto ha sido una de las estrategias para fortalecer nuestra cultura, y la defensa de la madre tierra.

En cuanto a la educación, cuando empezó la enseñanza escolarizada hubo muchos cambios para los niños, jóvenes porque se dejó un lado su cultura propia y se apropiaron de otra cultura, nuestros grandes sabios se preocupaban porque esto contribuye con la desaparición de nuestra lengua materna y nuestras tradiciones culturales. Pues la herramienta fuerte que ha sido para nuestra cultura Gunadule, para no desaparecerse como pueblo, la casa del congreso (*onmagednega*), fue un lugar fundamental para soportar la carga pesada de otra cultura dominante, la casa grande es un espacio de aprendizaje de nuestra propia cultura y este espacio hasta el sol de hoy lo respetamos es un espacio sagrado donde se aprende todos los conocimientos ancestrales. Hoy en día en nuestra comunidad hay dos escuelas del estado, es un espacio totalmente ha cambiado el ambiente pero esto no quiere decir que esto va hacer la desaparición de los Gunadule me imagino que no, dentro de la escuela del estado nosotros llevamos prácticas culturales propias como la danza, forma de contar, construcción de casas, forma de siembra ancestral, como defender la madre naturaleza, respeto a los sitios sagrados, respeto a los mayores todas estas prácticas lo llamamos educación propia, currículo propio, aprobado por el ministerio de educación nacional-MEN. A pesar de que es aprobado no hemos logrado poner en práctica todo lo que está allí escrito por que,

1. Los cambios son difíciles, y seguir diferentes puntos de vista desde nuestro lugar como profesores se ha hecho difícil, las personas de la comunidad ya nos ven diferente.

2. Muchos esfuerzos, pero pocos para problematizar nuestras propias prácticas, se ha intento acomodar las prácticas a los cánones de la escuela, eso no ha funcionado, y la secretaria nos pide formatos de las disciplinas establecidas por la ley general de educación como obligatorias, y nada de lo que hemos propuesto desde lo Dule.

3. Aún nos falta formación a los profesores, para ser indisciplinados con los cánones de la escuela.

4. El calendario escolar es rígido, siempre nos dicen que lo hagamos a nuestro modo, pero cuando se trata de ponerlo en funcionamiento, la secretaria nos presiona.

5. Nuestros *sagla* no siempre están dispuestos a trabajar de forma conjunta con nosotros, porque sus conocimientos no son reconocidos por la escuela, es una forma de resistencia de participar de las prácticas de escolarización.

Para nuestra cultura Gunadule, la tierra no es un objeto, pero para los blancos es un objeto que se manipula, para nosotros es un ser vivo, una madre que ella nos ofrece todo, por eso hay que cuidarlo, todos los seres vivientes que existe en este planeta no es negociable. Las montañas, el cielo, los ríos, la tierra, las plantas son nuestros hermanos como los vamos a vender imposible. ¿Claro hay preguntas muy raras que hacen los blancos, como te parece si vendemos nuestra propia madre? ¿nuestros hermanos? No. No se puede es imposible. Hemos construido un currículo propio para las escuelas indígenas Gunadule, en algunas partes hay errores por parte de los profesores porque ellos son egresados en las escuelas del estado ya no piensan enseñar a los niños de manera propia, pero aquí en Alto Caimán, tenemos otra formación y contamos con ayuda de diversos investigadores, que nos han ayudado poco a poco a superar barreras, y problematizar las prácticas socioculturales en la escuela. Esto es unos de los errores nuestros siendo indígena y deja a un lado su tradición. El aprendizaje de la lengua castellana en nuestras escuelas ha sido muy difícil para los educandos, porque no han tenido contacto o relación con los blancos solo reciben seis horas de clase y luego se van a sus casas todo es lengua materna.

En Colombia la ley general de educación plantea que en todas las instituciones y es obligatorio manejar las nueve áreas y allí nosotros agregamos más áreas eso lo llamamos áreas optativas que ya tiene que ver los contenidos propios de la cultura, eso ha significado que no tenemos una educación indígena, si no que sigue siendo la escuela del estado. Explico son seis horas de clase diaria, en la primera hora supongamos sociales los niños reciben una hora de clase en español, cuando termina viene otra área historia Gunadule eso ya tiene que ver con la historia de origen del pueblo Gunadule en la lengua materna, otro una hora, luego viene otra área matemática occidental otro una hora, después botánica Gunadule ya tiene que ver con las plantas y así

UMA TERAPIA DO DESEJO DE ESCOLARIZAÇÃO MODERNA:
VENÍ, VAMOS HAMACAR EL MUNDO, HASTA QUE TE ASUSTES

sucesivamente. De acuerdo el currículo elaborado, pues nuestras escuelas son de cuatro paredes, el profesor es de tiza y tablero una escuela eurocéntrico, pero nosotros hemos hecho romper esa cadena para que los educandos puedan aprender más allá de cuatro paredes, cuando hay trabajos comunitarios tales: como limpieza de camino, construcción de casa, reuniones, fiestas, danzas rituales, nosotros con los niños y niñas participamos en estos eventos porque estos hacen parte de nosotros que los educandos pueden participar porque estos espacios son lugares de aprendizaje. En la escuela del estado en una comunidad el profesor tiene que saber su historia de origen, su plan de vida de su comunidad, para poder dar conocimientos a sus estudiantes, que ellos son futuros líderes de la comunidad. El pueblo Gunadule, desde que llegaron los españoles a nuestras tierras, seguimos siendo minorías ante ellos, el estado no nos valora a nosotros la importancia que tenemos, el dolor y sufrimiento que aguantamos cada día esto no quiere decir que el pueblo Gunadule se va a desaparecer, sino cada día fortalecemos, defendemos y cuidamos nuestra existencia.

CT – Eu gostaria de encerrar este encontro, não o nosso debate, falando que todas essas colocações compartilhadas sobre o desejo moderno de escolarização – vindas de balançares remissivos de nossas redes, vivenciados tanto aqui, em Alto Caimán, quanto em outros espaços cheios de fartos de comida e de cerveja, de almoços e jantares com colegas e amigos, de espaços outros de solidão, preocupação e medo –, permitiram ver de outras maneiras o problema que aqui debatemos. Este debate faz parte também dos movimentos que me dispus a viver quando me sentei na rede Gunadule, em Alto Caimán, movimento que, acompanhado de duras quedas, não me fizeram desistir de voltar à rede. Desse modo, este debate fica no não lugar desse movimento, sem final: um 'não final' que nos permite ficar no 'entre' e nos entreditos das próprias *descrições* das práticas socioculturais a que fomos remetidos percorrendo diversas formas de vida. Também considero que este 'não final' nos faz continuar no balanço da rede olhando de perto e de longe o porvir da educação indígena Gunadule[378] que, *indisciplinada*, vai nos colocando sempre na possibilidade do impossível.

Ainda faltam muitos encontros com outras pessoas. Por causa disso, não vou me limitar parando o movimento da rede neste momento. Certamente, virão ainda mais *descrições* rebeldes e inconformadas. Cada palavra aqui colocada, em cena ou fora de cena, foi para mim como gotas de chuva vivificantes

---

[378] Note-se que não há a palavra Matemática.

em uma caminhada em Alto Caimán, gotas de água que acalmam a sede ao caminharmos por trilhas desconhecidas. Essa sede, uma sede insaciável de ver de outros modos as realidades que estão colocadas diante de meu fazer como professora, pesquisadora e como sujeito que faz parte desta Mãe Terra. As gotas de água, essas poucas que têm refrescado o caminhar, tem reforçado meu desejo de mais aventuras nas quais eu consiga ser mais audaz diante dos ventos deslumbrantes da época na qual vivo. O fato de que, neste nosso encontro, não tenhamos procurado por razões ou explicações, mas por ver aspectos, investigar e esclarecer efeitos de sentido manifestados nos jogos de linguagem, o que nos levou a trilhar diferentes *formas de vida hibridadas*. Este balançar sem direção e sem condicionamento pré-fixado nos permitiu perdermo-nos juntos. Acho que estamos perdidos e assustados o bastante para nos balançar na rede e ficarmos com sede, muita sede. Não se trata de impor esquemas convencionais e nem de se buscar pelas circunstâncias, visões e conceitos que já estão postos nas realidades de um povo que começa a falar...

MG[379] – Eu sou Manigewigdiginia e sou *sagla* do povo Gunadule no golfo de Urabá ao nordeste do que é a Colômbia. Nós, os Gunadulemala, filhos da lua e da terra, guardamos a memória de tudo o que aconteceu desde o dia em que fomos criados. Durante muitos anos, temos repetido esta longa história que conta os nomes de todas as coisas, para que nenhum dos nossos filhos a esqueça. Sei que agora chegou o tempo de sentarmos juntos com todos os homens para contar-lhes o que nossa sabedoria fala e o que vemos nos nossos sonhos. Um grande *nele*[380], há muitos anos, viajou com sua mente mais longe e mais além e acabou descobrindo homens diferentes. Sua cor era outra, sua linguagem era esquisita e incompreensível, outra era sua forma de consumir os alimentos. Ele foi quem nos falou que se aproximava um tempo de sofrimento. E foi seu mesmo filho quem descobriu, nesta costa, os barcos europeus. Assim, como aquele *nele* sonhou com o início de uma época difícil de compreender, nossos homens sábios têm sonhado. E nos vieram falando que há homens de cor vermelha, que falam outras línguas, que têm outras formas de consumir os alimentos. Esses homens, em nossos sonhos, nos escutam e acreditam no que escutam. Por isso, pensamos que está chegando o momento de falar coisas para o mundo.

O povo Gunadule começa sua fala, o povo dos homens começa a falar.

---

[379] A tradução para o português desta fala foi feita pela autora deste livro.

[380] Pajé Guna. É a liderança espiritual do povo *Gunadule*.

POSFÁCIO

ARTE EM BASE TÊXTIL E MATEMÁTICA

O livro de Carolina Tamayo me lembra uma observação de Wittgenstein escrita em 1940: "Em toda grande arte há um animal SELVAGEM: DOMESTICADO" (MS 122, p. 88r-88v). Uma observação curiosa porque versa sobre estética. Em 1938, ele havia dado um curso sobre estética, é certo, mas o fato é que nos sete longos anos que recobrem o período que vai de 1938 a 1944, a atividade do filósofo se concentrou quase que exclusivamente sobre a matemática. Em outras épocas, antes e depois, não. Dividia normalmente a reflexão sobre a matemática com a psicologia, a ética, a cultura, a arte e a linguagem. Por conseguinte, dentro desta perspectiva mais restrita, esta observação desponta como irrupção extemporânea. Talvez, também por isto mesmo, tenha sido escrita em código, um código em forma de jogo infantil, em alfabeto ao reverso misturado com outra forma de alteração de algumas letras mais repetidas na língua alemã, como o *j*, o *k*, o *m* e o *n*, que não vinham no alfabeto ao reverso.

Podemos levantar a suspeita de haver ali uma aproximação entre arte e matemática ainda recôndita, secreta, como projeto a ser estruturado e testado quanto à sua factibilidade ou exequibilidade. No entanto, a filosofia de Wittgenstein não é propositiva, como sabemos. Ela não interfere em nada, só descreve o uso efetivo da linguagem (IF § 124). Então, se houvesse um projeto, teria que ser de outra natureza, provavelmente descritiva de um "uso efetivo da linguagem". E, neste caso, do ponto de vista da vida concreta das pessoas, tal como a encontraríamos *in natura*, por assim dizer. Só assim arte e matemática poderiam ser aproximadas pelo fato de que, na vida, eventualmente se misturam. Daí a associação com o "selvagem" assim tão remarcada, com duplo sublinhado, e depois dos dois pontos, com a "domesticação", também com duplo sublinhado. Uma combinação que nos deixa muito próximos do adestramento induzido por jogos de linguagem.

Quando Tamayo convida o leitor para uma leitura acerca das práticas matemáticas do povo Gunadule, da reserva do Alto Caimán, no departamento de Antioquia, na Colômbia, emprega sintomaticamente a palavra "embalar". Uma palavra *in natura* para este contexto; selvagem, por assim dizer. Que, em princípio, remete a imaginação desavisada não para uma rede, como era de se esperar, mas para o balanceio aconchegante que acalenta o bebê. Bebê que se bamboleia ao rumor indistinto da conversa calma dos adultos ocupados em trocar ideias e experiências entre si, no aconchego das vibrações e redundâncias rítmicas da voz materna que lhe chega ao ouvido pelo ressoar da própria pele e no interior da sensação prazerosa proveniente da temperatura corporal que a abraça.

Mas, atenção, o que estamos a embalar? Não embalamos um bebê, mas o mundo. Uma entidade bem mais abstrata do que um pequeno corpo humano, um corpo humano infantil, e que talvez signifique a totalidade das pessoas. Mas que pessoas? Provavelmente não todas as pessoas do mundo, mas somente as que estão interessadas. Estaremos, então, dando alento para esta comunidade de pessoas interessadas neste tipo de assunto, nutrindo as suas ilusões, entretendo-as até um determinado ponto previamente planejado no engenho da nossa estratégia? Aonde se quer chegar com isto, o que se quer aqui? Por que se troca de um modo tão surpreendente uma coisa pela outra? Mas esta é a supressa que justamente está avisada de antemão no título do livro: o susto.

É certo que o balanceio e o susto costumam andar de mãos dadas, mas não em todas as situações. Muito raramente nos inteiramos, ou quase nunca, de que um bebê caiu do colo da mãe ou de que alguém dormindo caiu da rede. Por isto é que nenhuma preocupação ou medo será normalmente suscitado quando uma criança dorme nos braços da mãe ou um adulto cochila na rede. Mas este não é o caso quando se anda numa montanha russa, ou quando uma criança mais espevitada brinca perigosamente no balanço, ou quando se dirige um carro em alta velocidade. Poderíamos dizer, então, que somos aqui convidados a andar na montanha russa, que começa calma e devagar e, de repente, acelera, sobe, cai e gira vertiginosamente em torno de si mesma, para nos devolver sãos e salvos ao chão de onde partimos?

Não há dúvida de que Tamayo nos convida para um passeio acompanhado de um cortejo de espectros que conversam entre si, cuja passagem deixa rastros, cujas vozes reverberam, entram em diálogo fantasmático na troca de experiências e ideias variadas como que aboletados em cima de redes de balanço. Não há dúvida também de que nos assustamos pela mera comparação da escolarização aprendida no processo de colonização ocidental de grupos indígenas na América Latina, sobretudo, o mais que sofrido povo Gunadule, com aquela sobre a qual disserta o trabalho da autora. Especialmente quando se trata da disciplina mais pura de que se

UMA TERAPIA DO DESEJO DE ESCOLARIZAÇÃO MODERNA:
VENÍ, VAMOS HAMACAR EL MUNDO, HASTA QUE TE ASUSTES

tem notícia neste mundo por ora acalentado nas redes. Pois, há uma grande discrepância, uma queda vertiginosa no interior das nossas pressuposições, entre a segurança pacífica do que admitimos como "matemática" e o que presenciamos na prática escolar dos Gunadule.

Uma das reações das nossas pressuposições adormecidas, que por dormir não quer dizer que sejam passivas, mas que agem à socapa, é a de enrijecer ainda mais a consistência cognitiva depois do susto inevitável, ao tentar nos convencer de que temos diante de nós um típico trabalho de etnomatemática. Nossa consciência finge entender que grupos étnicos autóctones produzem conhecimento de forma diferente da nossa, e que, por dever moral, devemos respeitar suas crenças e tradições. Depois que entramos em contato com essas comunidades, descrevemos sua forma de produção de saberes, os reconhecemos como diferentes dos nossos, porém com igual valor, ficamos então apaziguados: eles são eles com a sua matemática, e nós somos nós com a nossa. Cada macaco no seu galho. No mundo, por nós embalado, há diferenças inevitáveis. Devemos notadamente respeitá-las.

Mas o que faremos com a nossa moral cristã de amor ao próximo? O que faremos com o nosso rígido princípio de autoctonia e de necessária diferença? O que faremos com o ódio disfarçado de igualitária piedade? O que faremos com a palavra "matemática" se ela não se encaixa muito bem na nossa descrição da prática Gunadule? Diremos, para acabar com o assunto: "Bem, eles fazem matemática também, só que diferente de nós!"?

Não será que ocorre aqui o mesmo que com a palavra "cultura"? Será que a palavra cultura se encaixa bem em qualquer caso em que tentamos descrever a maneira como "nós", à diferença de pessoas "diferentes de nós", vivemos a nossa vida? Será que a palavra "cultura" se encaixa bem sempre que tentamos dizer que o ser humano vive uma vida separada da "natureza"? Ou será que inventamos esta palavra justamente para acomodar o desconforto de explicar a diferença entre nós, os outros e a natureza? É uma pergunta desconcertante àquela que procura saber se a nossa indisposição cognitiva realmente se arrefeceu depois de uma dessas explicações. A pergunta sobre como e de que forma domesticamos o selvagem, a pergunta sobre a natureza da nossa arte, é muito difícil de responder.

O fato é que se torna também difícil dizer que o trabalho de Tamayo seja realmente de "etnomatemática". Ela descreve formas de vida híbridas, em que um número muito grande de elementos significativos está envolvido nas suas práticas recursivas, não apenas na tecitura de panos e vestidos, cestas e redes, mas na mistura de cores, no canto, na conversa, na vivência do gênero e da sexualidade, no próprio cosmos, e até mesmo na sua, às vezes tensa, às vezes harmoniosa, relação com outros *waga* (todos os não-indígenas). Por sua vez, uma voz Guna, identificada como TU, diz, logo no início do trabalho, que "Nós, os *Guna*, não somos mais aquele povo encontrado na época da conquista". O que se quer dizer com isto? Um povo e a maneira como ele vive a sua vida parece ser sempre uma frustração para as nossas expectativas culturais. Eles não mais se parecem e nem se comportam exatamente como nos quadros de Victor Meirelles e de José Maria de Medeiros; não se coadunam muito bem com os relatos de Pero Vaz de Caminha, nem com as cartas de José de Anchieta; não namoram de nenhum modo com a pureza castiça e heterossexual dos romances de José de Alencar; nem sequer obedecem rigorosamente ao estruturalismo de Lévi-Strauss. Não só não encontramos neles o que deveriam ser nas suas promessas, nos seus compromissos, nas suas falas e nas suas variadíssimas línguas, mas tampouco o que esperamos do seu comportamento cognitivo, sobretudo, em "matemática" – e nos perdemos.

Um desconforto como este é o susto, a meu ver. E o desconforto suscita invenções. Mas as invenções não são tampouco as próprias práticas descritas. São apenas parte da descrição que sempre poderia ter sido outra.

Para aliviar todo este incômodo, Tamayo apresenta uma solução de compromisso: o mínimo múltiplo comum, pelo menos, para repassar para nós, olhos ávidos pelo consumo de novidades teóricas, um modo de viver uma vida matemática. Mas como reconhecemos no outro o que é "matemática"? Nada nos resta senão as possíveis semelhanças, algo que nos seja familiar ou comum para nós, e que possa também ser usado como recurso em descrições. Vemos seus encontros e desencontros, influências mútuas, transformações internas, inter-relação com os objetos da paisagem e os artefatos construídos pelo engenho humano, além das influências adquiridas pelo contato com pessoas de outros lugares. Este compósito cabe bem no que se chama neste trabalho de "forma de vida", que nada mais é do que a maneira e o entorno dentro do qual aquela comunidade pratica uma determinada atividade normativamente regulada. Normativamente regulada tal como a nossa forma de vida quando fazemos o que normalmente denominamos de "matemática". Somente neste entorno, tais atividades têm sentido e, justamente por isto, são capazes de alguma descrição.

Mas o mais interessante aqui, pelo menos aos meus olhos, é o modo de descrição inventado por Tamayo: o balanceio, os espectros e o susto. Tamayo coloca em cena todas as vozes que no decurso de sua longa e paciente

UMA TERAPIA DO DESEJO DE ESCOLARIZAÇÃO MODERNA:
VENÍ, VAMOS HAMACAR EL MUNDO, HASTA QUE TE ASUSTES

investigação teve oportunidade de encontrar e ouvir. Ela permite que essas vozes falem por si, que discordem e concordem, que tentem entender, e que formem mais uma tecitura com o material que encontra disponível. O próprio desconforto de Tamayo é parte do agregado tecidual. Nossos olhos ávidos, então, consomem, compram, com as devidas escusas pela expressão, este novo artesanato.

Não há indução nem promessas. Apenas vemos e entendemos.

Tamayo não faz um trabalho salvífico, mas possivelmente transformativo. Como o próprio fluxo da vida e da arte de tecer, amarrar, pendurar, balançar e contar histórias.

Evidentemente, não são os Gunadule que assim se transformam. Se for possível, somos nós mesmos, a nossa visão da matemática, a nossa dormente ideia de que nada pode nos expulsar do paraíso que Cantor criou para nós, nossos rígidos pressupostos de pureza, de que o corruptível não afeta o conhecimento da matéria exata, de que a lógica é impoluta, sem jaças, indiferente aos interesses, provocados agora pela dissonância cognitiva apresentada pela própria prática investigativa das normas que orientam a matemática Gunadule.

Ao fim e ao cabo, percorremos as linhas e as cores dos labirintos das molas que expressam a vida Gunadule sem nos darmos conta que já chegamos. Nos perdemos e nos reencontramos. Efetivamente, não se tocou em nada, em nada se interferiu. Somos nós mesmos devolvidos ao solo sãos e salvos. Mas somos ainda os mesmos?

João José R. L. de Almeida
Professor Associado da Faculdade de Ciências Aplicadas (Universidade Estadual de Campinas), doutorou-se em Filosofia pela Universidade Estadual de Campinas em 2004. Atualmente, a principal atividade de pesquisa gira em torno de traduções bilíngues e comentadas de textos de Wittgenstein para o português.

REFERÊNCIAS

ABU-LUGHOD, L. As mulheres muçulmanas precisam realmente de salvação? Reflexões antropológicas sobre o relativismo cultural e seus Outros. *Estudos Feministas*, v. 20, n. 2, p. 451-470, 2012a.

ABU-LUGHOD, L. Escribir contra la cultura. *Revista de Investigación Social* [online], v. 9, n. 19, p. 129-157, 2012b.

ALMEIDA, J. J. Se as pulgas desenvolvessem um rito, ele estaria realacionado ao cão. *Revista de Filosofia Aurora* [online], v. 21, n. 2, p. 369-382, 2009.

ALMEIDA, J. J. Rito, Mito e Sentido nos Diários de Wittgenstein. *Revista Estudos de Religião* [online], v. 26, n. 42 , p. 100-118, 2012.

ARIAS, P. G. Corazonar. Una antropología comprometida con la vida: Miradas otras des de Abya-Ya la para la decolonización del poder, del saber y del ser. 1ed. Equador: Abya Yala, 2010.

ARIAS, P. G. Corazonar la dimensión política de la espiritualidad y la dimensión espiritual de la política ALTERIDAD. Revista de Educación, Equador, v. 6, n. 1, p. 21-39, Jan.-Jun., 2011.

AYARZA, V. *Anmar Ebise (contemos)*. Panamá: 2010a.

AYARZA, V. *La geometría y el arte Kuna*. 1. ed. Costa Rica: Impreso en SGP Asociados, 2010b.

BELLO, S. Jogos de linguagem, práticas discursivas e produção de verdade: contribuições para a educação (matemática) contemporânea. Em Zetetiké [online]: *Revista de Educação Matemática*, v. 18, p. 545-588, 2010.

BENTO MARIM, M. M. AM[OU]: um estudo terapêutico-desconstrucionista de uma paixão. Disertação (Mestrado em Educação). Universidade Estadual de Campinas, 2014.

BERNARDO, F. Mal de hospitalidade. *In*: NASCIMENTO, E. Jacques Derrida: *Pensar a desconstrução*. 1. ed. São Paulo (SP): Estação liberdade, 2005. p. 173-206.

CASTRO, E. V. O Anti-Narciso: lugar e função da Antropologia no mundo contemporâneo. *Revista Brasileira de Psicanálise* [online], v. 44, n. 4, p. 15-26, 2010.

CELIGUETA, G.; OROBITG, G.; PITARCH, P. *Modernidad indígena, "indigenei-dad" e innovación social desde la perspectiva del género.* 1. ed. Barcelona: Publication editions, 2014.

COMISIÓN ECONÓMICA PARA AMÉRICA LATINA Y EL CARIBE (CEPAL). Los pueblos indígenas de Bolivia: diagnóstico sociodemográfico a partir del censo del 2001. Santiago de Chile, julio del 2005.

CONDÉ, M. L. L. *As teias da razão: Wittgenstein e a crise da racionalidade moderna.* 1. ed. Belo Horizonte: Argumentum, 2004.

CORRÊA, J. *He war.* Tese (Doutorado em Educação). Universidade Estadual de Campinas, 2015.

CUELLAR-LEMOS, R. N.; MARTÍNEZ MONTOYA, F. *La revitalización de la lenguaje de la medicina ancestral a partir de las veinticuatro variedades de plátano:* una posibilidad para pensar otra educación gunadule dese la pedagogía de la madre tierra. (Graduaçãoem Licenciatura en Pdagogia de la Madre Tierra). Universidad de Antioquia (Medellín, Colombia), 2013.

CUÉLLAR, R. *Nabba nana gala burbaba nanaedi igala odurdagge gunadule durdagedi nega gine:* igal dummadi maidi sabbimala soganergwa naggulemaladi. (Spanish: La pedagogía de la Madre Tierra en una escuela indígena Gunadule: un estudio sobre la sabiduría de seis plantas de protección). Universidad de Antioquia, Medellín, Colômbia. 2017. Disponível em: http://ayura.udea.edu.co:8080/jspui/bitstream/123456789/2847/1/LB0051_richardnixon.pdf. Acesso em: 30/18/2017

DE JESUS, F. R. *Indisciplina e transgressão na escola.* Tese (Doutorado em Educação). Univesidade Estadual de Campinas, 2015.

DERRIDA, J. *Firma, Acontecimiento, Contexto.* Madrid: 1971.

DERRIDA, J. *Margens da Filosofia.* Trad. TORRES COSTA, J., MAGALHÃES, A. M. Campinas: Ed. Papirus, 1991.

DERRIDA, J. *Espectros de Marx.* Ed. Relume Dumará, 1994.

DERRIDA, J. *Posições.* Belo Horizonte: Autêntica, 2001.

DERRIDA, J. *Universidade sem condição.* Trad. NASCIMENTO, E. São Paulo, Brasil: Estação liberdade, 2003.

DERRIDA, J. *Da hospotalidade.* Trad. ROMANE, A. São Paulo: ed. Escuta, 2003.

UMA TERAPIA DO DESEJO DE ESCOLARIZAÇÃO MODERNA:
VENÍ, VAMOS HAMACAR EL MUNDO, HASTA QUE TE ASUSTES

DERRIDA, J. *Papel e Maquina.* 1. ed. Estação Liberdade. Trad. NASCIMENTO, E., 2004a.

DERRIDA, J. *Gramatologia.* São Paulo: Ed. Perspectiva, 2004b.

DERRIDA, J. *Mal de Arquivo:* uma impressão freudiana. Trad. Moraes Rego C. Rio de Janeiro: 2010.

DERRIDA, J.; MCDONALD, C. V. Interview: Choreographies: Jacques Derrida and Christie V. McDonald. *Diacritics Cherchez La Femme Feminist Critique* [online], v. 12, n. 2, p. 66-76, 1982.

DUQUE-ESTRADA, P. C. *Às margens - A propósito de Derrida.* 1. ed. Edicoes Loyola, 2002.

DUSSEL, E. Europa, modernidade e eurocentrismo. *In*: LANDER, E. *A Colonialidade do Saber:* eurocentrismo e ciências sociais, perspectivas latino-americanas. Buenos Ayres: Clacso, 2005. p. 24-49.

FABRÍCIO, B. Linguística aplicada como espaço de "desaprendizagem": redescrições em curso. *In*: MOTIA LOPES, L. P. (Ed.). *Por uma linguística aplicada INdisciplinar.* 1. ed. São Paulo: Parábola Editorial, 2006. p. 45-63.

FARIAS, K. S. *Práticas mobilizadoras de cultura aritmética na formação de professores da Escola Normal da Província do Rio de Janeiro (1868-1889):* ouvindo espectros imperiais. Tese (Doutorado em Educação). Universidade Estadual de Campinas, 2014.

GREEN, A. *Anmal Gaya Burba. Significados de vida.* Tese (Doutorado em Educação). Universidad de Antioquia (Medellin-Colombia), 2012.

GREEN, A.; CARDOZO, M.; OCHOA, R. *Currículo Tule.* 1. ed. Medellín: Organización Indígena de Antioquia -OIA- y Secretaría de Educación y Cultura de Antioquia, 1995.

GROSFOGUEL, R. Decolonizing post-colonial studies and aradigms of political-economy: transmodernity, decolonial thinking, and global coloniality. *In: Transmodernity*: Journal of peripheral cultural production of the luso-hispanic world, v. 1, n. 1, p. 1-37, 2011.

GROSFOGUEL, R. Para descolonizar os estudos de economia política e os estudos pós-coloniais: Transmodernidade, pensamento de fronteira e colonialidade Global. Revista *Crítica de Ciências Sociais*, v. 80, n. 80 ,mar., p. 115-147, 2008.

GUNTER, G. *Pensamento antropológico de Wittgenstein.* Edições Loyola, 2013.

GUNTER, G.; WULF, C. *Mimese na cultura:* Agir social, rituais e jodos produções esteticas. 1. ed. São Paulo (SP): Annablume, 2004.

HADDOCK-LOBO, R. *Para um pensamento úmido:* a filosofia a partir de Jacques Derrida. Ed. Pontifícia Universidade Católica do Rio de Janeiro, 2007.

HADDOCK-LOBO, R. *Derrida e o labirinto de inscrições.* Porto Alegre: Editora Zouk, 2008.

HALL, S. Who needs identity?. Em HALL, S.; GAY, P. (Eds.). *Questions of Cultural Identity.* Londres: Sage, 2000. p. 15-30.

HOLLANDA, H. B. de. (org.). *Pensamento Feminista Hoje*: Perspectivas Decoloniais. Rio de Janeiro: Bazar do Tempo, 2020. 381 p.

ILIESCU, A. P. *Wittgenstein: why philosophy is bound to err.* Frankfurt am Main, Alemanha: 2000.

JAMIOY, J. H. *Bínÿbe oboyejuayëng (Danzantes del viento).* 1. ed. Bogotá: Ministerio de Cultura [online], Biblioteca básica de los pueblos indígenas de Colombia; Tomo (6), 2010.

JARAMILLO, D.; TAMAYO-OSORIO, C.; HIGUITA, C. *Prácticas Sociales, Curríuclo y Conocimiento Matemático.* Informe de pesquisa não publicado. Medellín: Colombia: 2013.

JACANAMIJOY, C. *Alteridades abyectas Estereotipos racializados e indianidad en Colombia / Carlos Jacanamijoy Bogotá*: Pontificia Universidad Javeriana, 2016.

KANT, I. *Sobre a Pedagogia.* 3. ed., Piracicaba: Editora da Unimep, 2002.

KRENAK, Ailton. Antes, o mundo não existia. In: NOVAES, Adauto (org.). *Tempo e história.* São Paulo: Companhia das Letras, 1992.

KRENAK, Ailton. A união das nações indígenas. In: COHN, Sergio (Org.). *Encontros / Ailton Krenak* Rio de Janeiro: Azougue, 2015.

KRENAK, Ailton. *Ideias para adiar o fim do mundo.* Editora Companhia das letras, 2019.

KAWALL-FERREIRA, M. Quando 1+1 diferente 2. Práticas no parque indígena. *In:* KAWALL-FERREIRA, M. (Ed.). *Idéias Matemáticas de pocos culturalmente distintos.* 1. ed. São Paulo: Global Editora/FAPESP, 2002.

LAMBERT, C.; BARCELLOS, L. Entrevista com Eduardo Viveiros de Castro. *Primeiros Estudos*, v. 2, n. 2, p. 251-267, 2012.

LATOUR, B. *Jamais Fomos Modernos - Ensaio de Antropologia Simétrica.* Trad. da COSTA, C. I. Rio de Janeiro, Editora 34, 2013.

LUCHIA PUIG, D. M. *Delantales Blancos.* Buenos Aires: Luis Lesserre, 1942.

LIZCANO, E. Las matemáticas de la tribu europea: un estudio de caso. *II Congresso Internacional de Etnomatemática*, Ouro Preto (MG), Brasil, 2002.

MARKS, D. The Kuna Mola Dress, Politics and Cultural Survival. Em Costume Society of America, v. 40. no. 1, 2014. Disponivel em: https://sanblas-islands.com/wp-content/uploads/2014/08/kuna-mola.pdf Acceso em 20/03/2015

MARTÍNEZ BOOM, A. *Memorias de la Escuela Pública. Expedientes y planes de escuela en Colombia y Venezuela: 1774-1821.* 1. ed. Bucaramanga: Colección Bicentenarío, 2010.

MATOS VIEGAS, S. Liderazgos femeninos en la transición hacia una autonomí a indígena: una reversión de poderes entre los Tupinambá de Olivença (Bahía, Brasil). *In:* CELIGUETA, G.; OROBITG, G.; PITARCH, P. (Eds.). *Modernidad indígena, "indigeneidad" e inovación social desde la perspectiva de género.* 1. ed. Barcelona: Publicacions in Edicions, 2014. p. 63-78.

MCDONALD, H. Wittgenstein, narrative theory, and cultural studies. *Revista telos* [online], v. 2001, n. 121, p. 11-53, 2001.

MEDINA, Á. *JACANAMIJOY retrospectiva 1992-2013: Magia, Memoria, Color.* [online]. Bogotá: Museo de Arte Moderno de Bogotá, 2013.

MEDINA, J. *Linguagem: conceitos-chave em filosofia.* 1. ed. Porto Alegre: Artmed, 2007.

MENDES, J. *Ler, escrever e contar: práticas de numeramento-letramento dos Kaiabi no contexto de formação de professores índios no Parque Indígena do Xingu.* Tese (Doutorado em Lingüística Aplicada). Universidade Estadual de Campinas, 2001.

MERCEDES, G. M. Alcance de la autonomía en la prestación del servicio público de educación preescolar, primaria, secundaria y media. *In:* ESTUPIÑÁN, L.; GAITÁN, J. (Eds.). *El principio constitucional de autonomía territorial, realidad y experiencias comparadas.* 14. Editorial Universidad del Rosario, 2010. p. 257-298.

MIGUEL, A. Percursos Indisciplinares na Atividade de Pesquisa em História (da Educação Matemática): entre jogos discursivos como práticas e práticas como jogos discursivos. *Revista Bolema* [online], v. 23, n. 3, p. 1-51, abr. 2010.

MIGUEL, A. Vidas de professores de matemática: o doce e o dócil do adoecimento. *In:* TEIXEIRA, I. A. C.; PAULA, M. J.; GOMES, M. L. M.; AUAREK, W. A. (Ed.). *Viver e contar:* histórias de professores de Matemática. São Paulo: Editora Livraria da Física, 2011.

MIGUEL, A. Historiografia e Terapia na Cidade da Linguagem de Wittgenstein. *Bolema* [online], v. 30, n. 55, p. 368-389, 2016.

MIGUEL, A. Posfácio ao livro "Usos e jogos de linguagem na matemática: diálogo entre Filosofia e Educação Matemática". *In:* VILELA, D. *Usos e jogos de linguagem na matemática:* diálogo entre Filosofia e Educação Matemática. São Paulo: Editora Livraria da Física, 2013b. p. 319-348.

MIGUEL, A. Is the mathematics education a problem for the school or is the school a problem for the mathematics education? *Revista Internacional de Pesquisa em Educação Matemática* [online]. v. 4, n. 2, p. 5-35. 2014a.

MIGUEL, A. Infâncias e Pós-colinialismo. *Revista Educação & Sociedade* [online], v. 35, no. 128, p. 629-996, jul.-set., 2014b.

MIGUEL, A. *Um jogo memorialista de linguagem* – um teatro de vozes. Texto de Livre docencia. Universidade Estadual de Campinas, 2016.

MIGUEL, A.; VILELA, D.; LANNER DE MOURA, A. R. Problematização indisciplinar de uma prática cultural numa perspectiva wittgensteiniana. *Revista Reflexão e Ação* [online], v. 20, n. 2, p. 6-31, 2012.

MIGUEL, A.; TAMAYO, C. Wittgenstein, terapia e educação escolar decolonial. *Educação & Realidade*, Porto Alegre, v. 45, n. 3, p. 1-40, e107911, 2020.

MINISTERIO DE EDUCACIÓN NACIONAL. *Memorias del Ministro de Instrucción Pública al Congreso.* Bogotá: 1904.

MINISTERIO DE EDUCACIÓN NACIONAL. *Ley general de Educación 115.* Bogotá: 1994.

MINISTERIO DE EDUCACIÓN NACIONAL. *Convenio Ibgigundiwala.* Arquia, Caimán Nuevo: 2010.

MINISTERIO DE EDUCACIÓN NACIONAL. *Convenio Ibgigundiwala.* Arquia, Caimán Nuevo: 2012.

MINISTERIO DE EDUCACIÓN NACIONAL. *Revolución Educativa 2002 - 2010 acciones y lecciones.* Colombia: 2010.

MINISTERIO DE EDUCACIÓN NACIONAL. ¿Qué es la Escuela Nueva?. 2011.

MINISTERIO DE EDUCACIÓN NACIONAL. ¿Cómo se aplica el modelo de Escuela Nueva?. 2011.

MOTIA LOPES, L. P. Linguística aplicada e vida contemporânea: problematização dos construtos que têm orientado a pesquisa. *In:* MOTIA LOPES, L. P. (Ed.). *Por uma linguística aplicada indisciplinar.* 1. ed. São Paulo (SP): Parábola, 2006a. p. 85-105.

MOTIA LOPES, L. P. *Por uma Linguística aplicada INdisciplinar.* São Paulo: Parábola, 2006b.

MIGNOLO, W. Os esplendores e as misérias da 'ciência': Colonialidade, geopolítica do conhecimento e pluri-versalidade epistémica", *in* Boaventura de Sousa Santos (org.), *Conhecimento prudente para uma vida decente: Um discurso sobre as ciências' revistado.* Porto: Edições Afrontamento. 2003.

MIGNOLO, W. Epistemic Disobedience, Independent Thought and De-Colonial Freedom. **Theory, Culture & Society**, v. 26, n. 7, p. 1-23, 2009.

MIGNOLO, W. *Desobediencia epistémica: retórica de la modernidad, lógica de la colonialidad y gramática de la descolonialidad.* Buenos Aires: Ediciones del Signo, 2010.

MIGNOLO, W., LUGONES, M., JÍMENEZ-LUCENA, I., TLOSTANOVA, M. *Género y descolonialidad.* 2. ed. Ciudad Autónoma de Buenos Aires: Del Signo, 2014.

NULLVALUE. A decenas de embera chamí les habrían quitado el clítoris. Nota do *Jornal El tiempo* [online], 2007. Disponivel em: https://www.eltiempo.com/archivo/documento/MAM-2425377

OLIVEIRA, A. S. Edward Said e o orientalismo alemão. *Ciências & Letras* [online], v. 1, n. 52, p. 207-226, 2012.

PINEAU, P. La escuela en el paisaje moderno. Consideraciones sobre el proceso deescolarización. *In:* CUCUZZA, H. (Ed.). *Historia de la educación en debate.* p. 145-170. ed. Buenos Aires: Niño y Dávila, 1996.

PLEASANTS, N. *Wittgenstein and the idea of a critical social theory: a critique of Giddens, Habermas and Bhaskar.* 1. ed. London and New York: Routledge, 1999.

POE, E. A. O. Coração Delator. *Contos de Imaginação e Mistério.* Ed. Tordesilhas, 2012, p. 105-112.

QUIJANO, A. Colonialidad del poder, eurocentrismo y América Latina. *In:* CASTRO-GÓMEZ, S. *Colonialidad del saber, eurocentrismo y ciencias sociales.* Bueno Aires: Clacso - Unesco, 2005. p. 201-246.

QUIJANO, A. Colonialidad do poder e classificação social. *In:* BOAVENTURA SANTOS, S.; MENESES, M. P. (Eds.). *Epistemologías do Sul.* 1. ed. São Paulo: Editora Cortez, 2007. p. 73-117.

QUIJANO, A. Colonialidade do poder, eurocentrismo e América Latina. *In:* LANDER, E. (org.). *A colonialidade do saber:* eurocentrismo e ciências sociais perspectivas latino-americanas. Colección Sur Sur, CLACSO, Ciudad Autónoma de Buenos Aires, Argentina, set. 2005, p. 107-130.

QUINTANA, M. *Da preguiça como método de trabalho.* 2. ed. Alfaguara: 2007.

READ, R. *Filosofia aplicada:* política e cultura no mundo contemporáneo. Trad. BETTONI, R. Edições/Ro ed. São Paulo: 2009.

ROCHA VIVAS, M. *Antes el amanecer. Antología de las literaturas indígenas de los Andes y la Sierra Nevada de Santa Marta.* 1. ed. Bogotá, Colômbia: Biblioteca básica de los pueblos indígenas de Colombia, 2010.

ROCHA VIVAS, M. *Palabras mayores, palabras vivas:* Tradiciones mítico-literarias y escritores indígenas en Colombia. 2012.

ROJAS, A., CASTILLO, E. *Educar a los otros:* estado, políticas educativas y diferencia cultural en Colombia. Editorial Universidad del Cauca. 2005.

RODRIGUES, C. Mulher, verdade, indecibilidade. *In:* DUQUE-ESTRADA, P. C. (Ed.). *Espectros de Derrida.* 1. ed. Rio de Janeiro: NAU Editora: Ed. PUC-Rio, 2008. p. 91-121.

SAID, E. W. *Orientalismo:* O Oriente como invenção do Ocidente. Trad. EICHENBERG, R. 1. ed. São Paulo: Companhia de Letras, 2007.

SANTACRUZ, M.; CASTAÑO, V. *Ibisoge Yala Burba Mola-¿Qué nos dicen las Molas de Protección?.* Disertação (Mestrado em Educação). Universidad de Antioquia, 2012.

SCHATZKI, T. R. Practice mind-ed orders. *In:* SCHATZKI; KNORR-CETINA; VON SAVIGNY (Ed.). *The practice turn in contemporary theory.* London, New York: Routledge: 2001. p. 50-63.

SHIBLES, W. *Linguagem e Filosofia.* 1. ed. São Paulo: Ed. da Universidade de São Paulo, 1974.

UMA TERAPIA DO DESEJO DE ESCOLARIZAÇÃO MODERNA:
VENÍ, VAMOS HAMACAR EL MUNDO, HASTA QUE TE ASUSTES

SILVA CÉSAR, A. L.; LIMA COSTA, S. *Pesquisa e Escola:* experiências em educação indígena na bahia. 1. ed. Salvador: Quarteto Editora, 2013.

SIQUEIRA JULIO, R. *Jogos de Linguagem [matemáticos] na profissão e na formação de engenheiros.* Tese (Doutorado em Educação). Universidade Estadual de Campinas, 2015.

SMITH, L. T. *Decolonizing Methodologies:* Research and indigenous Peoples. New York: Zed Books, 2012.

SMITH, P. J. *Fabric collage:* contemporary hangings, american quilts, San Blas appliques. New York Museum of Contemporary Crafts, 1965.

SONTAG, S. *Contra a Interpretação.* Editora: Farrar, Straus and Giroux, 1996.

TAMAYO-OSORIO, C. *(Re)significación del currículo escolar indígena, relativo al conocimiento [matemático], desde y para las prácticas sociales: el caso de los maestros indígenas Dule de la comunidad de Alto Caimán.* Disertação (Mestrado em em Educação). Universdidad de Antioquia (Medellín-Colombia), 2012.

TAMAYO-OSORIO, C.; CUELLAR-LEMOS, R. N. Juegos de lenguaje en movimiento: Una experiencia indígena. *Revista Latinoamericana de Etnomatemática*, v. 9, n. 1, p. 49-70, 2016.

TAMAYO, C. OLHE PARA ISTO! O QUE VOCÊ VÊ? Seminário Internacional de Pesquisa em Educação Matemática. *Anais...* Uberlândia (MG), 2021. Disponível em: https//www.even3.com.br/anais/VIIISIPEMvs2021/381621-OLHE-PARA-ISTO-O-QUE-VOCE-VE. Acesso em: 9 mar. 2023.

TORRA, P. M. I; EXPÓSIT, J. R. Despatriarcalización y descolonización una problematización del discursodel "chacha-war Mi" en el contexto de la Bolivia plurinacional. *In:* CELIGUETA, G.; OROBITG, G.; PITARCH, P. (Eds.). *Modernidad indígena, "indigeneidad" e inovación social desde la perspectiva de género.* 1. ed. Barcelona: 2014. p. 139-151.

URBINA, F. El hombre sentado: mitos, ritos y petroglifos en el río Caquetá. *Boletín Museo del Oro*, v. 36, n. 2, p. 67-111, 2015.

URRUTIA, M. La educación y la economía colombiana. *Revista del Banco de la República*, v. Separata D, 1976.

VEIGA-NETO, A. Pensar a escola como uma instituição que pelo menos garanta a manutenção das conquistas fundamentais da modernidade. *In:* COSTA, M. V. (Ed.). *A escola tem futuro.* Rio de Janeiro: DP&A, 2003a. p. 103-126.

VEIGA-NETO, A. Cultura, culturas e educação. *Rev. Bras. Educ,* v. 23, n. 1, p. 5-15, 2003b.

VENTOCILLA, J.; HERRERA, H.; NÚÑEZ, V. *El espíritu de la tierra. Plantas y animales en la vida del Pueblo Kuna.* 2. ed. Quito, Ecuador: Abya Yala, 1999.

VILELA, D. *Matemáticas nos usos e jogos de linguagem:* Ampliando concepções na Educação Matemática. Tese (Doutorado em Educação). Universidade Estadual de Campinas, 2007.

VILELA, D. *Usos e jogos de linguagem na matemática:* diálogo entre Filosofia e Educação Matemática. Ed. Livraria da Física, São Paulo: 2013.

VIVEIROS DE CASTRO, E. *Metafisicas canibais.* 1. ed. São Paulo: Cosac Naify, 2015.

WAGUA, A. *En defensa de la vida y su armonía. Elementos de la vida kuna.* Textos del ed. KunaYala: Panamá: Emisky/Pastoral Social Caritas, 2000.

WALSH, C. Interculturalidad, colonialidad y educación. *Revista Educación y Pedagogía,* v. XIX, n. 48, p. 2535, 2007.

WALSH, C. Interculturalidad, plurinacionalidad y decolonialidad: las insurgencias político-epistémicas de refundar el Estado. *Revista Tabula Rasa,* v. 9, n. 3, p. 131-152, 2008.

WALSH, C. *Pedagogías decoloniales:* prácticas insurgentes de resistir, (re)existir y (re)vivir. Quito: Abya Yala, 2013.

WITTGENSTEIN, L. *Investigações filosóficas.* Trad. BRUNI, J. C. São Paulo: Abril Cultural (Coleção Os pensadores), 1979.

WITTGENSTEIN, L. *Observaciones sobre los fundamentos de la matemática.* Trad. REGUERA, I. Madrid: Alianza Editorial, 1987.

WITTGENSTEIN, L. *Investigações Filosóficas.* Ed. Lingua e Stile. São Paulo: Editora Nova Cultural.Trad. BRUNI, J.C., 1999.

WITTGENSTEIN, L. *Observações Filosóficas.* Edições Loyola: 2005.

WITTGENSTEIN, L. Observações sobre o Ramo Dourado de Frazer. Trad. ALMEIDA, J.J. *Suplemento da Revista Digital AdVerbum,* v. 2, n.1, p. 186-231, 2007.

UMA TERAPIA DO DESEJO DE ESCOLARIZAÇÃO MODERNA:
VENÍ, VAMOS HAMACAR EL MUNDO, HASTA QUE TE ASUSTES

WITTGENSTEIN, L. *O Livro Azul.* Trad. MORUJÃO, C. Lisboa, Portugal: Edições 70, LDA., 2008a.

WITTGENSTEIN, L. *Tractatus logico-philosophicus.* Edusp, São Paulo: Edusp, 2008b.

WITTGENSTEIN, L. *Investigações Filosóficas.* Trad. MONTAGNOLI, M. Petrópolis, RJ: 2009a.

WITTGENSTEIN, L. *Anotacoes Sobre as Cores.* Trad. PIRES DA SILVA, J. S. 1. ed. Campas: Editora da UNICAMP, 2009b.

WOLFREYS, J. *Compreender Derrida.* 2. ed. Petrópolis: Serie compreender, 2012.

WULF, C. *Antropología:* Historia, cultura, filosofía. Anthropos Editorial; México: Universidad Autónoma Metropolitana-Iztapalapa. Div. Ciencias Sociales y Humanidades, 2008.

WULF, C. *Homo Pictor:* imaginação, ritual e aprendizado mimético no mundo globalizado. Trad. SPRICIGO, v. 1. ed. São Paulo, Brasil: Hedra, 2013.

ZULUAGA GARCÉS, O. L. Las escuelas normales en Colombia (durante las Reformas de Francisco de Paula Santander y Mariano Ospina Rodríguez). *Revista Educación y Pedagogía,* v. 12-13, n. 6, p. 263-278, 2010.

NOTAS DE FIM

1   A expressão *"fazer escola"* que se manifesta nas narrativas dos participantes *Gunadulemala* desta pesquisa, refere-se aos processos de escolarização relativos ao modelo de escola como empecilho para a promoção de uma educação indígena socialmente emancipadora. A significação em uso da expressão "fazer escola" relaciona-se ao espaço institucional vindo de fora, que representa uma forma de educação configurada sobre políticas educacionais nacionais e internacionais que, atualmente, têm procurado manter uma educação centrada na noção de disciplinaridade, que não responde à concepção de educação Gunadule. Nas palavras de Miguel (2014a, p. 1, grifos do autor), tal modelo de escola constitui uma instituição orientada

> desde o final do século XIX, por políticas que vêm sendo praticadas com base nos princípios que sustentam o projeto de escola republicana, liberal-meritocrática, desenvolvimentista, propedêutica, etapista, progressiva, seletiva, uniformizadora e, por extensão, excludente e antidemocrática. Esse projeto político de escola republicana [...] se sustenta em uma concepção de escolarização vista como um desvio intelectual necessário de todos os campos de atividade humana.

2   O *indisciplinar*, é aqui entendido como Miguel, Vilela e Lanner (2012, p. 14) o apresentam, "pretende destacar o fato de que uma problematização sempre incide, não mais sobre conteúdos ou temas disciplinares em si e por si mesmos, previamente estruturados ou não, mas sim, sobre práticas culturais tomadas como unidades básicas tanto da ação educativa escolar, como da formação de professores e da pesquisa acadêmica em educação. Palavra "indisciplinar" vem do linguista brasileiro Luiz Paulo da Moita Lopes que a utilizou no título de um livro por ele organizado, denominado *Por uma Lingüística aplicada Indisciplinar* (MOITA LOPES, 2006). Neste livro, dentre outros significados com que Moita Lopes mobiliza essa palavra, aquele que mais se aproxima do uso que dele fazemos quando realizamos uma problematização indisciplinar é o que toma o indisciplinar como sinônimo de transgressivo, de um modo bastante semelhante àquele usado pelo linguista norte-americano Alastair Pennycook. Nesse sentido, com "transgressivo" pretendemos transgredir não só fronteiras disciplinares no processo de problematização, mas, sobretudo, abalar a crença em uma

suposta superioridade científico-tecnológica, epistemológica, ético-política ou didático-pedagógica do regime "disciplinar" de educação escolar e isto pode encher de sentido o ver de outro modo.

3   *Sagla* é a autoridade ancestral político-espiritual dos *Gundule*. Os *saglamala* (plural da palavra *sagla*) são os caciques da comunidade. Na "Casa del Congreso" *(Onmaggednega)*, eles cantam/contam diferentes histórias e dão conselhos sobre como se deve comportar individualmente na comunidade; ali, naquele espaço, também eles fazem referência às atividades comunitárias e são discutidos todos os problemas da comunidade.

4   *O jogo ficcional de cenas* que apresentamos envolveu diversos personagens *espectrais*. O filosofo argelino Jacques Derrida fala de uma *espectralidade* implicada na linguagem, visto que não há uma linguagem nem uma língua originária ou "língua de partida" da qual "derivam" outras; não há uma significação originária ou essencial das palavras. Na obra *Espectros de Marx* (DERRIDA, 1994), esse conceito mostra-se longamente desenvolvido. Inicialmente, Derrida define *espectro* como "algo entre a vida e a morte, nem vivo nem morto". E o teatro seria o local ideal de manifestação dos espectros, dado que nesse ambiente não se distingue o visível do invisível. O espectro é, inicialmente, visível. Porém, é da ordem do visível invisível, da visibilidade de um corpo que não está presente em carne e osso. A *espectralidade* torna quase visível o que não é visível. Assim, o *espectral* aqui nos remete à produção de efeitos de sentido produzidos por outros efeitos de outros efeitos de sentido nos usos da linguagem feitos por todos os atores – mortos ou vivos, com os quais dialogamos presencialmente ou não – que participam de nosso *jogo ficcional de cenas. É como se* os sentidos e os significados desaparecessem imediatamente na sua aparição, na vinda da reaparição, no retorno como um espectro, não se conhece uma essência nele, não está *nem* presente *nem* ausente. É nesse sentido que neste no nosso *jogo ficcional de cenas* tratamos as falas que foram extraídas de nossos diários de campo, das gravações de áudio e vídeo. As autorias das vozes serão abreviadas por meio das iniciais do sobrenome e nome de seus (suas) respectivos autores e autoras. A sigla CT (Tamayo, Carolina) identifica as falas da pesquisadora. É importante esclarecer que, para efeitos desta pesquisa, nos remetemos às vozes espectrais nomeando-as segundo os Termos de Livre Consentimento que foram assinados pelos sujeitos colaboradores da investigação, procurando cumprir os requerimentos éticos exigidos.

UMA TERAPIA DO DESEJO DE ESCOLARIZAÇÃO MODERNA:
VENÍ, VAMOS HAMACAR EL MUNDO, HASTA QUE TE ASUSTES

5   Por exemplo, na Colômbia, a Constituição de 1991 deu visibilidade aos grupos étnicos tal como reconhecido no artigo 7, que o Estado
colombiano reconhece e protege a diversidade étnica e cultural da nação
colombiana. No artigo 10, se reconhece que as línguas dos grupos são oficiais em seus territórios. Além disso, o artigo 10 estabelece que o ensino
ministrado nas comunidades com suas próprias tradições linguísticas
será bilíngue. O artigo 63 também reconhece que as terras de abrigo são
inalienáveis e imprescritíveis. O artigo 68 da Constituição prevê que esses
grupos têm direito a uma educação que respeite e desenvolva sua identidade
cultural. O artigo 70 determina o princípio da igualdade com dignidade
de todas as culturas do país. Finalmente, o artigo 286 integra o resto do
país a reconhecê-los como territórios indígenas, junto aos departamentos,
distritos e municípios. Procura-se dar legitimidade a esses pressupostos
constitucionais mediante as disposições da *Lei Geral de Educação* (1994)
no artigo 55. Mesmo assim, a crise educativa dos povos indígenas do país
ainda está presente e se aprofunda com políticas públicas de escolarização
homogêneas, por exemplo, a proposta de implementação do modelo de
escola nova em todas as zonas rurais do país.

6   No livro *Jamais fomos modernos: ensaio de antropologia simétrica*, o pesquisador francês Bruno Latour (2013) caracteriza que a ilusão *moderna* esteve
fundamentada na busca por isolar os domínios da natureza, das coisas inertes,
da política e da ação humana. No seu polêmico livro, Latour argumenta que
a *modernidade* não tem nada a ver com a invenção do humanismo, nem com
a irrupção das ciências, nem com a laicização da sociedade, muito menos
com a mecanização do mundo. Na verdade, ela tem a ver com o nascimento
conjunto da "não-humanidade" das coisas, dos objetos e das bestas. "Logo,
a *modernidade* seria uma separação de caráter constitucional entre o mundo
natural e o mundo social" (LATOUR, 2013, p. 19). O anterior permitiu que
emergissem com força duas zonas ontológicas inteiramente distintas: a dos
humanos, de um lado, e a dos não-humanos, de outro. Esses elementos que
se institucionalizam na constituição moderna foram estudados e sustentados
até tal ponto que ninguém questiona essa distinção ontológica. "É como se a
constituição moderna tivesse criado um abismo entre a natureza e a sociedade" (LATOUR, 2013, p. 86). Este pensamento tem-se espalhado ao redor
dos continentes, dentre outros, pela escola disciplinarmente organizada e
sustentada nesses princípios, em que a teoria do conhecimento volta-se para a
relação entre o pensamento e as coisas, a forma e o conteúdo. A racionalidade

moderna, como estou entendendo-a, pressupõe e desenvolve o primado da prática sobre a teoria. Assim, à escola, foram atribuídos um papel e um perfil decididamente ideológicos da reprodução social dos interesses modernos, do poder e seus objetivos, seus ideais e sua lógica.

7   Entendemos o *como se* no sentido derridiano tal como o apresenta Wolfreys (2012, p. 20) nas sua obra *Compreender Derrida*: "Essa figura, *como se*, é uma importante figura ou tropo retórico/fenomenológico na escritura de Derrida. Tomada em parte da categoria kantiana do *als ob* (como se), a figura instala na escritura a possibilidade de imaginar uma relação entre experiência ou fato e uma experiência ficcionalizada. Assim, a figura nomeia uma certa correspondência analógica, em vez de mimética. O *como se* nomeia uma condição "ficcional", uma possibilidade imaginada e, portanto, *fantasmática*, que não é uma mentira, mas que também não aconteceu, ou que, mais significativamente, não pode ser experienciada como tal. Assim, não posso experienciar "minha morte". Posso experienciar morrer, mas o que chamo minha morte não está disponível para mim. Nesse sentido, a morte que chamo minha nunca é minha, propriamente falando, ela é impossível, indisponível (como a linguagem) à apropriação. O *como se* institui uma forma de "dobra", se você quiser entre o possível e o impossível. Ele nomeia a condição espectral da imaginação como a projeção de ficções e narrativas. Assim, posso imaginar uma condição do ser depois da morte. Todavia, ainda tendo consciência do *post-morte*. Uma tal condição imaginada é possível por intermédio do *como se*. Pensar essa impossibilidade é dizer o desenhar, ou narrar um estado *como se* eu estivesse morto. Isso é claramente uma ficção se alguma vez houve alguma". Desse modo, o *como se* articula aos processos de encenação, a apresentação daquilo que pode ser concebido, trazido como ficcional, é algo que afeta toda a linguagem como performando a presença ilusória de uma voz imediata que se apresenta como um rastro que chega assombrando ao escrever ou ao falar, mantendo o efeito referência, alusão ou menção do outro que sempre está em circulação. A ficcionalização não produz ações efetivas. Isso significa que o conteúdo da imaginação não necessariamente é executado de maneira mimético corporal efetiva, mas o *como se* permite que me aproxime dessa experiência.

8   A nossa escola é o espelho que dá mais visibilidade ao desejo moderno de organização social, política e econômica das sociedades contemporâneas, em função da valorização e legitimação de um certo modo de ver o conhe-

UMA TERAPIA DO DESEJO DE ESCOLARIZAÇÃO MODERNA:
VENÍ, VAMOS HAMACAR EL MUNDO, HASTA QUE TE ASUSTES

cimento baseado em um estatuto epistemológico dualista e absolutista que defende, dentre outras coisas, o controvertido e polêmico conceito de verdade como correspondência e reafirma os princípios de uma política liberal meritocrática. Essas imagens naturalizadas sobre o desejo de escolarização moderno serão levadas ao divã terapêutico-desconstrucionista wittgensteiniano, neste caso, e particularmente, desde a educação (matemática), não para procurar o que está oculto, ou aquilo que está 'por trás das aparências' de tais imagens, mas com o objetivo de 'compreender o que está manifesto' (WITTGENSTEIN, 2009, I.F. § 89), isto é, desconstruir terapeuticamente as forças das imagens, seguindo o convite de Wittgenstein (2009) manifestado no aforismo § 115 das Investigações Filosóficas: *uma imagem nos mantinha presos. E não pudemos dela sair, pois residia em nossa linguagem, que parecia repeti-la para nós inexoravelmente.*

9   Cristoph Wulf estudou ciência da educação, filosofia, história e literatura em Berlim, Marburgo, Paris e nos Estados Unidos. Professor titular de antropologia e educação na Universidade Livre de Berlim. Também é professor convidado da Universidade de Stanford (Estados Unidos). Suas pesquisas mais recentes concentram-se no campo da antropologia histórica. É autor de importantes obras, destacando-se, dentre as mais recentes: *Transfigurationen des Körpers*: Spuren der Gewalt in der Geschichte (*Transfigurações do corpo*: Rastros da violência na história). Publicou também numerosos artigos em revistas especializadas de diferentes países, além de obras em conjunto com outros autores, dentre as quais se destacam: (com Günter Gebauer) *Mimesis*. Kultur-Kunst-Gesellschaft (*Mimesis*. Cultura-arte e sociedade). *Praxis und Ästhetik*; *Einführung in die pägadogische Anthropologie* (Introdução à pedagogia antropológica). Atualmente, Christoph Wulf é professor emérito na área de pesquisa de Culturas do Performativo e das Linguagens da Emoção do Centro Interdisciplinar de Antropologia Histórica da Universidade Livre de Berlim. O primeiro contato que tive com o seu pensamento foi por meio da leitura de seu livro intitulado *Mimese na cultura*: agir social – rituais e jogos – produções estéticas (GUNTER; Wulf, 2004). Posteriormente, entrei em contato com ele por e-mail, por indicação do Prof. Dr. Gunter Gebauer, para viabilizar a sua participação como professor convidado em um projeto de extensão desenvolvido com apoio do Fundo de Apoio ao Ensino, à Pesquisa e Extensão (FAEPEX), da Universidade Estadual de Campinas, durante o segundo semestre de 2015, e coordenado pelo professor Antonio Miguel e por mim. Durante o tempo de

estância doutoral com o professor Wulf, tive a oportunidade de estabelecer dois encontros com o professor Gunter Gebauer, com quem desenvolvi duas entrevistas, para efeitos desta pesquisa em foco alguns fragmentos serão referenciados

10   *Sumba Inna* é a prática ritual da festa da primeira menstruação das meninas em que a família anuncia para toda a comunidade que sua filha deixou de ser menina e se tornou uma mulher adulta. Em 2014, uma menina de 12 anos passava na frente da casa do Francisco por volta das 10:30, ela estava coberta com um tecido vermelho que chegava até o meio do seu corpo, não podia-se ver o rostro, cabelo, braços e mãos. Esta menina, estava sendo deslocada da casa dos seus pais para a casa dos seus avós de cabalo junto pelo seu pai. Ela em silêncio, como parte das regras deste jogo de linguagem, e seu pai anunciavam em língua *Guna* o começo do *Sumba Inna*. Com este anúncio e com a cara pintada com um ponto vermelho no nariz, o pai da criança convocava aos homens da comunidade para ir à casa dos avós. Esta convocação tinha como propósito a construção de um quarto especial em que a sua filha seria locada pelos próximos oito dias, deitada numa rede – em alguns casos o encerramento acontece entre dezesseis ou vente e quatro dias, isto vai depender de quanto a família encontrava-se preparada –.

Figura X - Processo de construção de quarto especial para comemorar a festa da puberdade de uma menina que se encontra deitada na rede

Fonte: *arquivo* fotográfico da pesquisadora.

UMA TERAPIA DO DESEJO DE ESCOLARIZAÇÃO MODERNA:
VENÍ, VAMOS HAMACAR EL MUNDO, HASTA QUE TE ASUSTES

Homens de diferentes locais do território atendem ao chamado feito, cada um deles com uma dúzia ou duas dúzias de folhas de palma e dois *orcones* – troncos de árvores que medem uma vara *guna* para serem as colunas do quarto – e começam o processo de construção do quarto em que a menina será resguardada pelos próximos dias. A menina permanece deitada na rede coberta por completo, de modo que nenhum homem possa vê-la. Abaixo da rede, um incenso com cacau - *Siagwa Igala* - é mantido o tempo todo (CUELLAR, 2017), para que não se perca o vínculo com o mundo espiritual, com mãe terra e com a natureza. Os homens que vão chegando, vão ajudando a construir este quarto de forma organizada e em silêncio, eles são pintados no nariz com uma cor vermelha, do mesmo modo que o pai. A pintura vermelha no nariz funciona como uma escrita, que avisa a quem você se encontrar que há uma família que logo irá a fazer uma festa de puberdade.

As mulheres da comunidade também são avisadas, elas começam a se preparar, pois durante os próximos dias vão a visitar a menina, uma, duas ou até três vezes. Elas caminham duas ou até três horas para chegar ao local em que está acontecendo o resguardo da criança. No momento em que o quarto fica pronto, nenhum homem poderá entrar nele, com exceção do pai da criança e as mulheres da comunidade. Quando os homens terminam sua participação inicial na fase preliminar do *Sumba Inna*, algumas mulheres entram no quarto, elas são especialistas na construção de covas na terra, elas começam a participar deste *jogo de linguagem* que tem propósitos a serem atingidos de forma inequívoca. A construção da cova no chão de terra possui uma profundidade de mais o menos uma *vara guna*, assim que for finalizado na parte de cima se colocam entrecruzadas algumas varas de árvores especiais cobertas com folhas de palma, de modo que sustentem a menina quando ela se sentar ali.

Após isto, começaram a chegar mulheres que trazem nas mãos *totumas* com água do rio Caimán e dão banho na menina no quarto sentada acima da cova coberta com as folhas de palma. A água leva tudo de volta para mãe terra, conecta mais uma vez a menina com a Mãe Terra e com todos os seres que habitam nela, todos interconectados, a menina se conecta com ventre da Mãe Terra, retorna ao ventre de forma espiritual.

Neste ponto comecemos a perceber que na organização preliminar ao *Sumba Inna* há conhecimentos que orientam de forma regrada aos homens e mulheres Guna de modo que a festa possa ser desenvolvida, formas de conhecer, de produzir conhecimento que escapam aos dualismos da epistemologia ocidental. Seres humanos são natureza como todos os outros seres que habitam a pele da Mãe Terra - como bem me falava a cada encontro o *sagla* Jaime -. A epistemologia *Guna* não se organiza com base em categorias dicotômicas, como a de homem/natureza, a menina é natureza, está conectada a todos os seres naturais que habitam a pele da Mãe Terra. Aqui, se manifestam conhecimentos que se escapam ao cognitivismo que impera na escola, e como se fosse pouco, também escapam aos desejos de escolarizar o mundo.

A menina permaneceu resguardada até a festa começar, neste caso foram oito dias. Durante este período, a mãe alimenta a menina com pescados diminutos, sendo eles o único alimento permitido durante o resguardo. Assim, como são preparados os alimentos, *chicha* e demais instrumentos para que a prática sociocultural da *Sumba Inna* seja desenvolvida com êxito. Vale a pena notar que, desde que as meninas fazem 10 anos, as mães e as tias começam a costurar diversas *molas* de maneira especial para que a menina se troque a festa inteira quando receber banho de alguma das mulheres presentes. Os preparativos incluem o cozimento de arroz, coco, peixe defumado e banana da terra, seguindo de forma inequívoca cada passo para que a comida seja cozida de forma adequada. Os homens fumam tabaco e tecem cestos de *iraca* que serão utilizados em diversos momento do ritual por vir.

O *sumba Inna* começou oito dias após do resguardo da menina, a família convidou a comunidade inteira para comer e dançar com o propósito de anunciar que sua filha deixou de ser uma criança para se tornar uma mulher. Na comemoração, cada vez que se serve *chicha*, o convidado(a) deverá beber oito vezes o licor fermentado. Os cestos são utilizados por especialistas para procurar caranguejos para a janta da menina e para coletar sementes de jenipapo que as mulheres transformarão em pigmento. Nesta procura, os especialistas fazem outros rituais no rio e na hora da coleta das sementes que indicarão o futuro da festejada que depois irão compartilhar com os pais em segredo – pelo fato de eu ser mulher, não tive acesso a estes conhecimentos, isto é, acompanhar aos especialistas ao rio e ao mato para observar e aprender, de modo que, na festa permaneci do lado das mulheres, seguindo à risca cada indicação que me foi dada, pois em Alto Caimán, esta seria a primeira vez que uma mulher *waga* participaria da prática do início ao fim –.

A menina permaneceu resguardada a festa inteira no quarto em que as mulheres entravam de forma constante para dar banho nela. Foram feitas diversas danças e rodadas *chicha* que duraram até o dia seguinte. Assim que foi produzida a tinta de jenipapo, o corpo inteiro da menina foi pintado e ela bebeu um pouco da tinta de jenipapo para pintar seu interior como antídoto contra as enfermidades futuras. No momento em que todos os convidados e convidadas foram embora, a menina saiu do quarto pelos fundos da casa para tomar um banho de rio e, depois sua cabeça foi raspada como o será nos meses seguintes – de duas a quatro vezes –. A menina usará um lenço vermelho na cabeça e, assim como se vestira com as *molas* que foram tecidas para ela, não poderá caminhar sozinha pelo território nem se expor em festas ou ao cortejo dos homens. Meses depois – entre dois até seis meses – será desenvolvida a segunda festa, *Inna Dummadi*, ou ritual da liberdade, em que a menina será autônoma, poderá casar-se e construir a sua própria família. O *Inna Dummadi* possui suas próprias regas para ser desenvolvido.

A descrição desta prática *sumba Inna Gunadule* nos permite perceber uma forma de vida que se organiza segundo uma *graamtica* própria, aqui há um olhar *vital-praxiológico* para os conhecimentos que se apresentam indisciplinarmente, onde forma e conteúdo não se dicotomizam. Esta prática sociocultural se realiza com um propósito comunitário que orienta as interações dos participantes humanos e não humanos (meninas, mulheres, homens, folhas de palma, caranguejos, jenipapo, água, árvores, o rio etc.) no jogo de linguagem dessa prática, tal propósito se diz "**normativo**" justamente porque existem procedimentos regrados, mecânicos e sequenciados que, se seguidos à risca pelos participantes, contemplam o propósito desse jogo: início da vida adulta da menina Guna. É a existência de tal normatividade que, sob a perspectiva wittgensteiniana, estamos diante de um jogo de linguagem normativo. Além do mais, entendemos que, na epistemologia Guna, assim como esta prática se relaciona com outras práticas socioculturais, estas se relacionam com outras, confirmando um tecido *vital-praxiológico* em que uma linha se confunde com outra e com outra, se assemelham, porém, mantém suas diferenças como parte do movimento da familiarização.

11   Aqui estou entendendo as práticas socioculturais no sentido em que Schatzki (2001, p. 56) as compreende sob uma perspectiva wittgensteiniana: "uma prática é, em primeiro lugar, um *conjunto de ações*. Por exemplo, práticas de cozimento, práticas educativas, práticas políticas, práticas agrícolas, práticas de negociação, práticas bancárias, práticas recreativas etc. Ao mesmo tempo que as ações que compõem uma prática são fazeres corporais, elas são dizeres. Dizeres e fazeres são ações que as pessoas realizam diretamente, corporalmente. Exemplos: martelar, fazer troco, virar um volante, correr, observar, olhar [...] Ou, então, como *ações que estes dizeres e fazeres corporais*

constituem, tais como: construir uma casa, pagar por suprimentos, compor um poema". Essa concepção está em sintonia com o modo como Wittgenstein compreende os *jogos de linguagem* como esclarecem Miguel; Vilela; Lanner de Moura (2012, p. 12):

> uma prática cultural pode então ser vista como uma encenação de dizeres e fazeres. De fato, no parágrafo 7 das *Investigações filosóficas*, em um dos raros momentos em que Wittgenstein se refere, sem ser por meio de exemplos, ao que denomina *jogos de linguagem*, ele diz "na práxis do uso da linguagem, um parceiro enuncia as palavras, o outro age de acordo com elas; chamarei de jogos de linguagem *o conjunto da linguagem e das ações com as quais está interligada*" (WITTGENSTEIN, §2, 1979, p. 10, itálicos meus).

12   O *uso da palavra Gunadule* está em conformidade ao pensamento das autoridades ancestrais manifesto no *"congresso binacional Gunadule"*, ocorrido na comunidade de Arquía (Choco, Colômbia) em junho de 2006. Como esclarece Green (2012), nesse encontro, as autoridades ancestrais estabeleceram um acordo que reconheceu que os filhos e filhas deste povo como *Gunadule ou Dule*. O plural de Gunadule é *Gunadulemala*. A este povo, pertencem cerca de 1500 indígenas no Golfo de Urabá, na Colômbia, e que são reconhecidos pelo estado-nação da Colômbia como Kuna ou Tule e no Panamá de Kuna. Nesse sentido, usaremos aqui as palavras *Gunadule* ou *Dule* para nos referirmos à comunidade de Alto Caimán junto à qual foi desenvolvida esta pesquisa, um coletivo que, ademais, compartilha rituais e crenças. Como esclareceu Abadio Green Satocel, em uma entrevista a mim concedida para esta pesquisa (29-01-2014) sobre a visão da cosmogonia e cosmovisão *Guna,* "o uso desta palavra, a partir de uma perspectiva simbólica e cosmogônica, está relacionado com um dos pilares fundamentais da forma como compreendemos as relações entre todos os seres que habitam a terra: *todos os seres do cosmos são irmãos*, são parte fundamental da Mãe Terra e ela é nossa própria memória". A partir da Mãe Terra, é possível conhecer a natureza e compreender as *palavras maiores, as palavras vivas*. A própria palavra *Gunadule*, enquanto mobilizadora de rastros, reitera, no seu uso, a ideia da irmandade entre todos os seres:

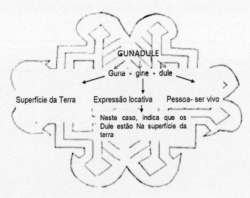

Fonte: *arquivo* elaborado pela pesquisadora

Esse pilar funciona como princípio de regularidade, sobre o qual parece sustentar-se a crença na existência de uma harmonia entre todos os seres que habitam o cosmos. O significado etimológico da palavra *Dule* remete ao contexto da criação e das crenças cosmogônicas:

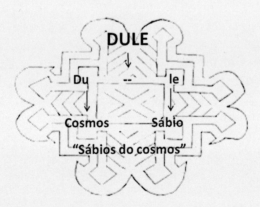

Fonte: *arquivo* elaborado pela pesquisadora

Mais do que uma descompactação para o estudo etimológico das palavras, esquemas como esse procuram mostrar uma descompactação da memória colocada nos usos das palavras e, nesse sentido, o estudo das remissões memorialistas procura restituir a conexão entre o uso das palavras na língua Guna e a cosmogonia desse povo, já que a significação das palavras na língua *Gunadule* nos remete às histórias e ao pensamento milenar de seus ancestrais. Nestes esquemas de remissões memorialistas, assim como no título deste livro, encontra-se uma imagem no fundo, que é o desenho de uma *mola* – tecido usado nos vestidos das mulheres – que significa a Mãe Terra como centro da cosmogonia e cosmovisão indígena *Guna*. Dita descompactação vai ser estudada por Green (2012) como "significados de vida", expressão esta que, para ele, significa o estudo dos significados das palavras com o propósito de se conhecer/investigar o conjunto de espectros que os constituem. De fato, para Green (2012, p. 65)

> cada lengua tiene sus propios mecanismos para saber los significados de sus palabras, eso depende de su historia y su evolución. La lengua Gunadule no procede de otras lenguas sino de ella misma; es decir, diferente a las lenguas que conocemos como el castellano, el francés, el alemán o el inglés que proceden de distintas lenguas y pertenecen a un mismo tronco lingüístico como es el indoeuropeo. Por eso cuando se quiere conocer el significado de una palabra en castellano, debemos saber a qué lengua pertenece, su evolución y cuál es su historia.

13   As plantas, árvores, montanhas e todos os animais são seres que habitam a pele da Mãe Terra. Na cosmovisão *Gunadule*, não é feita qualquer diferenciação entre seres humanos e demais seres que habitam a pele da Mãe Terra. Na perspectiva desse povo, a pele da Mãe Terra, que é a sexta camada de Terra, é habitada por *diferentes tipos de seres*, tais como, por exemplo: as plantas, os animais, as montanhas, os rios, as pedras, as lagoas, os humanos, os espíritos, dentre outros. Tais seres, ao morrerem, passam a habitar outras camadas, superiores ou inferiores, da Mãe Terra. Trata-se de uma cosmovisão que, penso, não pode ser vista *nem* como naturalista *nem* como humanista. Essa diferenciação apresenta-se como um problema muito mais para os investigadores acadêmicos do que para os Gunadule. Voltaremos a esta discussão mais adiante no corpo deste nosso *jogo ficcional de cenas*.

14   *Baba e Nana* são uma única pessoa, uma divindade que não está submetida a uma única identidade de gênero, *nem* homem *nem* mulher, não existem um sem o outro; se não for assim, *não se tem a perfeição*, uma vez que, na perfeição de *nana,* encontra-se a perfeição de *baba* e vice-versa. O anterior não se encaixa nas categorias ocidentais desde as quais têm sido discutidas as relações de gênero.

15   A *totumo* ou jenipapeiro é uma árvore que pode medir até 14 metros, em Gunadule a palavra *Naba* (totuma) simboliza a maternidade, fertilidade, vida. Também simboliza a forma da terra. Contam os *Gunaduele* que as gera-

ções anteriores já haviam observado que a terra tinha o formato do *totuma*, que lembrava o ventre de uma mulher ao aguardar o nascimento de um novo ser e que, portanto, a terra é nossa mãe. Os *totumos* ou jenipapos - frutos do jenipapeiro - são abertos ao meio e se limpam para produzir com eles recipientes que são usados em práticas socioculturais do dia a dia, assim como em festas e rituais importantes da vida dos *Gunadule*, por exemplo, a festa da puberdade de uma menina. O consumo de chicha para os *Guna* – bebida fermentada produzida pelos povos indígenas da Cordilheira dos Andes e da América Latina – é feito em *totumos* que podem ser dos seguintes tipos: "*noga massered* (totuma masculino) e um *noga ome* (totuma feminino) para lembrar a complementaridade da qual a vida e a terra são feitas" (GREEN, 2011, p. 52).

16   O percurso investigativo desta pesquisa esteve orientado pela remissão a *gassi* como metáfora do movimento da significação, no qual não há *nem* presença *nem* ausência absoluta. Nesse sentido, na *terapia desconstrucionista* que aqui prático, não pretendo *nem* assumir uma atitude narcisista projetando o eu mesmo no outro, *nem* determinar como os Guna deveriam resolver o problema da escolarização. Não é minha intenção também *nem* ouvir deles como nós integrantes do mundo acadêmico deveríamos lidar com tal problema, e *nem* impor a eles, em nome de uma suposta autoridade do discurso acadêmico dito científico, como eles deveriam lidar com tal problema. O propósito que me move é o de debater juntos tal problema visando concebê-lo de outras maneiras, uma aprendizagem mútua. A metáfora da rede nos remete para estudar a palavra *gassi*, como indica Green (2012, p. 87) desde a história das mães rãs e "os ossos da mãe que estão assentados na rede":

17   Fonte: *arquivo* elaborado pela pesquisadora

Um jamais fomos modernos ressignificado para esta pesquisa. Vemos que Bruno Latour (2013), ao provocar uma inversão entre nem moderno e nem pós-moderno, cria um outro lugar, o do não moderno e caracteriza dito lugar. Nós nos colocaríamos em num não lugar, nem moderno, nem pós-moderno e nem não moderno. Deste não lugar, isto é, desde a dobra que o embate provoca, procuramos entender, de maneira desconstrucionista, a dicotomia que o pensamento ocidental estabelece entre "humano e não humano", a qual se ancora numa outra dicotomia, qual seja aquela que se estabelece entre natureza e cultura, vistas como categorias ontológicas e epistemológicas. No movimento da dobra como inversão e deslocamento, a principal tarefa está em desconstruir a dicotomia entre narcisismo e coletivismo, entre o eu o nós, descompactando assim, como aponta Viveiros de Castro (2010), a pretensão de se supor que todas as formas de vida estejam preocupadas com os nossos problemas de relação com a natureza. Por exemplo, um princípio fundamental da cosmovisão da forma de vida Gunadule é: sobre a pele da Mãe Terra habitam seres de diversas naturezas e todos são irmãos. Assim, vemos que, para eles, tal dicotomia não faz sentido e em nada contribui para lidarmos com os nossos problemas.

18   Como destaca Pineau (1996, p. 5), que caracteriza a escola como um epifenômeno da escritura assim como algo maior, "a escola é um dispositivo de criação de cidadãos – defenderão alguns liberais – ou de corpos dóceis – segundo alguns foucaultianos –, mas não é só isso […] é também um produto da modernidade. É preciso analisar quais foram os desenvolvimentos e elementos que possibilitaram a irrupção da escola no mundo a finais do século XIX, tentando entender como essa forma educativa institucionalizada, surgida no Ocidente europeu, da qual podem encontrar-se vestígios nos monastérios medievais, vem se impondo em todo o globo até os nossos dias. Entender esse fenômeno é desnaturalizá-lo".

19   Quando falamos de racionalidade, estamos nos remetendo à perspectiva proposta por Condé (2004), a qual argumenta que esta jaz nos jogos de linguagem das formas de vida, nos quais se estabelecem sistemas regrados de uso indissociáveis dos critérios que orientam normativamente as formas de ação e que são corrigidos e aprimorados a partir das interações intersubjetivas. Apesar de formas de vida diversas sustentarem racionalidades diferentes, elas podem compartilhar semelhanças em suas práticas. Condé (2004, p. 154-155), inspirado em Wittgenstein, afirma que "abandona-se a

UMA TERAPIA DO DESEJO DE ESCOLARIZAÇÃO MODERNA:
VENÍ, VAMOS HAMACAR EL MUNDO, HASTA QUE TE ASUSTES

"racionalidade contemplativa" do "ver" (sehen), presente no "paradigma da representação", para adotar uma racionalidade que se constitui a partir da nossa gramática e de nosso "atuar" (handeln). Como consequência, o nosso modo de julgar (urteilen) está diretamente relacionado ao nosso modo de atuar (handen) (S.C § 232). [...] A racionalidade emerge da gramática e das interações dos jogos de linguagem em uma forma de vida. Em outras palavras, na medida em que esse atuar é um atuar no jogo de linguagem aberto a inúmeros outros jogos, nosso julgar, e os critérios para fazê-lo, se estabelecem a partir das regras que regem esses vários jogos, isto é, a gramática de uma forma de vida. Assim, dizer que a racionalidade se constitui em uma forma de vida é, entre outras coisas, observar que nossos critérios de julgamento, elaborados a partir de nosso atuar (S.S § 232), não se constituem na singularidade de apenas "uma" regra para "um" jogo de linguagem (I.F. § 199), mas a partir do conjunto das regras que compõem a gramática". Para Condé, são as regras as que constituem uma gramática numa forma de vida, e com base nelas é que nós agimos.

20   Pode realmente ser feita uma distinção clara entre fornecer uma descrição no sentido de Wittgenstein (2009) e fornecer uma explicação? Descrever significa um rompimento com as formas de agir dogmaticamente na condução da investigação de um problema de pesquisa. A explicação – tanto no campo da ciências empíricas quanto dedutivas – pode ser vista como um tipo particular de jogo de linguagem normativamente regrado, no qual se procura encontrar elementos "novos" (conexões, causas, mecanismos, leis, processos, entidades "ocultas" etc.) que, supostamente, mediante um processo eloquentemente organizado de causas e efeitos, permite verificar ou refutar uma hipótese com base na consistência e inconsistência de conjuntos de proposições, recorrendo a experimentação e a Lógica clássica. A primeira sistematização da Lógica, chamada clássica, foi realizada por Aristóteles que valorizou o raciocínio formalmente correto, que se baseia nos três princípios que regem as leis formais do pensamento lógico: a) Princípio da identidade: cada coisa é igual a si mesma, isto é $(A=A)$; b) Princípio da não contradição: algo não pode ser e não ser ao mesmo tempo, isto é $(A \wedge \neg A)$; c) Princípio do terceiro excluído: entre uma afirmação e a sua negação não existe terceiro termo, isto é $(A \vee \neg A)$. Desse modo, uma explicação, quando vista como um tipo de jogo de linguagem, necessita produzir uma cadeia de razões, como o faz o cientista, que lida com o empírico e com associações causais de extensão infinita. Dentro desse jogo, estamos tentando capturar

uma realidade que nunca percebemos, levantar hipóteses e dizer mais do que percebemos – esperando que a experiência confirme nossas conjecturas –, procurando verificar princípios baseados na pergunta do 'porquê'.

A descrição wittgensteiniana que se prática na terapia desconstrucionista diz de uma outra forma de se fazer e pensar a filosofia, de se praticar a pesquisa, em que o objetivo não é apresentar hipóteses que podem vir a ser comprovadas com sequências argumentativas que se organizam com base na lógica da explicação academicista. Não impor, criar uma interpretação única do problema foco da pesquisa, mas iniciar um diálogo e suscitar o interesse para o exame de outro ponto de vista, para a abertura de outras possibilidades, mostrando por meio de analogias remissivas de jogos de linguagem para jogos de linguagem de modo a que apresentemos uma visão panorâmica do problema foco da terapia pois: "Toda explicação tem que sair, e colocar só a descrição no seu lugar. E essa descrição recebe sua luz, isto é, sua finalidade, dos problemas filosóficos. Esses, é claro, não são empíricos, mas são resolvidos por uma inspeção no modo de trabalho da nossa linguagem, e, na realidade, de tal modo que este se reconhece: contra um impulso a não compreendê-lo. Esses problemas são resolvidos não pela apresentação de novas experiências, mas pela composição do que é há muito conhecido. A filosofia é uma luta contra o feitiço da nossa compreensão pelos meios da nossa linguagem" (WITTGENSTEIN, 2009, §109).

Na perspectiva de compor uma visão panorâmica do problema pesquisado, a terapia desconstrucionista vai nos ensinar que não existe uma única descrição que possa substituir os enfeitiçamentos aos que somos submetidos com a cristalização de imagens enganosas sobre o conhecimento, isto é, o desenfetizamento pode vir a acontecer por diversas vias que irão alimentar outras imagens de modo plural e singular. Precisamos descrever muitas paisagens diferentes, observando semelhanças e diferenças. No fundo nos deparamos com uma forma de se praticar a pesquisa muito autêntica e diferenciada, uma mudança para ir além da forma lógica, para nos adentrar no funcionamento das formas de vida no funcionamento da propria vida. Isto porque, se parte do reconhecimento do caráter social, cultural, praxiológico e vital das normas que garantem a significação coletiva do mundo.

21   Não se trata de procurar elementos causais ou essenciais às falas que aqui colocaremos, nem tentar teorizar a partir delas. Nesse sentido, Wittgenstein (2007, p. 194, itálicos nossos) esclarece que "o empreendimento

de uma explicação já é falho, porque só se tem que organizar corretamente o que se sabe, e nada acrescentar, e vem por si mesma a satisfação a que se aspira pela explicação... A explicação não é, aqui, de nenhum modo, o que satisfaz". Trata-se, ao contrário, de entendermos que não descobrimos nem explicamos nada. Porém, podemos significar uma prática sociocultural mediante a descrição das ações e interações das pessoas que as realizam. As ideias que se organizam pela descrição de uma prática são coisas que já sabemos. Entretanto, uma prática, ao ser realizada em contexto espaço--temporais diversificados de formas de vida, também diversas e com outros propósitos, produz efeitos de sentidos diferentes. O descrever é também um jogo de linguagem normativamente orientado.

No entanto, nele, não provamos teses (WITTGENSTEIN, 2009, I.F §128), pois nos atemos ao que já sabemos, não "completamos" os fatos, não inferimos nada – nem dedutiva nem indutivamente –, não procuramos algo "novo"; nós apenas estabelecemos relações analógicas de semelhança e diferença entre aspectos manifestos nos jogos de linguagem de diversas formas de vida. Não se trata de pensar que há uma explicação de caráter logico-dedutivo que possibilita visualizar o 'verdadeiro' com maior clareza e perfeição, visto que a atividade filosófica, do mesmo modo que a atividade que nos propomos fazer aqui, não produz conclusões (WITTGENSTEIN, 2009, I.F § 599). Descrevemos jogos de linguagem tal como eles se mostram, de modo que eles vão revelando as próprias formas de esclarecê-los, pois "nosso erro está em buscarmos uma explicação lá onde devemos ver fatos como "fenômenos originários", isto é, onde devemos dizer: joga-se este jogo de linguagem" (WITTGENSTEIN, 2009, I.F § 654.). Nesta pesquisa, propomo-nos a descrever discursos naturalizados e colonizadores que foram se constituindo com o desejo de escolarização moderno. Não vamos levantar teorias fundamentadas em dicotomias, mas apresentar nossas experiências e o que nelas se manifesta.

22   Nessa perspectiva, a minha pesquisa inverteu as ordens narrativas, substituindo aquela que insiste em fazer ecoar as vozes de determinada tradição de narradores acadêmicos constitutiva de sujeitos colonizados pelo discurso científico, por outra atitude que procura fazer uma terapia-desconstrucionista dessa própria tradição cientificista, com base em arquivos produzidos por sujeitos que vivem e realizam práticas socioculturais em suas próprias formas de vida. Portanto, passo a ser orientada por uma atitude

terapêutico-desconstrucionista, isto é, inspirando-me no diálogo tensional que procuramos estabelecer entre as obras de Derrida (1991, 2003, 2004a, 2004b, 2014) e as de Wittgenstein (1999, 2005, 2007) para lidarmos com os diversos arquivos constituídos no percurso desta pesquisa. Esperamos inverter e deslocar as ordens na nossa escrita olhando para nossos arquivos como jogos de rastros, procurando lidar de outros modos com o tangível e o intangível (WULF, 2008) e descompactando as práticas socioculturais a partir de usos da linguagem tecidos no tapete da forma Gunadule de vida. Desse modo, serão as práticas encenadas por sujeitos de carne e osso, tais como se realizam em suas próprias formas de vida, as que nos levarão ao encontro de outras formas de vidas, de outros mundos, e que nos tirarão nossas 'certezas', possibilitando a elaboração de novas perguntas que nos levem a olhar de outras maneiras as diferentes formas de vida com as quais me envolvi nesta pesquisa, dentre elas, a própria forma acadêmica de vida.

23   A dobra, como a dobradiça, que não é nem de um plano nem de outro. Esse conceito visto desde a ótica de Derrida marca a impossibilidade de uma significação produzida na plenitude de uma presença ou de uma ausência absoluta. A grosso modo, pode ser vista como a possibilidade de nem rotura nem juntura (nota dos tradutores do livro da gramatologia Derrida (2004b, p. 80) a respeito da palavra brisura que vemos como dobra. Então, nessa relação de força e poder, de um plano e de outro, a dobra, a desdobra, a redobra nos remetendo a rastros de significação, é um constante movimento.

24   Sentipensar é um conceito que o sociólogo colombiano Orlando Fals Borda aprendeu com um pescador do estado de Sucre (Colômbia). Sentimento e pensamento se apresentam como uma unidade. Essa concepção implica uma virada fundamental com respeito a boa parte da tradição filosófica ocidental, que se desenvolveu a partir da consideração do sentimento e do pensamento como opostos. Dessa forma, esse conceito nos obriga a compreender, sentir e pensar não como duas atividades independentes, mas como dois momentos da mesma atividade: a ação de sentir e pensar envolvendo o mimético e a relação indissociável entre sentir e pensar.

25   O mimético, em palavras de Gunter & Wulf (2004, p. 9), é um "fenômeno que transcende os meros processos de observação e se inscreve no território do simbólico da comunicação", ou, em nossas palavras, se inscreve em jogos de linguagem.

UMA TERAPIA DO DESEJO DE ESCOLARIZAÇÃO MODERNA:
VENÍ, VAMOS HAMACAR EL MUNDO, HASTA QUE TE ASUSTES

26   Estamos, aqui, mobilizando a palavra europeus para significar as pessoas que habitam a Europa, sendo esta, para nós, o nome de uma metáfora de uma zona geográfica. De acordo com Quijano (2007), o termo europeus refere-se a tudo o que se estabeleceu como uma expressão racial/ étnica/cultural da Europa – a representação do colonialismo –, como um prolongamento dela, ou seja, como um caráter distintivo da identidade promotora da colonialidade do poder.

27   Para Derrida (2004) a palavra escrita, que alguns tradutores chamam de escritura, não se restringe à escrita fonética.

28   Nas palavras de Derrida (2004b, p. 15), "o fonocentrismo se confunde com a determinação historial do sentido do ser em geral como presença, com todas as subdeterminações que dependem dessa forma geral e que nela organizam seu sistema e seu encadeamento historial (presença da coisa ao olhar como eidos, presença como substância/ essência/existência (*ousia*), presença temporal como ponta (*stigmé*) do agora ou do instante (*nun*), presença a si do cogito, consciência, subjetividade, co-presença do outro e de si, intersubjetividade como fenômeno intencional do ego etc.). O logocentrismo seria, portanto, solidário com a determinação de ser do ente como presença". Assim, na perspectiva fonocêntrica, a *escritura* é condenada por sua exterioridade à idealidade do *logos*, bem como por sua materialidade, dado que a voz se ouve sem se materializar. Por isso, a escritura só poderia ser usada como suplemento, como recurso *"perigoso"* do qual se lança mão quando não se pode usar o meio *"natural"* de suporte do sentido, qual seja, a fala. A escritura seria, assim, um ardil usado para tornar presente a fala quando ela está ausente. Desse modo, ao fazer-se uso da escritura, cai-se no *"fora"* da idealidade e do significado, o qual não seria senão o *"fora"* da voz.

29   Miguel (2016, p. 222), esclarece que "a escritura não é sinônimo de práticas culturais de escrita alfabética, estas sim, de fato atreladas à fonologia; e nem mesmo como sinônimo de práticas culturais de escritas não alfabéticas, tais como podem ser assim consideradas a antiga escrita hieroglífica egípcia ou a antiga escrita cuneiforme sumérica, também atreladas, em seus estágios finais de refinamento, à fonologia. Escritura, para Derrida, envolveria também entalhes em ossos, pedras ou troncos de árvore ou os primeiros ideogramas ainda não conectados ao som da fala, não integrados

a sistemas articulados e convencionais de linguagem falada e que podiam mesmo conviver, sem associação convencional estrita, com sistemas fonológicos dessa natureza. Desenhos, pinturas em cerâmica e até mesmo práticas". Desse modo, *o falar da língua* de uma determinada comunidade é *um* dentre outros inúmeros jogos *corporais* de linguagem que essa comunidade produz para encenar e significar as práticas socioculturais que ela realiza. Nesse sentido, as práticas culturais encenadas por uma determinada comunidade humana estão para além do falado ou das teorizações cientificistas que já foram feitas sobre elas.

Assim, a enunciação de palavras – também por nós vista como uma forma de ação corporal – que pode ou não acompanhar a realização de uma prática sociocultural, só pode ser compreendida no contexto da própria enunciação, isto é, no contexto do jogo de linguagem em que a enunciação é proferida em uma determinada forma cultural de vida humana. Este nosso modo de falar sobre práticas, linguagem e corpo, atravessa e supera a perspectiva da representação da linguagem como imagem de mundo (WITTGENSTEIN, 2009, I.F. §115), além de compreender que o conhecimento é produzido, validado e legitimado na ação, na performatividade das próprias práticas socioculturais, razão pela qual é tão difícil compreendê-lo de forma meramente ou exclusivamente conceitual, como outros pesquisadores assinalaram. (Condé, 2004; Derrida, 1991, 2004a, 2004b; Gunter & Wulf, 2004; Wulf, 2008; Medina, 2007; Miguel, 2014a; Moita Lopes, 2006b).

30   No lugar de um olhar centrado na consciência e no sujeito, preso ao *mentalismo* e ao *cognitivismo*, entendido desde a perspectiva tradicional da psicanálise, sugiro aproximarmo-nos de outras formas de se conduzir uma investigação acadêmica, que nos permita esclarecer, mediante a *descrição*, as nossas próprias formas de significar agindo em formas de vida. Para isso, vou me remeter aos *rastros* de outras vozes que propõem investigar de outros modos 'velhos' problemas da metafísica, abandonando a noção de que o pensamento é algo da ordem da subjetividade.

31   Carlos Jacanamijoy nasceu no Vale de Sibundoy (Putumayo, Colômbia) em 1964 e pertence ao povo indígena Camentsa. Estudou artes plásticas na Universidade Nacional da Colômbia e filosofia na Universidade de la Salle. Jacanamijoy começou a ser conhecido em 1993 quando foi reconhecido pelo Banco da República da Colômbia pelo seu trabalho artístico.

32   *Abya Yala* pode traduzir-se como "terra em pleno amadurecimento". Essa é a palavra que os Gunadule usam para significar "continente", em aberta oposição à significação colonial da palavra "América" ou "continente americano" como "novo mundo", isto é, como mundo habitado, segundo os invasores, por povos ágrafos, primitivos e imaturos. Essa significação manifesta um caráter compensatório, contra-ideológico e político e, como assinala Rocha Vivas (2012, p. 34), a cada dia ganha mais reconhecimento continental.

33   *É como se* Derrida estivesse nos convidando a caminhar pelas margens da linguagem e as suas possibilidades de referencialidade.

34   Na perspectiva derridiana, isso quer dizer, a *crise* e o *sintoma* de um *transbordamento* do "conceito" de linguagem. Tal *transbordamento* deixa entrever a clausura metafísica do pensamento em que o conceito clássico de linguagem está inscrito. Essa clausura diz respeito às oposições binárias conceituais e hierarquizantes impostas por tal forma de se pensar ao longo de todo o pensamento ocidental enraizado na distinção entre cultura/natureza. Derrida, que é um dos pensadores que inspiram esta pesquisa, nos convida a desconstruir essas oposições binárias por meio de um *duplo gesto*. O da *inversão* e o do *deslocamento*. Ele procura *inverter* a hierarquia que se estabelece entre oposições conceituais binárias, priorizando tudo aquilo que se encontra na posição de subordinado e, ao mesmo tempo, *deslocando* os termos dessa oposição conceitual para um *não lugar;* para o *nem, nem*; para além da dicotomia da metafísica dualista. Por exemplo, partimos da perspectiva em que da mesma forma que não há presença absoluta, também não há ausência absoluta. É isso que Derrida quer dizer por indeterminação do significado, não se trata de uma impossibilidade de significação. Pensar que se não *é* presença, logo *é* ausência, seria cair novamente em uma metafísica, ou seja, em uma oposição binária. No percurso dos *rastros* que retomaremos na nossa conversão, seremos levados a continuar descompactando essa ideia da *linguagem* que reside para fora das práticas socioculturais e da *linguagem* como *representação*. Veremos como a rede não existe como elemento, objeto, nome ou proposição habitando em nosso pensamento como uma imagem que estaria em nossa mente. No entanto, a rede significa por participar de um conjunto de diferentes atividades cotidianas gerando diferentes *efeitos de sentido*.

Quando falamos neste texto sobre o paradigma da representação, estamos nos remetimos olhar metafísico da produção de conhecimento, no qual de um lado há o mundo, o real e, de outro, a linguagem vista como uma imagem do mundo. Nessa pespectiva, aparece uma concepção da linguagem ancorada em dicotomias, tais como: fato/valor, linguagem/mundo, corpo/mente etc. "Dentro dessas concepções filosóficas tradicionais estão incluídas, por um lado, as filosofias construídas a partir de uma tradição metafísica (Platão, Hegel etc.) e, por outro lado, filosofias de vertentes empiristas (empirismo inglês, positivismo, neopositivismo etc.)" (CONDÉ, 2004, p. 61). Ao problematizar essa concepção da linguagem, de diferentes pontos de vista, tanto Wittgnestein quanto Derrida procuram descompactar tais dicotomias, nas quais a relação linguagem/mundo não é vista *nem* como dicotômica *nem* mais sobre a ideia de que dita relação é dada pela designação de objetos mediante a linguagem, a existência prévia de um elo (logos) entre as palavras e os objetos.

35   As palavras usadas pelos Guna para quantificar são: *Sadde (0), Gwensag (1), Bogwa (2), Baagwa (3), Bagge (4), Addale (5), Nergwa (6), Gugle (7), Baabag (8), Baggebag (9), Anbe (10).* Mais adiante, apresentaremos os usos e significados associados a tais palavras.

36   Said (2007, p. 31-32, cursiva nossa). Vale a pena notar que, como explicita Oliveira (2012, p. 1), o Prof. Dr. Edward Wadie Said *"foi um intelectual que viveu "entre mundos", entre espaços geográficos e culturais diversificados; a grosso modo, com os pés na América e a mente na Palestina. [...] Para Edward W. Said, o orientalismo não é uma disciplina que estuda a civilização e costumes dos povos orientais, mas sim um sistema para conhecer o Oriente mediante o qual o Ocidente tem conseguido dominá-lo desde um ponto de vista político, sociológico, militar e ideológico. O orientalismo representa, portanto, um conhecimento sobre o Oriente que o põe na aula, no tribunal, na prisão ou no manual para ser examinado, analisado, julgado, disciplinado ou governado. Um real conjunto de coerções e limitações ao pensamento, uma disciplina abordada sistematicamente, e um tema de erudição, de descobertas e de práticas".*

37   Rupert Read – nascido em 1966 – "atualmente é um acadêmico e um político do Partido Verde na Inglaterra. Ex-coordenador do partido político do Leste da Inglaterra e atualmente é professor de Filosofia na *University of East Anglia*. Especialista em filosofia da linguagem, filosofia da ciência e filosofia ambiental". Disponível em: https://en.wikipedia.org/wiki/Rupert_Read. Acesso em: 17 abr. 2017. Em seu livro *Philosophy for Life:* Applying Philosophy in Politics and Culture, que foi traduzido para o português sob

UMA TERAPIA DO DESEJO DE ESCOLARIZAÇÃO MODERNA:
VENÍ, VAMOS HAMACAR EL MUNDO, HASTA QUE TE ASUSTES

o título *Filosofia aplicada:* política e cultura no mundo contemporâneo, por Rogério Bettoni, nos remete, fiel aos *insights* de Wittgenstein e de pensadores afins, ao conceito de *ecossistema:* "Tentemos nos abster completamente do vocabulário de natureza e cultura e, em seu lugar, trabalhemos séria e intensamente com o vocabulário de diferentes *ecossistemas* e, na maioria dos casos, de *ecossistemas preferíveis/menos preferíveis.* [...] Estamos profundamente – inteiramente – enraizados em nosso(s) ecossistema(s) antes de estabelecer oposições binárias pelas quais estruturamos, de forma menos imediata, muitos de nossos "jogos de linguagem" práticos. Somos "jogados" no mundo, por assim dizer – mas *de dentro* dele, como parte dele – não faz *sentido* algum pensar em nós como opostos a ele. À medida que a linguagem é usada, termos como *natureza, tecnologia* e *humano* provavelmente terão um significado, um uso, mas *isso* não implica que, *na condição* de "teóricos", e (mesmo) quando colocamos em ação nossas "teorias", os deveríamos usar. E isso é tudo" (READ, 2009, p. 23-24 itálicos do autor).

38   Iliescu (2000, p. 58) esclarece que "podemos também alcançar a compreensão esclarecendo significados, a gramática de nossas expressões ou conexões conceituais; e clarificar não implica necessariamente explicar. Certamente, existem muitos tipos de explicação; mas a filosofia não deve se envolver com alguma delas. Sua tarefa é clarificar, não explicar. O tipo de compreensão que a filosofia fornece está baseado em esclarecimentos".

39   A atitude metódica de caráter causal-explicativa é a que sustenta a visão cientificista com base na qual operam grande parte dos pesquisadores no mundo acadêmico. Desse modo, a *descrição*, em vez de se orientar pelo 'desejo de generalidade', opera no terreno das singularidades das *formas de vida*, em que não existe uma característica comum que se aplica a todos os casos. Por exemplo, não podemos supor que haja uma correspondência direta entre jogos de linguagem da matemática, tal como praticada pela comunidade de matemáticos, e os jogos de linguagem que se processam em formas de vida. Podemos apenas dizer que eles mantêm entre si *semelhanças de família* concebidas a partir da diferença, não da igualdade. Assim, existem muitas práticas de contagem semelhantes entre si, mas que se diferenciam em seus propósitos, suas regras, nas palavras numéricas que são usadas, na diferenciação do domínio da especificidade dos objetos contáveis a que se aplicam, nos modos em se agrupa os objetos contáveis, nos valores, crenças e rituais que mobilizam, bem como, e sobre tudo, nos efeitos de sentido e

nas ações provocadas. A questão que se coloca não é *nem* a de se falar que essas formas de vida têm matemática ou não, e *nem* de se criar categorias para classificar ou nomear as práticas singulares que são realizadas em outras formas de vida através da transposição dos critérios e categorias que os matemáticos utilizam para organizar o conhecimento em sua *forma de vida*. "Em todas essas práticas, certamente vê-se algo que *se assemelha* à associação de ideias e lhe é aparentado. Poder-se-ia falar de uma associação de práticas" (WITTGENSTEIN, 2007, p. 206). Nesta direção o sociólogo Emanuel Lizcano (2002, p. 1) esclarece que:

> Por formación y por costumbre, solemos situarnos en las matemáticas académicas, darlas por supuestas (es decir, puestas debajo de nosotros, como suelo fijo) y, desde ahí, mirar las prácticas populares, en particular, los modos populares de contar, medir, calcular... Así colocados, apreciamos sus rasgos por referencia a los nuestros. Medimos la distancia que separa esas prácticas de las nuestras, es decir, de la matemática (así, en singular) y, en función de ello, consideramos que ciertas matemáticas están más o menos avanzadas o juzgamos que en cierto lugar pueden encontrarse 'rastros', 'embriones' o 'intuiciones' de ciertas operaciones o conceptos matemáticos. Las prácticas matemáticas de los otros quedan así legitimadas – o deslegitimadas- según su mayor o menor parecido con la matemática que hemos aprendido en las instituciones académicas.

Neste processo há uma imbricação entre saber/poder/dominação como armas fundamentais para as empreitadas colonizadoras europeias, porém que permanecem até hoje como marcas da colonialidade. Essas *imagens* naturalizadas são efeito da violência epistêmica produto da modernidade/colonialidade, como, por exemplo, a imagem de uma única forma de conhecer [Matematicamente] restrita a campos disciplinares. No que diz respeito à ciência e ao conhecimento matemático da tribo europeia. As demarcações territoriais, advindas das invasões europeias se sustentaram no racismo, o patriarcado e a imposição de uma epistemologia para a manutenção de um padrão mundial de poder, de verdade, de sujeitos, de humanidade. Tudo isso criou uma certa história que liga vários pontos dos lados do Atlântico: relações de saber/poder e seus dispositivos de ação, que institucionalizam certas formas de governos sobre os corpos, negligenciando certos conhecimentos. Tudo isto por que "a ideia de que os brancos europeus podiam sair colonizando o resto do mundo estava

UMA TERAPIA DO DESEJO DE ESCOLARIZAÇÃO MODERNA:
VENÍ, VAMOS HAMACAR EL MUNDO, HASTA QUE TE ASUSTES

sustentada na premissa de que havia uma humanidade esclarecida que precisava ir ao encontro da humanidade obscurecida, trazendo-a para essa luz incrível" (KRENAK, 2019, p. 8).

Essa humanidade da qual nos fala Ailton Krenak é caracterizada por ele como um clube que, nas empreitadas de colonização do século XV, não só arrancou a muitas pessoas de seus territórios e as escravizou, senão que, com base nos seus critérios epistemológicos, desqualificou as crenças e conhecimentos de referência dessas pessoas. Então o conceito de *semelhanças de família* nos permite atentarmos para a diferenciação enquanto potência, práticas socioculturais podem se *assemelhar*, porém elas também se *diferenciam* entre si, pois não há algo essencial que as perpasse. O que acreditamos que vemos, o vemos por que podemos fazer analogias com aquilo que nos é conhecido, pela nossa participação em certos tipos de *jogos de linguagem*, sejam eles acadêmicos ou não, isto é, não apenas com os jogos Matemáticos ou geométricos euclidianos ou algébricos de linguagem. Somos direcionados para estabelecer relações de *semelhança* entre aquilo que conhecemos e aquilo que se nos apresenta, porém, nesse movimento se manifestam elementos que escapam da nossa compreensão de mundo. Aqui o desafio está no seguinte: entender que perceber *semelhanças* não significa que aqueles conhecimentos são comparáveis, pois nem todas as *formas de vida* organizam a vida do mesmo modo. Precisamos estar atentos, pois uma atitude colonizadora de saberes tem como tendência alienar os conhecimentos de outras *formas de vida*. Quando falo em uma tendência em alienar os conhecimentos de outras *formas de vida*, estou me referindo a fazer operar a *colonialidade do saber* nas nossas pesquisas e nossos modos de ver, isto é, olhar para esses saberes de forma comparativa e procurando essências, buscando criar teorias, defender hipóteses ou conceitualizações daquilo que se assemelha aos *jogos de linguagem* dos quais se participa. Isso se apresenta algumas vezes de forma sutil, outras de forma comparativa mediante o uso da linguagem Matemática, mas não podemos deixar de falar que tal atitude exclui as diferenças e as silencia mantendo viva a colonialidade.

Há aqui manifesto um exercício de decolonização do olhar, desprendimento epistemológico em termos de Walter Mignolo, a desconstrução de imagens de conhecimento que nos mantém presos, para não as repetir inexoravelmente, como nos provoca Wittgenstein no seu aforismo §109 das Investigações Filosóficas.

40   Vale a pena esclarecer que 'território', para os indígenas, não significa apenas o espaço físico e geográfico, mas toda a simbologia cosmológica associada a práticas sociais que regulam o uso do espaço. Para eles, a territorialidade é o lugar onde é restabelecida sua cultura, compartilhando experiências e histórias que eles guardam sob a forma de uma consciência mítica e étnica. A territorialidade é um espaço de socialização no qual se encontram e se estabelecem relações de aprendizagem e de compromissos mútuos. Portanto, a territorialidade, mais do que um local geográfico em que se vive, é um espaço simbólico em que se mantém viva a memória dos povos, seus costumes e tradições, envolvendo, assim, o conjunto social, humano e cultural dos povos. O território se constitui como conjunto de seres, espíritos, bens, valores, conhecimentos, tradições que garantem a possibilidade e o sentido da vida individual e coletiva.

41   Esta binacionalidade territorial constitui um efeito da instauração da fronteira geográfica entre esses dois países em 1903. Essa dispersão territorial não tem impedido que os *Gunadulemala* estabeleçam entre si relações de todo tipo: econômicas, políticas, sociais etc. Os *Gunadulemala* têm morado durante séculos às margens do rio Darién no Golfo de Urabá, na Colômbia. Existem muitas teorias sobre as 'origens' dos Guna, mas todas carecem de dados e arquivos antigos que documentem essas informações. Mesmo assim, como afirma o antropólogo James Howe – citado em Ventocilla; Herrera & Núñez (1999, p. 31) –, em seu relato documentado, desde a época colonial, os Guna estavam em quase todas as partes do Darien, incluindo lugares onde, hoje, eles não mais estão. Devido à chegada dos espanhóis, os *Gunadulemala,* na sua maioria, se esconderam em San Blás (Ilhas do Panamá) e na selva do Urabá, especificamente na serrania do rio Darién (ver o mapa), estão as comunidades *Madungandie* e *Walgandi*, no Panamá. Esse território comporta vários grupos locais com seus parentes e afins. Nesse espaço físico, grupos familiares (extensos ou não) e pessoas se movem constantemente, formando uma ampla rede de sociabilidade cujos indivíduos compartilham uma experiência histórica e se consideram partícipes de uma mesma cultura. Unifica-os, portanto, vínculos de natureza mítica, histórica, ritualística, étnica e de vestimenta. Essa rede configura o todo social que expressa a unidade sociopolítica mais ampla dos *Gunadulemala*.

42   Fonte: *arquivo* elaborado pela pesquisadora

Na fronteira desses dois países, há dois *resguardos*. O primeiro é *"Resguardo de Ibgigundiwala"*, no Urabá Antioquenho, habitando aproximadamente 1.100 pessoas e que oficialmente é reconhecido como *"Caimán Nuevo"*. Está localizado entre os municípios de Necoclí e Turbo (Estado de Antioquia) e compreende dois territórios habitados por *Gunadulemala*: *Caimán Alto* (nos montes da serrania de *Abibe*) e *Caimán Bajo* (na zona do litoral). O segundo *resguardo*, conhecido como *"Resguardo Maggilagundiwala"*, está na zona do Urabá Chocoano, em Arquía, no município de *Unguía*, na parte baixa do rio *Atrato* Colombiano. Ali moram aproximadamente 500 pessoas. Esta pesquisa desenvolve-se especificamente no território do *"Resguardo de Ibgigundiwala"*, especificamente com a comunidade que habita a serrania do *Abibe*: a comunidade de Alto Caimán. É importante esclarecer que um *resguardo* é uma reserva indígena, isto é, um território geográfico juridicamente estabelecido pelas leis colombianas, concedido a um povo indígena mediante um título de propriedade coletiva. Alguns desses territórios, tais como os de *Makuna* e *Tanimuka,* situam-se no estado do Amazonas colombiano. No estado do Choco, situam-se os *resguardos* dos povos *Waunan* e *Dule* (Tule). No estado de Antioquia, situam-se os *reguardos* dos *Embera Chami, Senú* e *Dule.* No estado de Putumayo, localizam-se os *resguardos* de *Uitoto* e *Kofan.* No estado de Nariño, estão os de *Pastos* e *Awa Kwaiker.* No estado de Magdalena, localizam-se os *resguardos* dos *Arzario* e *Kogui.* No estado de Huila, ficam os resguardos dos *Paez* (Nasa) e *Coyaima.* Em Meta, os de *Sikuani* e *Guayabero.* No estado da Guajira, dos *Wayuu* e *Arhuaco.* No estado do Casanare, estão *Masiguare* e *Tunebo* (U'WA). No Arauca, os resguardos das comunidades *Kuiba* e *Betoye.* No Guaviare, os dos *Tucano* e *Siriano.* E finalmente, no estado do Norte de Santander dos *Motilon* (Bari).

43   Dito genocídio dos indígenas, nas primeiras décadas da colonização, não foi causado só pela violência da conquista, mas também, principalmente, pelo fato de tais indígenas terem sido usados para realizar trabalhos forçados até a morte, assim como a população negra que foi escravizada em Abya Yala.

44   Esta pergunta nasce da provocação de Krenak (2019, p. 8) quem nos provoca para pensar, de um lado as narrativas construídas pela modernidade daquilo que se entende como "pertencer à humanidade", pois

> A ideia de que os brancos europeus podiam sair colonizando o resto do mundo estava sustentada na premissa de que havia uma humanidade esclarecida que precisava ir ao encontro da humanidade obscurecida, trazendo-a para essa luz incrível. Esse chamado para o seio da civilização sempre foi justificado pela noção de que existe um jeito de estar aqui na Terra, uma certa verdade, ou uma concepção de verdade, que guiou muitas das escolhas feitas em diferentes períodos da história. Agora, no começo do século XXI, algumas colaborações entre pensadores com visões distintas originadas em diferentes culturas possibilitam uma crítica dessa ideia. Somos mesmo uma humanidade?

Essa humanidade construída através da narrativa da modernidade/colonialidade e seu particular desejo em arquivar e museificar certo passado no qual os povos originários são (re)presentados como sujeitos do passado. "Existem milhões de toneladas de livros, arquivos, acervos, museus guardando uma chamada memória da humanidade. E que humanidade é essa que precisa depositar sua memória nos museus, nos caixotes? Ela não sabe sonhar mais. Então ela precisa guardar depressa as anotações dessa memória"

(KRENAK, 1992, p. 204). Então Krenak nos faz pensar junto com as falas Gunadule apresentadas neste livro em memórias e histórias como experiências vivas, indeléveis, potencializadas e capazes de adiar o fim do mundo criando mundos pelas fissuras e as bordas do esgotamento epistemológico desta certa humanidade na qual cabem alguns, isto por que estas histórias são experiências coletivas de povos, histórias que de "maneira alguma se resumem ao conjunto de documentos públicos" (KRENAK, 2015, p. 84).

45   Há uma distinção entre colonialismo e colonialidade. *Colonialismo* refere-se aos processos de dominação política e militar de países que foram colonizados. E *colonialidade* é um conceito mais complexo, diz de um padrão de poder que opera com a naturalização das hierarquias raciais, epistêmicas e culturais. É um padrão de poder mais profundo e não termina com o fim do colonialismo. Inclui experiências que duram até o presente. (DUSSEL, 2005; GROSFOGUEL, 2008; MIGNOLO, 2009). A colonialidade é combatida por meio da reconstrução das histórias apagadas, das subjetividades suprimidas, das linguagens e dos conhecimentos subalternizados devido à premissa totalizante da modernidade e da racionalidade (MIGNOLO, 2010).

46   A categoria de 'capitalismo' refere-se ao posicionamento de Quijano (2000), como um conjunto da articulação estrutural de todas as formas historicamente conhecidas de exploração, escravidão, servidão e controle do corpo humano por meio da categoria 'trabalho' entendida no sentido de produtividade econômica. Tais formas de controle do trabalho se articularam como estrutura conjunta em torno do predomínio da forma salarial, chamada capital, para produzir mercadorias para o mercado mundial. O capital é uma forma específica de controle do trabalho que consiste na mercantilização da força de trabalho a ser explorada. A dominação de tal conjunto estrutural é o que Quijano chama de categoria capitalista.

47   A organização política no interior da comunidade tem os seguintes lugares: dois (2) *Saglamala*, um *Argal* (2) e um (1) *Sowalibedi*. Os primeiros chegam a serem reconhecidos como caciques por ser conhecedores, em profundidade, das histórias de origem ou de outros conhecimentos ancestrais (botânica, medicina etc.); o *Argal* é uma pessoa que atua como porta-voz ou intérprete da palavra do *sagla;* e, finalmente, o *Sowalibedi* atua como guardião, cuidador. Uma comunidade pode ter vários *Saglamala, Argal e Sowalibedi.* Em Ibgigundiwala – que inclui Alto Caimán – acontece isso.

Um deles é primário e os restantes são menores. Quando o *Sagla* maior, *Sowalibedi* ou *Argal* comete um erro, como castigo, quem está na segunda posição assume o controle e quem era o primeiro se torna o último. Por exemplo, este último continua a ser uma autoridade tradicional, mas sem o poder de tomar decisões importantes. Isso acontece para todos os casos. Essas autoridades têm uma vida pública bastante singular. Eles devem se comportar integramente, uma vez que são os pais da comunidade. Todas as mulheres tornam-se suas filhas e os homens seus filhos. As autoridades devem ser um modelo de pai e autoridade de governo.

48   Aqui estamos considerando a leitura sobre a diferença sexual em Heidegger feita por Derrida, ao problematizar a dualidade da diferença sexual, quando diz que Heidegger neutraliza não a sexualidade "ela mesma", mas a marca genérica da diferença sexual, o pertencimento a um dos dois sexos.

49   Abu-Lughod (2012, p. 132). Lila Abu-Lughod (nascida em 1952) "é uma americana com ascendência palestina e judaica professora de Antropologia e Estudos de Mulheres e Gênero na Universidade de Columbia, em Nova York. Especialista do mundo árabe, seus sete livros estão baseados em uma pesquisa etnográfica de longo prazo e cobrem temas do sentimento e da poesia sobre o nacionalismo, da política de gênero à política da memória. O trabalho de Abu-Lughod sobre a imagem das mulheres muçulmanas na sociedade ocidental é um texto importante para as discussões pós setembro de 2011 sobre o Oriente Médio, o Islã e os direitos das mulheres. Especificamente, Abu-Lughod questiona se as ideias ocidentais das mulheres muçulmanas 'abusadas' que precisam ser salvas estão corretas. Ela conclui que as mulheres muçulmanas, como mulheres de outras religiões e origens, precisam ser vistas dentro de seus próprios contextos históricos, sociais e ideológicos. Além disso, 'salvar' essas mulheres se transforma em ideias racistas que veem as sociedades muçulmanas como bárbaras. A religião não é o principal fator na desigualdade global, mas é devido a uma combinação de pobreza e abusos governamentais com tensões globais". Tais informações podem ser conferidas em: https://en.wikipedia.org/wiki/Lila_Abu-Lughod.

50   Segundo Derrida (2001, p. 48-49 *apud* DUQUE-ESTRADA, 2002), a "fase de *inversão* significa esquecer a estrutura conflitiva e subordinante da oposição. [...] não se trata aqui de uma fase cronológica, de um momento dado ou de uma página que pudesse um dia ser passada para podermos ir

UMA TERAPIA DO DESEJO DE ESCOLARIZAÇÃO MODERNA:
VENÍ, VAMOS HAMACAR EL MUNDO, HASTA QUE TE ASUSTES

simplesmente cuidar de outra coisa. A necessidade dessa fase é estrutural; ela é, pois, a necessidade de uma análise interminável: a hierarquia da oposição dual sempre se reconstitui. [...]. Dito isso, ater-se, por outro lado, a essa fase significa ainda operar no terreno e no interior do sistema desconstruído. É preciso também por essa escrita dupla, justamente estratificada, *deslocada* e deslocante, marcar a distância entre, de um lado, a inversão que coloca na posição inferior aquilo que estava na posição superior... e, de outro, a emergência repentina de um novo 'conceito', um conceito que não se deixa mais – que nunca se deixou – compreender no regime anterior". Esse é o movimento da diferença visto não como uma dualidade, mas como um movimento da diferença que produz diferença, que produz hibridação de formas de vida, que forma uma rede de multiplicidades que amplia nosso campo de manobra para estudar tais dicotomias na complexidade de suas conexões, sem recorrer a hipóteses. Isso porque não há um centro *nem* uma unidade presumida entre tais dicotomias.

51   Em nossa *terapia desconstrucionista*, coloca-se um *"multiplicar de identidades"* (RODRIGUES, 2008, p. 93 *apud* DUQUE-ESTRADA, 2002) que, a meu modo ver, remete a um *multiplicar de gêneros*, sem entrar na disputa de dualidades ou na imposição de lugares fixos ou definidos a serem ocupados socialmente.

52   Derrida esclarece que "o surgimento do novo é a experiência do outro como invenção do impossível, em outros termos, como a única invenção possível" (DERRIDA, 2007, p. 17).

53   A *universidade sem condição* é uma proposta desenvolvida por Derrida (2003, p. 82), na qual a universidade não se restringe exclusivamente ao recinto do que se chama hoje de universidade: "ela tem lugar, procura seu lugar, em toda parte onde essa incondicionalidade pode ser anunciada. Em toda parte, onde ela se dá, talvez, a pensar. Às vezes, sem dúvida, para além de uma lógica e de um léxico da 'condição'".

54   Chamar alguém de índio é pejorativo. O questionamento do uso das palavras *índio* para racializar ou identificar a uma pessoa não é uma mera preocupação acadêmica ou um problema semântico como muitos pesquisadores tem colocado esta questão. Isto porque, é na medida em que se reconhece que o termo em questão designa uma categoria social especí-

fica em tom colonizador e, portanto, ao defini-la, diz de uma categoria que racializa certos sujeitos classificando-os. Esta racialização está carregada de consequências de toda espécie que dizem respeito de posicionamentos teóricos e de problemas práticos e políticos de enorme importância para os países com populações indígenas. A categoria de *índio* denota a condição de colonizado e faz uma referência necessária à relação colonial. Essa categoria racial/colonial foi aplicada indiscriminadamente a toda a população originária do território de *Abya Yala*, sendo desconsiderado que todas as populações dete território eram diferentes entre se e possuíam suas próprias identidades, valores, jogos de linguagem e conhecimentos. A racializiação do indígena fez parte do processo de dominação colonial em que existem apenas dois pólos antagônicos, exclusivos e necessários: o dominador e os dominados, o superior e os inferiores, a verdade e o erro, a ciencia e os mitos:

> A definição de quem é e quem não é índio ou indígena é o resultado de um denso processo histórico no qual convergem diferentes registros sociais, culturais, ideológicos, políticos e jurídicos. Embora o termo seja usado desde o início da conquista, é um conceito social cujo significado tem variado ao longo do tempo a partir de critérios que têm servido para definir e determinar a posição de pessoas e grupos na estrutura das hierarquias raciais e étnicas. que tem caracterizado a sociedade colonial e republicana. O poder do computador e o eixo que passou por todo esse processo de classificação e categorização da população foi o sistema de dominação colonial e uma matriz ideológica que persiste, o "colonialismo interno" (Silvia Rivera: 1993: 33), que estruturou e estruturou identidades e rótulos, valorações e vinculados atitudes em relação à etnia. (CEPAL, 2005, p. 11).

Assim, o processo de racialização do mundo com base na forma colonial/colonizadora de vida procurou e procura manter certas formas de vida como subordinadas, ainda que estes coletivos têm se organizado para questionar e desestabilizar essas classificações étnico-raciais passando a se reconhecer como "povos originários" como parte de um processo de reivindicação social, politíca e econômica.

55   Gonçalo Ivo de Medeiros (Rio de Janeiro, 1958). Pintor, aquarelista, desenhista, ilustrador, gravador. Filho do escritor Lêdo Ivo (1924), o que possibilita sua convivência com escritores e artistas desde a infância. Em 1973, frequenta os ateliês dos artistas Augusto Rodrigues, Abelardo Zaluar

UMA TERAPIA DO DESEJO DE ESCOLARIZAÇÃO MODERNA:
VENÍ, VAMOS HAMACAR EL MUNDO, HASTA QUE TE ASUSTES

(1924 - 1987) e Iberê Camargo (1914 - 1994). Estuda pintura no Museu de Arte Moderna do Rio de Janeiro (MAM/RJ), em 1975, sob orientação de Aluísio Carvão (1920 - 2001) e Sérgio Campos Melo. Arquiteto. Formado pela Universidade Federal Fluminense (UFF), exerce atividades como professor do Departamento de Atividades Educativas do MAM/RJ, entre 1984 e 1986, e como professor visitante da Escola de Belas Artes da Universidade Federal do Rio de Janeiro (EBA/UFRJ), em 1986. Trabalha também como ilustrador e programador visual para as editoras Global, Record e Pine Press. No decorrer de sua carreira, vem realizando diversas exposições individuais e coletivas no Brasil e no exterior. Em 2000, faz cenário para o programa *Metrópolis* da TV Cultura. Nesse ano, muda-se com a família para Paris, onde monta um ateliê. Disponível em: http://enciclopedia.itaucultural.org. br/pessoa9949/goncalo-ivo.

56   Os usos da palavra *interpretação* foi problematizado por Sontag (1996). Ela esclarece como essa palavra é comumente, de modo que "relaciona com uma teoria extremamente duvidosa de que uma obra de arte é composta por elementos de conteúdo, o que constitui uma violação da arte. Torna a arte um artigo a ser encaixado em um esquema mental de categorias. A Arte verdadeira tem a capacidade de nos deixar nervosos. Quando reduzimos a obra de arte ao seu conteúdo e depois o interpretamos, acabamos domando a obra de arte. A *interpretação* torna a obra de arte maleável, contrariamente à descrição da obra de arte que a situa em seus efeitos sobre nós, muda o contexto de compreensão das obras de arte. O convencionalismo da interpretação é mais evidente na literatura do que em qualquer outra arte. [...] Os elementos mais poderosos de uma obra de arte, frequentemente, são seus silêncios".

57   "Nossa linguagem pode ser considerada como uma velha cidade: uma rede de ruelas e praças, casas novas e velhas, e casas construídas em diferentes épocas; e isto tudo cercado por uma quantidade de novos subúrbios com ruas retas e regulares e com casas uniformes". (WITTGENSTEIN, 2005, IF § 18). De fato, trata-se de um aforismo que permite compreender o modo de funcionamento da linguagem mediante remissões. *É como se* Wittgenstein estivesse nos remetendo à cidade antiga para mostrar que nossa linguagem está cheia de matizes diferenciados em que não se pode ver um único padrão "estrutural", invariante, genérico ou específico que perpassaria os *jogos de linguagem* e as diferentes configurações arquitetônicas da cidade. Miguel (2013b,

p. 376) esclarece que a analogia "entre a linguagem e uma cidade antiga nos permite ver cada encenação da linguagem, ao mesmo tempo, como *iterativa* e performativa, o que se relaciona com a perspectiva de entender a significação *nem* como ausência *nem* como presença. *Iterativa* ou repetitiva, porque cada encenação da linguagem mobiliza ou reencena rastros de significados das próprias encenações precedentes da cidade, preservando-lhe, em grande medida, a memória. Porém, as reencenações da linguagem podem também se mostrar performáticas sempre que, ao mobilizarem imprevisíveis *rastros* de significados de outras encenações, inventam inéditas e surpreendentes composições cênicas da memória da cidade da linguagem. Assim, a velha cidade que é a nossa linguagem, ela própria, no conjunto de sua materialidade arquitetônica, está sempre sendo reencenada, e o conjunto dessas reencenações simultâneas e heterogêneas *itera* conservando e *performa* transformando a paisagem e a memória de toda a cidade".

58   O livro *c* é um material no qual se recopilam alguns dos conhecimentos relativos ao *sistema cultural de referência* que orienta a prática da contagem *Guna* seguindo a classificação quantificável.

59   Alguns classificadores de quantidades:

1. Classificadores de quantidades de forma:
   - Gwa: para o redondo, circular, cilíndrico, aves.
   - Wala: alargado e animais quadrúpedes.
   - Sagala: raiz, base ou suporte.
   - Go: pedaços de tecidos, vestidos e afins.
   - Madda: objetos planos.
   - Ugga: animais com escamas.
   - Gala: usado para milho.
   - Ga: alargados, magros e um pouco curtos.

2. Classificadores de quantidades de agrupamento:
   - Dula: manojos de banas.
   - Dulegwen: define uma pessoa ou 20 unidades.
   - Urped: nomeia uma quantidade de pessoas juntas, terreno, cultivo.

3. Classificadores de quantidades de medida:

- Dali: medida dos braços estendidos.

- nana aledi: contagem de passos.

4. Classificadores de quantidades de medida:

- Ila: às vezes. Controle do tempo espaço/temporal.

- Sog/Soga: aplicável para ações variadas, cantos, cores, trabalhos.

- Iba: um dia solar.

- Ni: um mês, uma lua, uma órbita recorrida.

60   Wittgenstein (2009, I.F. § 54) diz que *"tais regras conformam uma gramática que surge a partir do uso de expressões e não da denominação de objetos. Uma regra não encontra uma aplicação nem na instrução nem no jogo, nem está assentada em um catálogo de regras. Aprende-se o jogo assistindo como os outros jogam. Contudo, dizemos que é jogado de acordo com regras, porque um observador pode ler as regras conforme a prática do jogo – é como uma lei natural, cuja regência as jogadas se desenrolam. No entanto, como é que o observador distingue, neste caso, um erro dos outros jogadores de uma jogada correta? Para isso, há sinais caraterísticos no comportamento do jogador"*. *É como se* nesse aforismo, Wittgenstein (2009) estivesse nos falando, por um lado, que a linguagem é autônoma, o que se relaciona com o fato de estar imersa em uma *forma de vida*, ao mesmo tempo em que estaria também sujeita às características que orientam as ações presentes nas crenças e nos valores. Por outro lado, sugere que nossos conhecimentos são produzidos *a posteriori* em uma *forma de vida,* mas, de todo modo, não independente de jogos de linguagem coletivamente praticados.

Nesse último aforismo, quando Wittgenstein (2009) menciona "aprende-se o jogo assistindo como os outros jogam", *é como se* ele estivesse nos indicando, por um lado, que só é possível aprender um jogo jogando-o e, por outro lado, *é como se* ele também estivesse nos convidando, a nós pesquisadores, a assumirmos a sua terapia gramatical como uma atitude teórico-metodológica, uma vez que a observação se mostra suficiente, sendo também necessário participar efetivamente dos campos de atividade nos quais desenvolvemos as nossas investigações.

61   O *sistema de referência* é um termo wittgensteiniano que, nas palavras de Condé (2004, p. 147), perpassa "a pragmática da linguagem de uma *forma de vida* e não de uma "anterioridade" a priori. Diferente de um "esquema

categorial" que se origina de uma concepção "semântica representacionista", também presente na filosofia da consciência, o sistema de referência constitui-se na intersubjetiva interação dos jogos de linguagem".

62   As regras não determinam a ação. Duas pessoas que reagem a uma ordem diferentemente podem ter razão, pois há um espaço de manobra que é dado pelo jogo de linguagem e os efeitos de significação por ele gerados. As regras não são essenciais aos jogos de linguagem. Essas afirmações dirigem-se contra o representacionismo linguístico que afirma que a linguagem deve espelhar a essência do mundo, toda vez que "seguir uma regra", tem uma origem consensual, a qual procura negar a ideia das regras como rastros platônicos que estão na mente.

63   Segundo Gebauer & Wulf (2004, p. 129-130), "a mímese, enquanto capacidade de compreender, expressar e representar formas de comportamento humano, ações e situações, registra as normas institucionais e individuais presentes em situações e ações sociais sem que sejam conscientes ao agente. As crianças já imitam desde cedo ações complexas e simbolicamente codificadas sem ter consciência e dos valores e normas contidos nessas ações. Como apropriação de posições, valores e competências executadas pela percepção esbarram em diversos moldes referenciais, os resultados da mimese social também se diferenciarão em cada homem. De um lado, atua nesses processos uma tendência determinista que aponta para uma recepção exata das formas de ação e comportamento. Por outro lado, esses processos contêm um momento de formação e liberdade individuais que provocam a imprevisibilidade dos resultados da mimese social". Isso significa, nas palavras de Miguel (2016, p. 207), que a aprendizagem se coloca como uma atividade "cênico-corporal no processo de produção de significados em um jogo de linguagem, mediante o seguimento intencional das 'regras do jogo' [...] que se orientam por semelhança remissiva e conexiva a práticas e saberes precedentemente encenados e memorizados que participam do *patrimônio cultural intangível da humanidade*".

64   Quando falo em tradição cientificista, estou me referindo à tradição metafísica ocidental moderna sobre o conhecimento e sobre a prática da pesquisa vistos a partir de conceitos categoriais que funcionam como "padrões universais" para a organização e compreensão de uma realidade. O objetivo está em abandonar qualquer tentativa de categorização e *explicação*

dos conhecimentos produzidos e legitimados na forma Gunadule de vida. Só assim é possível perceber que algumas caraterísticas que estão presentes nessas formas de vida podem estar ausentes em outras e que também algumas caraterísticas serão semelhantes entre elas. Essas *semelhanças de família* serão suficientes para evitar o relativismo e, ao mesmo tempo, evitar a categorização de universais. Entrei na comunidade como aprendiz, sem falar a língua Gunadule, pude reconhecer nas práticas da comunidade as *regularidades culturais* que orientam as ações normativamente. Assim, mediante *semelhanças de família* entre as ações, critérios e relações dos *sistemas culturais de referência*, é possível compreender os modos como os sujeitos participantes de outras formas de vida atuam no mundo. Nas palavras de Condé (2004, p. 177), "a referência para a compreensão de uma *forma de vida* estrangeira não é apenas o seu atuar, mas também o nosso próprio atuar que compartilhamos – semelhanças de família – com o da cultura estrangeira. Não existe propriamente um *solo comum* entre diferentes formas de vida no sentido de que haja um *fundamento comum*, mas simplesmente comportamentos, práticas, interações, enfim, modos de atuar, que podem ser compartilhados como semelhanças de família, às vezes, em maior, às vezes, em menor grau". É preciso "entender que perceber semelhanças não significa que aqueles conhecimentos são comparáveis, pois nem todas as formas de vida organizam a vida do mesmo modo. Precisamos estar atentos, pois uma atitude colonizadora de saberes tem como tendência alienar os conhecimentos de outras formas de vida" (TAMAYO, 2021, p. 1090).

65   Neste texto, usamos os nomes que as pessoas pediram para serem usados nos *Termos de Livre Consentimento* (TLC) para a realização da pesquisa. Assim, Ângela não corresponde a nenhuma das pessoas que realizaram atos narrativos que foram por mim constituídos como o *arquivo* da pesquisa. Melhor seria dizer que Ângela é uma personagem por mim inventada com base em minha participação em jogos de linguagem encenados juntamente com uma mulher *Guna* na cozinha de sua casa.

66   Desse mesmo modo funcionam as regras nos *jogos matemáticos de linguagem* de herança ocidental. Tais regras encontram-se em modelos procedimentais associados às transformações de signos e significados por intermédio de um *sistema cultural de regularidade* que articula e orienta os modos de agir em determinados contextos de atividade. Por exemplo, como mostra Wittgenstein (1987), uma *demonstração* para a função $f(x) = x + bx^2 + c$

aparece como algo que nos convence, indica-nos o modo de uso de umas regras justificando como e por que devem ser usadas. A *demonstração* é parte de uma instituição, é parte de jogos de linguagem nos quais é possível estabelecer seu sentido a partir de um sistema proposicional, em que ela permite registrar as formas em que devemos proceder com certas regras para produzir o resultado esperado. Além disso, dirige nossas experiências e convence-nos de que esse modo de proceder, segundo essas regras, vai produzir sempre a mesma *imagem*.

67   Aprofundaremos este "quase-conceito" mais adiante. Vale a pena notar que compreendemos a expressão "quase-conceito" no sentido em que Derrida (2004a) a mobiliza para falar da impossibilidade de o pensamento se elaborar em torno de conceitos fechados em si mesmos, homogêneos e universais. A expressão "quase-conceito" aponta principalmente para o caráter ilimitadamente aberto de jogos de rastros, isto é, do estabelecimento de conexões remissivas entre rastros de significação. Portanto, em uma perspectiva derridiana, para a natureza indecidível do significado.

68   A perplexidade pode ser explicitada pela própria forma performática de se encenar o ato narrativo desta pesquisa, pelas idas e vindas causalmente desconexas e manifestamente despreocupadas em estabelecer uma ordem definida, construindo diversas *'cenas episódicas'*, ou *jogos ficcionais de cena*, procurando lidar com os *arquivos* da pesquisa e com o que neles se coloca como manifesto, como ações performaticamente repetitivas a partir de seu caráter metafórico. Seja de forma narrada presencial, seja remotamente (textos escritos), a ficcionalidade dos atos narrativos não deixa de ser performática e produtora de efeitos de significação. Nesses atos, não se manifesta "um significado" transcendental, uma vez que a linguagem, entendida no sentido de McDonald (2001, p. 35), "é um fenômeno temporal no sentido em que ela não meramente transmite informações, mas performa (realiza) atos linguísticos.

A narrativa ficcional também é um fenômeno temporal, cujo significado depende não apenas dos acontecimentos recontados na história, mas também da repetição e da deformação das convenções literárias e culturais pressupostas no ato de contar histórias. Tal visão da narrativa como performativamente repetitiva desafia o entendimento dos teóricos da narrativa, que a veem como desvinculada dos contextos sociais e históricos nos quais a narrativa ocorre. Esse entendimento dos teóricos da narrativa deriva de uma confusão relativa à distinção entre estória (*story*) e discurso (*discourse*),

UMA TERAPIA DO DESEJO DE ESCOLARIZAÇÃO MODERNA:
VENÍ, VAMOS HAMACAR EL MUNDO, HASTA QUE TE ASUSTES

na qual à "estória", é dado um estatuto ficcional, enquanto, ao discurso, é dado um estatuto parcialmente ficcional. Embora as estórias recontadas sejam, muitas vezes, "simulações", "faz de conta" (*make-believe*), os atos de contar essas estórias não são.

Ver tais atos narrativos como colocados "entre parênteses" [ou seja, como ficcionais] seria negar o estatuto histórico das convenções das quais eles foram gerados". Isso quer dizer que os jogos ficcionais de cena não podem ser vistos como opostos à 'realidade', uma vez que eles se mostram como uma característica de todo discurso, colocando os significantes ou significados na ordem de rastros de significação ou de *espectros*. Tanto para Wittgenstein quanto para Derrida, os jogos de linguagem praticados pelos sujeitos não se constituem independentemente dos modos públicos e compartilhados de encenar a linguagem.

Desse modo, e em conformidade à proposta de Miguel (2016), assumimos a ficcionalidade/espectralidade de todos os autores-personagens que participam de nossas encenações da linguagem como a possibilidade de deslocamentos espaço-temporais de objetos, de corpos, de discursos, de um (con)texto em que são colocados para outros, desmontando a lógica de produção de um significado único. Colocam-se aqui em jogo os rastros no balançar da rede. A cada citação, a cada repetição, há uma contingência de surgimento do novo. É isso mesmo. Entendemos essa possibilidade de desvio por meio da repetição como práticas *iterativas* da linguagem, uma vez que, como nos esclarece McDonald (2001a), *"por um lado, as práticas da linguagem são performativas na medida em que elas não se limitam apenas a transmitir informações ou comunicar os significados, mas também performam ações cujas significações dependem das possibilidades dessas ações serem ligadas a outras ações e eventos por meio de convenções. Por outro lado, as práticas de linguagem são repetitivas no sentido em que as características contextuais, que fazem essas práticas serem significadas, pressupõem formas de repetição e canais de sentidos que produzem gradações de "identidade" ou a identidade de significação. Tal entendimento da linguagem como iterativa ou performativamente repetitiva restaura o ensaio original de Austin de que a linguagem é uma forma de ação"*. Nessa fala, o autor está se referindo aos jogos de linguagem para desenvolver a sua discussão sobre a narrativa e o ato narrativo.

69   Assim, reconhecemos a *performatividade* do narrador em temporalidades descontínuas, mesmo quando as interações são encenações presenciais (entrevistas, por exemplo) ou encenações escritas, sempre estamos lidando

com jogos de linguagem que nos remetem a outros jogos de linguagem, de maneira que essas encenações são sempre a mestiçagem de outras encenações. Tendo em vista o uso que estamos aqui fazendo da palavra ficcionalidade, o meu próprio corpo que escreve este texto também deve ser visto como um *espectro* no sentido de Derrida, uma vez que, na perspectiva deste autor, o meu discurso é sempre um produto performático da iteração de outros discursos, bem como uma possibilidade de efeitos de sentido por virem. *Jogos de cena ficcionais* não se limitam a (re)contar eventos, que performam os atos de contar histórias, cuja referência é a das práticas discursivas daqueles que, de forma oral, contaram suas histórias e daqueles que as escreveram com papel e máquina. Esses atos narrativos são atos culturais, que tanto repetem discursos e significações como também os alteram, em que o contador de história (seja de forma oral ou colocada em papel) adapta e inova a história que ele reconta: *"histórias são transmitidas e deformadas enquanto são transmitidas por um "autor" cuja sua autoridade é constituída culturalmente, mais do que subjetivamente constituída, cuja autoridade deriva do contador de histórias que ele "toma" nos contos que agora ele narra"* (MCDONALD, 2001a, p. 47). Assim como apresenta Miguel (2011, p. 2, aspas do autor), neste texto, ""são "traduzidos" e "traídos" por atos orientados de falas – das falas que compõem nossos arquivos –, re-traduzidos e "re-traídos" por um conjunto escrito de fragmentos discursivos justapostos que deixa voluntariamente à mostra a sua desconexão, a fim de produzir o que denominamos uma terapia desconstrutiva desses jogos narrativos".

70   Da mesma forma que Mc Donald (2001, p. 35) esclarece, para Wittgenstein, "as práticas de linguagem são performativas, já que não meramente transmitem informação ou comunicam significados, mas também performam ações cujo significado depende da possibilidade de ser conectado por meio de convenções com outras ações e eventos. Esse ponto de vista preserva o *insight* de Derrida de que a linguagem é um processo temporal cujo significado é, ao mesmo tempo, repetitivo e singular, mas amplia a compreensão de tal temporalidade ao ver as características repetitivas e singulares da linguagem como variáveis e contingentes que se produzem em práticas discursivas particulares". Na perspectiva derridiana, tais efeitos são vistos como *espectros*, como *rastros* de *rastros* de *rastros*, associados à citacionalidade na e da escritura e aos efeitos *performáticos* dessas próprias citações, visto que a escritura abarca todo tipo de linguagem, seja ela falada, escrita, imagética, seja a linguagem como corpórea, *performativa*.

UMA TERAPIA DO DESEJO DE ESCOLARIZAÇÃO MODERNA:
VENÍ, VAMOS HAMACAR EL MUNDO, HASTA QUE TE ASUSTES

71   Outras pesquisas desenvolvidas – Marim (2014); Farias (2014); Corrêa (2015); Julio (2015) e Jesus (2015) – também se pautaram pela referida atitude *terapêutico-desconstrucionista*, de modo a dar conta de uma descompactação de diversas constatações que atravessam o dentro e o fora da 'escola' e da 'matemática' concebida como disciplina, ampliando nosso horizonte em uma perspectiva pós-colonial e pós-estruturalista. O prefixo "pós", nesta pesquisa, é usado no sentido proposto por Miguel (2016, no prelo, grifos do autor): "O prefixo *pós* em *pós-metafísica* – o qual será também agregado a outras palavras, resultando em combinações, tais como: *pós-estruturalismo, pós-humanismo, pós-ceticismo* etc. – não deve ser entendido como negação e *nem* como uma referência temporal que indicaria "o que vem após", "o que sucede", seja o que for o antecessor ou o sucessor. Alternativamente, qualquer que seja o problema a que ele esteja referido, usaremos o *pós* para nos desobrigarmos de optar entre duas alternativas em oposição ou mesmo entre alternativas intermediárias que expressem graus de intensidade de posicionamento entre essas duas alternativas extremas. Desse modo, é reconhecida a impossibilidade de superação da oposição, mas abrindo, porém, a possibilidade de se ver de outras maneiras o problema que a oposição captura binariamente".

72   Ou, como diz Hall (2000) em relação à teorização pós-colonial: um modo de pensar que tem como objetivo atravessar/violar limites ou tentar "pensar nos limites" ou "para além dos limites". São aqui esses discursos o centro desta nossa pesquisa. Vale a pena destacar que não pretendemos mobilizar esses discursos, quer para *interpretá-los*, quer para *explicar* os seus modos de operar, as suas crenças e os seus valores, segundo perspectivas teóricas pré-estabelecidas. Contrariamente a atitudes causal-explicativas ou hermenêutico-interpretativas, procuraremos mobilizar discursos híbridos para *descrever terapeuticamente* a forma como as pessoas efetivamente agem nos diferentes contextos investigados. Discursos que julgam poder explicar as razões da forma de agir do outro, ou que defendem a possibilidade de se encontrar a verdadeira interpretação das ações do outro, criam uma falsa impressão de profundidade e, no caso desta pesquisa, quer quando intencionam comprovar que os indígenas agem racionalmente, quer quando constatam em suas ações ausências, lacunas, incompletudes ou mesmo irracionalidade em relação à perspectiva do investigador ou a qualquer outra. Isso porque, pensando com Wittgenstein, "esse *caráter falso de profundidade surge de uma*

má interpretação das formas da linguagem, é nelas que eles estão arraigados e por isso aparentam ser profundos" Nota de esclarecimento do Prof. Dr. João José L. de Almeida em Wittgenstein (2007, p. 190).

73   No artigo *Infâncias e Pós-Colonialismo*, Miguel (2014b), ainda menciona *discursos limítrofes, "que se constituem nas fronteiras por sujeitos limítrofes de carne e osso, praticantes de línguas fronteiriças, e que são, muitas vezes, discriminados até mesmo por outras comunidades fronteiriças que se constituem em todos os domínios territoriais nacionais ou de outra natureza"* (MIGUEL, 2014, p. 823). A noção de *discursos limítrofes* foi abordada em nosso texto de qualificação e, posteriormente, foi abandonada tanto em Miguel (2016, p. 861) quanto na produção final deste texto referido a pesquisa de doutorado em foco. Assim, tomando por base formas de vida híbridas, desobrigamo-nos de usar metáforas topológicas, territoriais e georreferenciadas para tratarmos das práticas concebidas como jogos de linguagem entretecidos em formas de vida. O conceito de fronteira descompacta-se então aqui, para adentrarmos em discursos hibridados que permitem identificar novas ervas que dão vida, para problematizarmos formas de vida de dentro para fora e de fora para dentro, mediante remissões metafóricas, pois nunca se está inteiramente fora ou inteiramente dentro delas.

74   A licenciatura é um programa de formação de professores da Faculdade de Educação da Universidade de Antioquia. A partir da resolução acadêmica em 1752, de 18 de agosto de 2005, tal programa de formação é legitimado pelo Ministério de Educação Nacional (MEN) que lhe outorgou o registro de certificado n. 513 no dia 1 de fevereiro de 2011. Esse programa tem como objetivo atender às problemáticas de nível educativo em Antioquia, valendo-se da formação de professores indígenas. O primeiro grupo, formado em 2013, teve alunos de cinco povos indígenas: Senú, Dule, Embera Chamí, Embera Eyábida (o Katío) e Embera Dóbida. A licenciatura tem um ciclo básico – os primeiros três anos – que tem como tópicos principais: reencontros com nossos saberes e nossas realidades; diálogos com os outros e o futuro que sonhamos. Os dois últimos anos desenvolvem-se em um ciclo de aprofundamento com base nas necessidades sugeridas pelas próprias comunidades: linguagem e interculturalidade; ordenamento e autonomia territorial; e, saúde comunitária intercultural. Atualmente, o programa encontra-se na formação de um segundo grupo que abrange populações de outros estados do território nacional.

UMA TERAPIA DO DESEJO DE ESCOLARIZAÇÃO MODERNA:
VENÍ, VAMOS HAMACAR EL MUNDO, HASTA QUE TE ASUSTES

75   Docente vinculada à Universidade de Antoquia. Dr.ª em educação pela Universidade Estadual de Campinas na área de formação de professores desde o campo da Educação Matemática. Atualmente, trabalha no campo de pesquisa na Educação Matemática sob a perspectiva da Teoria da Atividade e a Etnomatemática.

76   Indígena Gunadule cujos trabalhos de pesquisa atuais se centram no estudo das práticas culturais da comunidade de Bajo Caimán, especialmente as práticas do tecer mola e do cantar.

77   Entre 2010 e 2012, desenvolvi a pesquisa de mestrado de forma colaborativa com a comunidade de Alto Caimán (Tamayo-Osorio, 2012), que teve como foco as questões do currículo escolar relativo ao conhecimento [matemático]. A partir daí, começamos a perceber – com base em outras investigações, tais como as de: Vilela, (2007); Mendes (2001); Miguel, Vilela, & Lanner de Moura (2012); Miguel, (2011); Bello (2010) – que era necessário ampliar a *descrição* sobre as *significações em jogo sobre práticas educativas indisciplinares em formas de vida consideradas já hibridadas, descompactando o desejo de escolarização moderna* para além das dicotomias provocadas pelos usos do conceito de fronteira como aquilo que divide e separa. Assim, na pesquisa ora em foco, procuramos percorrer caminhos em diversas direções, com base no campo da Educação Matemática, da Filosofia e dos efeitos da interação entre as práticas sociais (indisciplinares) de uma comunidade e as práticas (disciplinares) de escolarização.

Desse modo, em 2013, iniciei os estudos de doutorado na Universidade Estadual de Campinas a partir de uma problemática compartilhada, ou seja, este projeto de pesquisa foi desenvolvido não porque tivesse formulado um problema para 'verificar'. No percurso das atividades na sala de aula, nas conversas com cada uma das pessoas já mencionadas – e outras que não permitiram colocar aqui seus nomes –, e durante o desenvolvimento de outros projetos (Cuellar-Lemos & Martínez, 2013; Jaramillo; Tamayo-Osorio; Higuita, 2014; Ministerio de Educación NacionaL -MEN, 2012; Tamayo-Osorio, 2012), todos começamos a perceber que havia um problema com a escola e que devíamos compreendê-lo. Assim, acordamos colocar esta problematização como foco de uma pesquisa que seria desenvolvida em colaboração, com o propósito de percorrer diversos efeitos de sentido da interação entre as práticas de escolarização e as práticas socioculturais Gunadule. Foi na conversa, no diálogo, que emergiu este projeto, pelo qual eles e eu nos interessamos. Eu fiz diversas viagens à comunidade (trabalho *in situ*) durante os últimos seis anos, o que foi fundamental na constituição do *arquivo* desta nossa pesquisa. Na seguinte tabela (1), coloco as datas destes encontros:

Tabela 1: Atos narrativos desde, para e com os Gunadule de Alto Caimán

No. Do encontro	Data	Tipo de registro
1.	25-07-2011 até 30-07-2011	Vídeo
2.	24-10-2011 até 29-10-2011	Vídeo
3.	1-11-2012 até 30-11-2012	Vídeo
4.	10-01-2014 até 10-02-2014	Áudio e Vídeo
5.	14-09-2014 até 30-09-2014	Áudio e Vídeo

Fonte: a autora

78   As aspas são minhas para indicar que compreendo este 'sozinha' não como um *eu*, mas como um *nós*, na perspectiva dos rastros dos rastros que me constituem, de um 'eu' coletivo.

79   Sophia de Mello Breyner Andresen, Obra Poética II, p. 123 (LABI-RINTO). Disponível em: https://www.uc.pt/fluc/eclassicos/publicacoes/ficheiros/humanitas48/18_Ribeiro_Ferreira.pdf. Acesso em: 10/07/2014

80   A *hospitalidade* é, portanto, nas palavras de Derrida (2003, p. 53), "desde sempre, uma *hos-ti-pitalidade* – ao mesmo tempo e sem distinção hospitalidade e inospitalidade: o outro é sempre acolhido com reservas, como hóspede, mas também como potencial inimigo".

81   Trata-se de uma brincadeira popular na Colômbia denominada "Suco de limão". É uma ciranda na qual as crianças tomadas das mãos cantam: *"Jugo de limón, vamos a jugar y el que quede solo, solo quedará, ¡ey!"*. Depois da interjeição do "hey", as crianças giram em sentido contrário e repetem os mesmos versos. Ao finalizar o canto, quem dirige a brincadeira pede para formar grupos de pessoas, tendo em vista uma quantidade específica, e quem ficar sozinho, entrará na metade da circunferência para recomeçar a brincadeira.

82   As datas nas quais foram desenvolvidos tais encontros podem ser conferidas na seguinte tabela (2):

UMA TERAPIA DO DESEJO DE ESCOLARIZAÇÃO MODERNA:
VENÍ, VAMOS HAMACAR EL MUNDO, HASTA QUE TE ASUSTES

Tabela 2: "Entre" os rastros desde e com os pesquisadores e líderes indígenas

Datas	Entrevistado	Tipo de registro
15 -01-2014 10-07-2015	Diana Jaramillo	Áudio
11 -01-2014 08-07-2015	Abadio Green Stocel	Áudio e vídeo
13-01-2014 14-07-2015	Milton Santacruz Aguilar	Áudio e vídeo

Fonte: a autora

83   Cada uma dessas pessoas, dado o lugar que ocupavam, possibilitou que orientássemos esta pesquisa na perspectiva da *descolonialidade*, com o propósito de escutar as vozes dos sujeitos praticantes da cultura Gunadule e com base nas memórias coletivas.

84   *Chicha* é uma bebida fermentada à base de milho e outros cereais produzidos pelos povos indígenas da Cordilheira dos Andes e da América Latina em geral. Segundo a Real Academia Espanhola, deriva da palavra "*chichab*", que, na língua aborígene do Panamá, significa "milho".

85   Considero que estudar os efeitos de sentido que se manifestam na tensão entre práticas culturais indisciplinares e disciplinares, tendo narradores e suas narrativas como parte fundamental da pesquisa, mudou completamente o modo de você conduzir a sua pesquisa. Não se trata mais, penso eu, de uma pesquisadora querendo comprovar uma teoria, ou, então, verificar ou refutar uma hipótese acerca de um problema a investigar e que só aparecia a ela mesma como um problema. E para que esse problema pudesse ser tratado satisfatoriamente, isto é, ser devidamente esclarecido, visitamos diversas pessoas, entendendo que o narrado não poderia ser visto dissociado do próprio ato narrativo que o encena, o que significa reconhecer o caráter *performativo* do ato narrativo e a linguagem como fenômeno temporal que não meramente transmite informações. Narrativas reinscritas que cobram por estarem carregadas de acontecimentos recontados por outros, mobilizadores de subjetividades que não são mais 'originárias' e 'iniciais'. Nessa linha, o narrado é inevitavelmente reorganizado, deformado e transformado em uma outra versão que possui sua própria singularidade. Assim, o narrado, ao ser *iterado,* não é mais *nem* a mesma coisa *nem* outra.

86   Bhabha (1998, p. 69, itálicos nossos) planteia que *"é significativo que as capacidades produtivas desse Terceiro Espaço tenham proveniência colonial ou pós-colonial. Isso porque a disposição de descer àquele território estrangeiro pode revelar que o reconhecimento teórico do espaço-cisão da enunciação é capaz de abrir o caminho à conceituação de uma cultura internacional baseada não no exotismo do multiculturalismo ou na diversidade de culturas, mas na inscrição e articulação do hibridismo da cultura. Para esse fim, deveríamos lembrar que é o "inter", isto é, o entre-lugar, que, por constituir o fio cortante da tradução e da negociação, carrega o fardo do significado da cultura. Ele permite que se comecem a vislumbrar as histórias nacionais antinacionalistas do "povo". Ao explorar esse Terceiro Espaço, temos a possibilidade de evitar a política da polaridade e emergir como os outros de nós mesmos".*

87   Por um lado, tentei identificar hibridismos reunindo-me, durante diversos momentos, com líderes, *saglamala*, mulheres e homens Dule do Alto Caimám, que foram convidados para conversar. Qualquer pessoa que desejasse narrar uma história, falar sobre educação, sobre o futuro, sobre o passado, sobre o presente, sobre sua experiência pessoal como especialista de alguma prática sociocultural, seria escutada. Em seus atos narrativos, os nossos narradores conservaram, reinscreveram e deformaram o que foram nos contando, reconstruindo, cada um a partir de seu lugar, as memórias coletivas da comunidade. Por outro lado, em alguns momentos, tivemos encontros para aprofundar questões específicas, tais como aqueles dos quais participei juntamente com alguns professores indígenas, um *sagla* e duas mulheres. Também participei de encontros e atividades na *casa del congreso*, nas duas sedes da 'escola', de festas de *encerramento e de liberdade* das meninas – *a* primeira é a festa da puberdade e a segunda é a festa de liberdade, a qual tem como objetivo liberar a menina para o casamento. Todas as meninas devem participar das duas festas. As famílias daquelas que deixam de fazê-lo é castigada. Transitei, literalmente, por diversos espaços do território, por casas de famílias diferentes, pelas salas de aula da escola e pelos rios.

88   Entendendo a modernidade no sentido de Latour (2013), a escola pode ser vista como uma instituição que envolve, desde meu ponto de vista, a operação conjunta entre a disciplinarização e o fortalecimento de duas zonas ontológicas distintas: a dos humanos e a dos não-humanos, a dos sujeitos e a dos objetos, enquanto acreditávamos que essas práticas eram

UMA TERAPIA DO DESEJO DE ESCOLARIZAÇÃO MODERNA:
VENÍ, VAMOS HAMACAR EL MUNDO, HASTA QUE TE ASUSTES

separadas e independentes, podíamos nos definir como modernos. Ir além disso, pensando e problematizando a escola e a escolarização significa colocar em dúvida essas dicotomias, apresentando-as em simultaneidade, concordando, então, com a afirmação de Latour de que "jamais fomos modernos". Segundo Latour, o paradoxo dos modernos deu-se pela proibição de pensar os híbridos, o que aumentou sua proliferação. Os híbridos foram se tornando cada vez mais numerosos, gerando a "crise da Modernidade". Aqui, nos ocupamos com *formas de vida* já hibridadas e, seguindo a proposta de Bruno Latour, mesmo não me colocando na categoria de 'não modernos', mas sim em um *não lugar, "é preciso que os não-modernos procurem compreender, ao mesmo tempo, os sucessos dos modernos e seus recentes fracassos, sem com isso naufragar no pós-modernismo. Ao desdobrar as duas dimensões simultaneamente – a dos humanos e a dos não-humanos, a dos sujeitos e a dos objetos –, talvez possamos acolher os híbridos e encontrar um lugar para eles, um nome, uma casa, uma filosofia, uma ontologia e, espero, uma nova constituição"* (LATOUR, 2013, p. 51).

89   Fragmento de entrevista concedida para esta pesquisa, em 8 de agosto de 2016, pelo Dr. Prof. Gunter Gebauer que, atualmente, é professor aposentado de filosofia e de sociologia do Esporte na Universidade Livre de Berlim. O primeiro contato que tive com o seu pensamento foi por meio da leitura de seu livro intitulado *O pensamento antropológico de Wittgenstein* (GUNTER, 2013) publicado originalmente em alemão em 2009 e traduzido para o português em 2013. Nesse livro, esse autor enfatiza o que denomina a virada antropológica no pensamento de Wittgenstein, que teria ocorrido a partir de sua volta a Cambridge, em 1929. Posteriormente, entrei em contato com ele via e-mail para convidá-lo para participar como professor convidado em um projeto de extensão coordenado pelo professor Antonio Miguel e por mim, como pesquisadora principal, e financiado pelo *Fundo de Apoio ao Ensino, à Pesquisa e Extensão* – FAEPEX – da Universidade Estadual de Campinas. Lamentavelmente, não conseguiu viajar para Brasil por questões de trabalho. Porém, sua viagem foi substituída pela vinda de seu colega, da mesma universidade, o professor Christoph Wulf. Entramos em contato com Wulf que aceitou o nosso convite para o início do segundo semestre de 2015.

90   Na Colômbia, construiu-se o modelo de "escola nova" na década de 1970. Segundo o Ministério de Educação Nacional (2011), foi criado como uma proposta para as necessidades educativas das crianças de ensino

básico para as zonas rurais do país, com a ideia de integrar as disciplinas obrigatórias consideradas na Lei Geral de Educação de 1994. Dito projeto ainda está em andamento, mas considerando um componente *etno-educativo*.

91   O artigo 56 da Lei Geral de Educação 115 propõe que a educação dos grupos étnicos será orientada *"por los principios y fines generales de la educación establecidos en la presente ley [Ley general de Educción 115] y tendrán en cuenta para su plan curricular, además, los criterios de integralidad, interculturalidad, diversidad lingüística, participación comunitaria, flexibilidad y progresividad. Tendrá como finalidad afianzar los procesos de identidad, conocimiento, socialización, protección y uso adecuado de la naturaleza, sistemas y prácticas comunitarias de organización, uso de las lenguas vernáculas, formación docente e investigación en todos los ámbitos de la cultura"* (MEN, 1994, p. 19).

92   As *disciplinas obrigatórias e fundamentais* compreendem um mínimo do 80% do plano escolar, como esclarece o capítulo 1 da seção terceira do artigo 23 da Lei Geral de Educação 115 (MEN, 1994). Ditas disciplinas são: 1. Ciências da natureza e educação ambiental. 2. Ciências sociais, história, geografia, constituição política e democracia. 3. Educação artística. 4. Educação ética e em valores humanos. 5. Educação física, recreação e esportes. 6. Educação religiosa. 7. Humanidades, língua castelhana e idiomas estrangeiros. 8. Matemáticas. 9. Tecnologia e informática.

93   No sentido proposto por Walsh (2007, 2008), quem propõe que existe uma relação estreita entre política, geografia, cultura e conhecimento consolidada pelos padrões de poder que têm mantido como permanente um sistema hierarquizado que se reflete nos processos educativos.

94   O Programa de etnoeducação foi criado para apoiar e promover a educação para grupos étnicos. Uma das funções deste programa é garantir o cumprimento dos decretos-leis e regulamentos que regem a educação das populações em condições vulneráveis. Segundo o articulo 55 da Lei Geral de Educação 115 da Colômbia, *"se entiende por etnoeducación, la educación para grupos étnicos, la que se ofrece a grupos o comunidades que integran la nacionalidad y que poseen una cultura, una lengua, unas tradiciones y unos fueros propios y autóctonos. Esta educación debe estar ligada al ambiente, al proceso productivo, al proceso social y cultural, con el debido respeto de sus creencias y tradiciones"*. Dentro desse programa, inscreve-se a organização do *"Proyectos Educativos*

Comunitarios – PEC", proposto como uma estratégia da política – organizacional, pedagógica e administrativa – da educação redimensionada nas próprias comunidades indígenas. Dito projeto está centrado no âmbito da autonomia e resistência dos povos indígenas na Colômbia.

95   Estamos cunhando o adjetivo *colonializante* – que não participa dos dicionários da língua portuguesa – como uma extensão metafórica do adjetivo *colonizador*, com significado análogo àquele com que temos aqui mobilizado o substantivo *colonialidade*.

96   Tais práticas são fruto das inter-relações estabelecidas entre diversas civilizações antigas da Europa e da Ásia que entraram em contato por meio dos processos de colonização e de luta por terras e riquezas.

97   Para Kant (1996, p. 10), "o homem só se torna verdadeiro homem pela educação. A educação é a possibilidade de fazer o homem se desviar do mau e também se diferenciar da animalidade. O homem, enquanto ser vivo e racional, tende para o bem, mas precisa ser educado e disciplinado". Além disso, para ele, "a educação é uma arte, cuja prática necessita ser aperfeiçoada por várias gerações. Todas as gerações, de posse do conhecimento das gerações precedentes, estão sempre melhores aparelhadas para exercer uma educação que desenvolva todas as disposições naturais, na justa proporção e em conformidade com a finalidade daquelas, e, assim, guiar toda a espécie humana a seu destino. Entre as descobertas humanas, há duas dificílimas: a arte de governar os homens e a arte de educar. Desse modo, quem não tem disciplina ou educação é um selvagem. A selvageria consiste na independência de qualquer lei. A disciplina submete o homem às leis da humanidade e começa a fazê-lo sentir a força das próprias leis. [...] Assim, é a disciplina que transforma a animalidade em humanidade" (Kant, 1996, p. 12-16). Neste modo como Kant entende o papel da educação, considero que se manifesta um conceito de cultura subordinado ao de civilidade, o que lhe obriga a proceder uma diferenciação entre *humanos* e *não humanos*. Assim, a educação lhe aparece como o resultado de um aperfeiçoamento da civilização, como um processo de disciplinarizar mentes e corpos. Kant também se obriga a realizar uma distinção entre *humano* e *animal*. Tal distinção apareceria, na perspectiva de Bruno Latour, como um dos pilares fundamentais do pensamento moderno. Ao nos afastarmos da perspectiva de Kant e nos aproximarmos da de Rupert Read,

bem como da do próprio Wittgenstein, consideramos que *humanos* e *não humanos* constituem e participam conjuntamente de diferentes *ecossistemas* ou *formas de vida*. Em cada forma de vida que conjuntamente constitui e se constitui, tanto *humanos* quanto *não humanos* afetam-se entre si, ao mesmo tempo em que são afetados pelo *ecossistema* ou pela *forma de vida* que os afeta. Nesta perspectiva, humanos, juntamente com outros animais, participam conjuntamente de diferentes formas de vida e não podem ser classificados ou hierarquizados com base em qualquer *critério humano* que estabeleça entre *humanos* e *não humanos* relações assimétricas de poder. Assim, do mesmo modo que humanos ou animais *não têm* ou *possuem* corpos, mas *são* os seus corpos, eles não estão *dentro* ou *fora* da "natureza" – ou melhor, de suas *formas de vida* –, mas *são* "natureza", *são* suas *formas de vida*. Esse nosso modo de desconstruir as dicotomias que costumam ser estabelecidas – sobretudo, no mundo acadêmico – entre *natureza* e *cultura* e entre *humanos* e *não humanos* nos afasta consideravelmente do ponto de vista kantiano, ainda apegado a dicotomias, tais como mente *versus* corpo, sensível *versus* inteligível, dentre outras. Assim, pensamos que o projeto educativo *humanista* kantiano não erra ao ver a educação como uma possibilidade de se disciplinar normativamente corpos humanos por meio de *jogos de linguagem* entretecidos em diferentes *formas de vida*. Acrescentaríamos, com base em Wittgenstein – mas em identificar corpos humanos "selvagens", isto é, que não se deixaram submeter a processos humanos civilizatórios com corpos anômicos ou indisciplinados, de se atribuir a estes últimos o estatuto de *não humanidade* ou de *animalidade* e, sobretudo, por ver no regime antropocêntrico-normativo civilizatório da modernidade o critério ético-político legitimador do estabelecimento de diferenças, hierarquias e relações assimétricas de poder entre as diferentes formas de vida.

Estas relações assimétricas de poder legitimam, então, uma concepção em que os "outros" são construídos com base na manutenção de um eu-ideal--branco civilizado, assim como com base em outras binaridades como o bem/mal, racional/primitivo, homem/natureza negro/indígena/europeu, de tal modo que imagens e enunciados do ponto de vista colonial forjaram uma percepção de humanidade sustentada em conhecimentos conceitualmente organizados de caráter colonial e que se tornaram dominantes, pretensamente neutros. Como efeito, vozes foram subalternizadas em diferentes lugares geográficos, corpos foram racializados e despojados da sua racionalidade, humanidade, da sua fala.

UMA TERAPIA DO DESEJO DE ESCOLARIZAÇÃO MODERNA:
VENÍ, VAMOS HAMACAR EL MUNDO, HASTA QUE TE ASUSTES

98   Nesta encenação, este poema foi originalmente declamado por Jamioy na língua *camëntsa*. O mesmo autor, na referência (JAMIOY, 2010, p. 178-179), o traduz para o espanhol, e tendo como ponto de partida essa última tradução, o traduzi para o português da seguinte maneira:

Analfabeto

Quem você chama de analfabeto:

aqueles que não sabem ler

os livros ou a natureza?

Uns e outros algo e muito sabem!

Durante o dia,

eles entregavam ao meu avô um livro

e falavam que ele não sabia nada.

À noite, ele se sentava junto ao fogão.

Uma folha de coca suas mãos enrolavam

e seus lábios diziam o que nela se via.

99   O balançar da rede desta pesquisa parte da cosmogonia Dule e do que eles denominam pedagogia da Mãe Terra. A rede aparece como um produto de umas ações mimético corporais para atingir propósitos como um nascimento, ensinar tradições e conhecimentos Guna e acompanha os corpos que partem com a morte, ela é uma possibilidade outra de pensar a educação mediante outros discursos que nos permitissem descolonizar nosso olhar. Um balançar que problematiza a educação em geral, não só a escola como ineficiente, mas também outros fatores da vida Guna que comprometem a sobrevivência cultural. Um balançar que não 'iniciou' e nem termina com esta pesquisa, mas que se configura como agenda ética de investigação aberta para continuarmos pensando a educação indígena com uma perspectiva indisciplinar. Tal perspectiva envolve, principalmente, um processo de renarração ou redescrição da vida social como se apresenta a partir das próprias práticas socioculturais Guna e das semelhanças de família que elas estabelecem com práticas socioculturais *waga*, o que está relacionado à necessidade de compreender os diversos usos das matemáticas, seja ou não adjetivada com essa palavra, tanto na perspectiva disciplinar quanto na indisciplinar.

100   Vale a pena mencionar que a ideia de uma comunidade de pessoas se configura pelo fato de elas compartilharem rituais e, com isso, práticas socioculturais, visto que como Wulf (2008, p. 228, itáticos do autor) e outros

já acrescentaram, "*rituais produzem comunidades*". *Sem eles, comunidades são impensáveis, já que se constituem em e por meio de ações rituais. Elas são causa, processos e efeito de rituais. Por meio do conteúdo simbólico e performático das suas ações, produzem e estabilizam sua identidade. Os rituais criam regras que compartilham, embora com diferentes possibilidades de intervenção*".

101   Na literatura latino-americana, não há consenso quanto ao uso do conceito 'decolonial' ou 'descolonial', ambas as formas remetem à dissolução das estruturas de dominação e exploração configuradas pela colonialidade e a desconstrução de seus principais dispositivos e mecanismos de saber/poder, os quais são tensionados ao se colocar em debate outras formas de racionalidade, epistemologias outras. Walter Mignolo (2010), por exemplo, prefere referir-se à descolonialidade. Nós assumimos a supressão do "s" e falamos em 'decolonial', não para promover um anglicismo, pelo contrário, como expressado por Walsh (2013), para promover uma distinção do significado, em espanhol, do prefixo "*des*" que nos levaria ao entendimento de desfazer ou reverter o colonialismo, ou seja, passar de um momento colonial a outro não colonial. A intenção, portanto, é provocar uma atitude contínua de problematização, transgressão, intervenção e incidência sobre os problemas latino-americanos para possibilitar novos horizontes políticos, éticos, estéticos, econômicos e sociais em diálogo com a produção de conhecimento. "*Con este juego lingüístico, intento poner en evidencia que no existe un estado nulo de la colonialidad, sino posturas, posicionamientos, horizontes y proyectos de resistir, transgredir, intervenir, in-surgir, crear e incidir*" (WALSH, 2013, p. 24-25).

102   Nasceu no Vale de Sibundoy, (Putumayo, Colômbia) em 1964, e pertence ao povo indígena Camentza. Estudou artes plásticas na Universidade Nacional da Colômbia e filosofia na *Universidad de la Salle*. Jacanamijoy começou a ser conhecido em 1993 quando foi reconhecido pelo Banco da República da Colômbia pelo seu trabalho artístico.

103   Segundo Grosfoguel (2011), a opção decolonial que nasce no ceio da comunidade acadêmica latino-americana, surgiu a partir de certas discordâncias entre o Grupo Sul-Asiático de Estudos Subalternos e o Grupo Latino-Americano de Estudos Subalternos. Uma das discordâncias foi que o Grupo Sul-Asiático de Estudos Subalternos "que lêem a subalternidade como uma crítica pós-moderna (que representa uma crítica eurocêntrica do euro-

UMA TERAPIA DO DESEJO DE ESCOLARIZAÇÃO MODERNA:
VENÍ, VAMOS HAMACAR EL MUNDO, HASTA QUE TE ASUSTES

centrismo) e aqueles que lêem a subalternidade como uma crítica decolonial (que representa uma crítica do eurocentrismo a partir de conhecimentos subalternizados e silenciados) [...]" (p. 3). Estabelecemos um diálogo entre estes pesquisadores decoloniais com perspectiva da *terapia desconstrucionista* para desenvolver uma crítica do eurocentrismo, a partir de conhecimentos que foram subalternizados e silenciados por ele, conhecimentos que não se apresentam necessariamente de forma disciplinar. Vale a pena notar que, embora estas duas vias apresentem projetos epistêmicos diferentes, consideramos que, mesmo com todos os seus limites, Grupo Sul-Asiático de Estudos Subalternos representa uma importante contribuição para a crítica do eurocentrismo desde outro território.

104   No final do §133 das Investigações Filosóficas, Wittgenstein afirma que *"Não há um método de filosofia, se bem que há métodos, como que diferentes terapias"*. De alguma maneira entendemos que este aforismo nos convida para compreender que para cada problema a ser pesquisado devem sem produzidas suas próprias metáforas e analogias, além do mais, é um chamado para substituir pseudo-problemas por problemas vinculados com a vida, a vida foco da pesquisa e da educação desconstruir imagens que nos mantém cativos. A atitude terapêutica desconstrucionista pode ser entendida como uma atitude decolonial, especialmente pelo fato de ela se contrapor aos modos de agir dogmáticos e cientificistas de condução da pesquisa acadêmica no campo da educação que são utilizados por diversas perspectivas metódicas, sobretudo, as de natureza empírico-verificacionistas ou hermenêutico-analíticas. Numa terapia, analogias são estabelecidas entre jogos de linguagem com base nas semelhanças de família operando no *"como se"*, estas analogias são bem distintas das relações que se estabelecem de modo *causal/explicativo*, do tipo "se A então B", tão comuns na 'fundamentação' de pesquisas acadêmicas, ainda que, elas também sejam uma forma específica de estabelecer vínculos analógicos entre dois ou mais *jogos de linguagem*. Já os *"como se"* terapêuticos são conexões que se contentam em identificar semelhanças no movimento da diferenciação sem propósito de estabelecer relações de causalidade entre os aspectos analógicos de dois ou mais *jogos de linguagem*. Esta abordagem se situa dentro de uma política de decolonização contra-hegemônica às formas ocidentais dominantes de pesquisa.

Desse modo, o discurso que nasce deste lugar, do *"como se"* e que é produzido na pesquisa *terapêutico desconstrucionista*, encontra seu poder na abrangência, associações e efeitos das analogias sobre o problema pesquisado, isto é, a abrangência e efeitos das "semelhanças de família", para usarmos uma expressão wittgensteiniana, que podemos estabelecer entre dois ou mais *jogos de linguagem* distintos. Às vezes, estas analogias discursivas são inusitadas e surpreendentes, elas vão sendo estabelecidas pelos envolvidos na pesquisa de modo a lidar com o problema investigado com base em diferentes campos de atividade humana. Nesse movimento analógico terapêutico desconstrucionista se criam *brisuras* que nos convidam a ver de outros modos, como saídas que nos empurram até as *margens* do pensamento, as *brisuras* como "aquilo que *nem* une *nem* separa, mas sim articula. Como elemento constituinte do pensamento [...] como uma forma de escapar, ou ao menos, enfraquecer o(s) dualismo(s) metafísico(s)". (DERRIDA, 2004, p. 80).

105   Estamos aqui nos referindo à voz espectral do antropólogo brasileiro Viveiros de Castro (2015, p. 35-36), que, no domínio da antropologia, censura os métodos de investigação que, mesmo involuntariamente, acabam sendo arrastados pela "força de se ver sempre o Mesmo (europeu) no Outro (indígena)". Assim, continua o antropólogo, "sob a máscara do outro somos 'nós' que estamos olhando para nós mesmos [...] o outro do Mesmo se mostra ser o mesmo que o outro do Outro, o Mesmo termina se mostrando, sem se dar conta, o mesmo que o Outro [...] o Outro não era exatamente o mesmo que o outro do Mesmo".

106   Após a encenação deste *jogo de linguagem*, o *sagla* Jaime esclareceu que tal canto remete aos espectros do passado e à possibilidade de *iterabilidade* dos mesmos para a atualidade. Os destaques em negrito são meus. Este canto foi traduzido para espanhol para esta pesquisa, paralelamente com o processo de encenação do *sagla*, pelos professores Martínez Montoya e Olo Wintiyapepara. A tradução para o português foi feita pela pesquisadora.

107   Na perspectiva Dule, a Mãe-Terra possui doze camadas: seis delas situam-se acima da superfície da Terra e as outras seis abaixo dela. Em cada uma delas, habitam seres de diversas naturezas.

108   "Falar do *Bem Viver* nasceu da prática histórica e da resistência dos povos indígenas da América Latina. É uma proposta feita pelos movimentos indígenas para todo o conjunto da sociedade. Quer ser uma alternativa à ideia moderna do "progresso", e pretende colocar um novo contexto para as lutas emancipatórias dos movimentos sociais. A noção do *Bem Viver*

propõe abandonar a ideia de progresso porque considera que essa noção é discriminatória e violenta. Ela considera a relação dos seres humanos com a natureza, além de pressupor um tempo linear e um espaço homogêneo que não correspondem ao desenvolvimento histórico das sociedades. A ideia de progresso foi uma criação da burguesia em seu processo de emancipação política que agora está demonstrando seus limites [...]. A ideia do *Bem Viver* está presente em quase todos os povos indígenas de Abya Yala" (DÁVALOS, 2011, p. 20 *apud* SILVA-CÉSAR; LIMA-COSTA, 2013, p. 71).

109   Remissões memorialistas: palavra *Olobilibelele* (GREEN, 2012, p. 98).

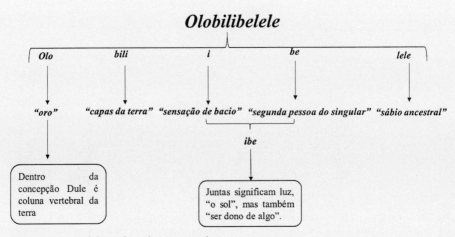

Fonte: *arquivo* elaborado pela pesquisadora

110   O mimético, nas palavras de Gunter & Wulf (2004, p. 9), é um "fenômeno que transcende os meros processos de observação e se inscreve no território do simbólico da comunicação" ou, em nossas palavras, se inscreve em jogos de linguagem.

111   Neste contexto, a palavra *"xamã"* tem uso para a pessoa que orienta rituais de celebração indígena, mas especialmente aquela que cuida da espiritualidade, dos sonhos e da saúde dentro das comunidades.

112   No início da década de 1930, Wittgenstein 'levou ao divã' a obra do antropólogo escocês James George Frazer, intitulada *"O ramo dourado"*, com base em diversos comentários que Wittgenstein havia feito sobre essa

obra. Rush Rhees publicou essa compilação dos manuscritos de Wittgenstein (2007) sob o título *Observações sobre o Ramo de Ouro de Frazer*. João José R. L. de Almeida, professor da Faculdade de Ciências Aplicadas da Universidade Estadual de Campinas, campus de Limeira (SP), foi quem traduziu, diretamente do alemão para o português, as *Observações* de Wittgenstein sobre essa obra de Frazer. Essa tradução feita por Almeida é acompanhada não só de um prefácio, como também de 178 notas bastante esclarecedoras acerca das *Observações* de Wittgenstein.

113   Remissões memorialistas: *Mola Naga:*

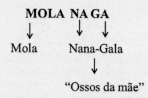

Significa Mola dos ossos da mãe

Fonte: *arquivo* elaborado pela pesquisadora

114   Uma *quarta de mão* equivale, aqui, a 4 dedos de uma mão eleita como padrão, encostados um no outro e sucessivamente transpostos perpendicularmente ao objeto a ser medido.

115   Remissões memorialistas: Palavra *Bowa* (dois), inspirada em Green (2012).

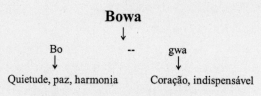

"Estado de harmonia, felicidade, acolhida, responsabilidade a que chegam dois corações que tem se unido para amar, para ser uma pessoa só."

Fonte: *arquivo* elaborado pela pesquisadora

116   Segundo Vilela (2013), "é possível, neste caso, enxergar que o que se denomina 'erros' correspondem aos casos em que a regra não é seguida, aos usos não previstos na gramática [do jogo de linguagem da *matemática ocidental*]. Adicionamos, neste ponto, que há situações de outras *formas de vida* que, atuando normativamente dentro do campo de uma gramática, ampliam os usos das práticas de contagem, cálculo e numeramento, o que significa que não há uma única linguagem que responda ao desenvolvimento das atividades humanas, que a *matem*ática de caráter ocidental não é o único jogo linguagem que trata com este tipo de relações".

117   *Nana Olowagli* "vem das palavras *olo*, que significa *"ouro"*, mas também é a "espinha dorsal" da terra; *wa* que se refere a "fumaça" e *gala* a "osso", mas se os colocarmos juntos, *wagala*, refere-se ao rosto de uma menina, liso, polido e delineado. *(A)li* significa "começo", "começo", "origem". *Olo wag (a) l (a) (a) li* nos diz então que uma mulher com rosto de menina, suave, bela e cheia de sabedoria chegou à terra. *Nana Olowagli* representa o complemento e a síntese da história desses avós, pois passa a representar o número oito, *o número da perfeição na cultura Gunadule*: a cerimônia de casamento na comunidade *Ibgigundiwala* dura oito dias; o confinamento da menina púbere dura o mesmo; o luto pela morte de um ente querido também dura oito dias. É por isso que o Sagla Horacio Méndez nos diz o seguinte: *"Igar wisiddimoye, bela ibi wisid we neggi"* (ela conhecia muito bem a sabedoria e os segredos da terra)" (GREEN, 2011, p. 130).